CADERNO DE EXERCÍCIOS
ÁREA DE EDUCAÇÃO

EDITORA
AlfaCon
Concursos Públicos

Proteção de direitos

Todos os direitos autorais desta obra são reservados e protegidos pela Lei nº 9.610/98. É proibida a reprodução de qualquer parte deste material didático, sem autorização prévia expressa por escrito do autor e da editora, por quaisquer meios empregados, sejam eletrônicos, mecânicos, videográficos, fonográficos, reprográficos, microfílmicos, fotográficos, gráficos ou quaisquer outros que possam vir a ser criados. Essas proibições também se aplicam à editoração da obra, bem como às suas características gráficas.

Diretor Geral: Evandro Guedes
Diretor de TI: Jadson Siqueira
Diretor Editorial: Javert Falco
Gerente Editorial: Mariana Passos
Editora Responsável: Fátima Rodrigues
Coordenação de Editoração: Alexandre Rossa
Diagramação: Emilly Lazarotto

Dados Internacionais de Catalogação na Publicação (CIP)
Jéssica de Oliveira Molinari CRB-8/9852

C129
    Caderno de exercícios área de educação/ Equipe de professores Alfacon. -- Cascavel, PR : AlfaCon, 2023.
    114 p.

Bibliografia
ISBN 978-65-5918-607-5

1. Concursos - Brasil 2. Língua portuguesa 3. Matemática 4. Direito 5. Base Nacional Comum Curricular 6. Pedagogia

23-2754   CDD 351.81076

Índices para catálogo sistemático:
1. Serviço público - Brasil - Concursos

Proteção de direitos

Todos os direitos autorais desta obra são reservados e protegidos pela Lei nº 9.610/98. É proibida a reprodução de qualquer parte deste material didático, sem autorização prévia expressa por escrito do autor e da editora, por quaisquer meios empregados, sejam eletrônicos, mecânicos, videográficos, fonográficos, reprográficos, microfílmicos, fotográficos, gráficos ou quaisquer outros que possam vir a ser criados. Essas proibições também se aplicam à editoração da obra, bem como às suas características gráficas.

Atualizações e erratas

Esta obra é vendida como se apresenta. Atualizações - definidas a critério exclusivo da Editora AlfaCon, mediante análise pedagógica - e erratas serão disponibilizadas no site www.alfaconcursos.com.br/codigo, por meio do código disponível no final do material didático Ressaltamos que há a preocupação de oferecer ao leitor uma obra com a melhor qualidade possível, sem a incidência de erros técnicos e/ou de conteúdo. Caso ocorra alguma incorreção, solicitamos que o leitor, atenciosamente, colabore com sugestões, por meio do setor de atendimento do AlfaCon Concursos Públicos.

EDITORA AlfaCon Concursos Públicos
Rua Paraná, 3193- Centro
CEP -85810-010- Cascavel / PR
www.alfaconcursos.com.br

Data de fechamento 1ª impressão: 23/05/2023

APRESENTAÇÃO

A sua chance de fazer parte do Serviço Público chegou, e a oportunidade está com a obra **Caderno de Exercícios** para a **área de Educação**. Neste universo dos concursos públicos, estar bem-preparado faz toda a diferença, e para ingressar nesta carreira, é fundamental que se prepare, também, resolvendo essas questões selecionadas pelo AlfaCon de acordo com os temas cobrados com mais frequência nas provas. Aqui, você encontrará exercícios das seguintes disciplinas:

- Língua Portuguesa
- Direito Constitucional
- Matemática
- Informática
- Estatuto da Criança e do Adolescente
- Conhecimentos Pedagógicos
- Base Nacional Comum Curricular
- Lei De Diretrizes e Bases da Educação Nacional e outras leis

Desfrute de seu material o máximo possível, estamos juntos nessa conquista!

Bons estudos e rumo à sua aprovação!

Recursos

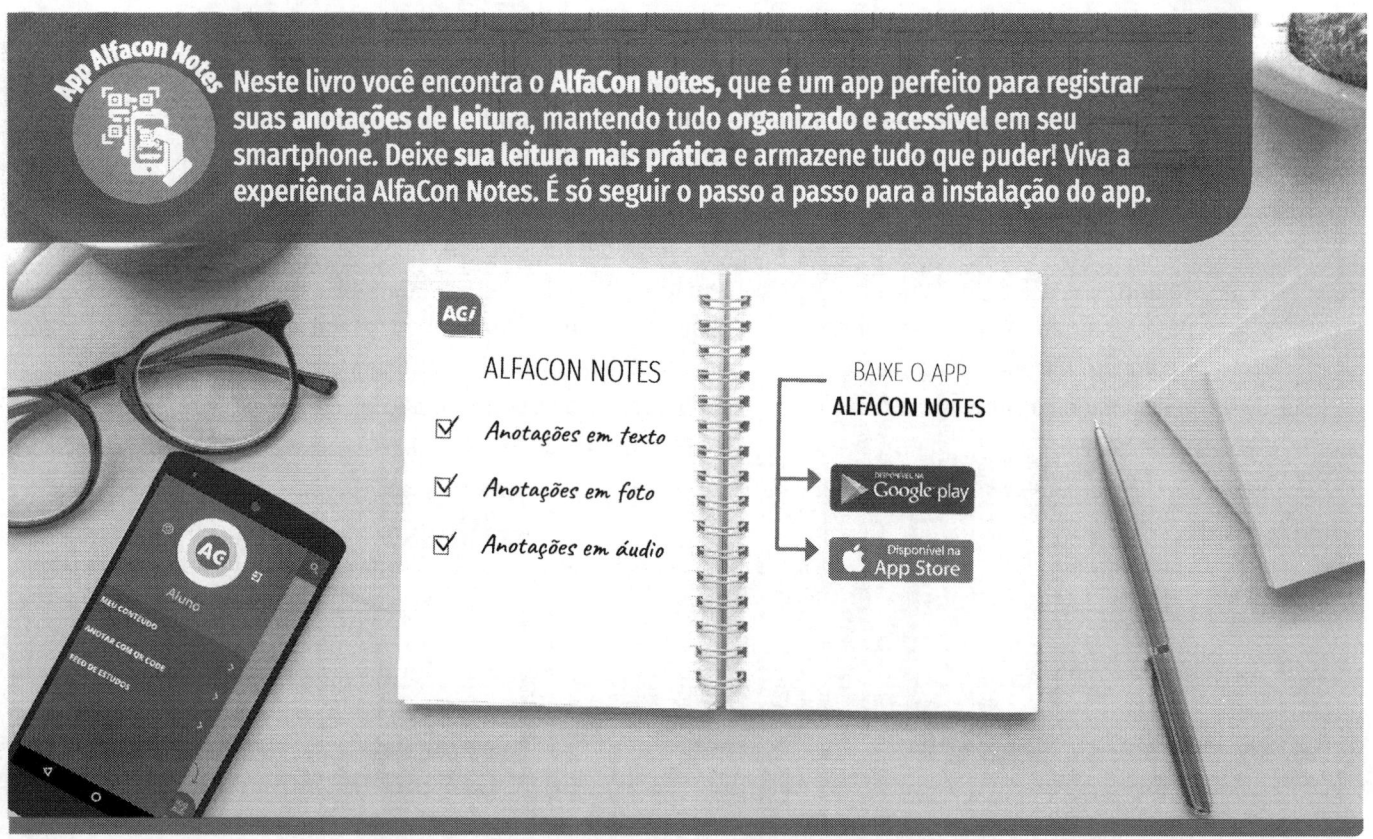

Se liga no vídeo!

App AlfaCon Notes

Neste livro você encontra o **AlfaCon Notes**, que é um app perfeito para registrar suas **anotações de leitura**, mantendo tudo **organizado e acessível** em seu smartphone. Deixe **sua leitura mais prática** e armazene tudo que puder! Viva a experiência AlfaCon Notes. É só seguir o passo a passo para a instalação do app.

ALFACON NOTES
- ☑ Anotações em texto
- ☑ Anotações em foto
- ☑ Anotações em áudio

BAIXE O APP **ALFACON NOTES**
- Disponível na Google play
- Disponível na App Store

Passo 1 — Instale o **Aplicativo AlfaCon Notes** em seu smartphone.
- DISPONÍVEL NA Google play
- Disponível na App Store

Passo 2 — Você terá acesso ao seu feed de estudos, no qual poderá encontrar todas as suas anotações.

App AlfaCon Notes
Para criar uma nova anotação, clique no ícone localizado no canto inferior direito da tela.

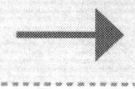

Passo 3 — Cada tópico de seu livro contém **um Código QR** ao lado.

App AlfaCon Notes
Escolha o tópico e faça a leitura do Código QR utilizando o aplicativo AlfaCon Notes para registrar sua anotação.

AlfaCon

Passo 4 → Pronto! Agora você poderá escolher o formato de suas anotações:

Texto:
Basta clicar no campo **"Escreva sua anotação"** e digitar seu comentário, **relacionado ao conteúdo** escolhido.

Áudio:
Clique no ícone **"microfone"**, na lateral inferior direita, mantenha o ícone pressionado enquanto grava suas considerações de voz sobre o tópico que está lendo.

Foto:

1) Clique no ícone, na lateral **inferior esquerda**.

2) **Fotografe** as anotações realizadas durante sua leitura.

3) Envie no ícone na lateral **inferior direita**.

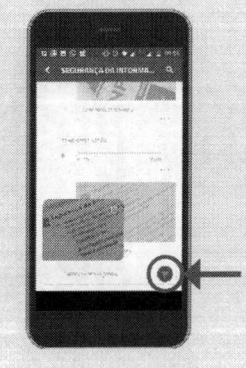

» Agora você tem suas **anotações organizadas** e sempre à mão. Elas ficarão **disponíveis** em seu smartphone.

» Pronto para essa **nova experiência?** Então, baixe o app **AlfaCon Notes** e crie suas anotações.

Mais que um livro, é uma experiência!

SUMÁRIO

LÍNGUA PORTUGUESA 9

DIREITO CONSTITUCIONAL 33

MATEMÁTICA 37

INFORMÁTICA 51

ESTATUTO DA CRIANÇA E DO ADOLESCENTE 59

CONHECIMENTOS PEDAGÓGICOS 64

BASE NACIONAL COMUM CURRICULAR 99

LEI DE DIRETRIZES E BASES DA EDUCAÇÃO E OUTRAS LEIS 104

LÍNGUA PORTUGUESA

Texto para as próximas 10 questões:

Saudáveis loucuras

São 22 contos curtos em que a principal característica é não se prender a nenhum padrão da lógica. Assim, Dona Tinzinha vai a uma loja de armarinhos, onde pede meio litro de botões amarelos para o pijama novo de seu filho – ela descobriu que essa cor ajuda a criança a parar de fazer xixi na cama. Ou então o irmão mais velho, ao ser questionado pelo mais novo sobre o que vai ser quando crescer, conta estar dividido entre preguiçólogo ou dorminhólogo.

São relatos assim que formam *Tantãs*, novo livro infantil de Eva Furnari, autora e ilustradora exímia em atiçar a curiosidade das crianças por meio do inusitado e do bom humor. Assim, nenhum leitor deve se surpreender com a carta que uma bruxinha escreve ao Papai Noel pedindo um vestido rosa; ou com o jovem advogado que defende um passarinho. Histórias que não agridem a lógica dos pequenos que, justamente por falta de vivência, ainda não foram contaminados pelas regras de convivência. Olham o mundo com frescor.

Tantãs apresenta uma linguagem artesanalmente construída, que não se atém a convenções gramaticais ou sociais – encontrar a simplicidade é sua meta. E, com mais de 60 livros publicados, Eva entende perfeitamente a lição passada pelo poeta Manoel de Barros que, certa vez, disse: "A gente precisa se vigiar ao escrever. Não podemos, ao escrever, abandonar o canto, a harmonia 'letral'. Não podemos desprezar o gorjeio das palavras".

Eva mostra às crianças as possibilidades de jogo que separam a literatura da linguagem comum: a liberdade de desmontar lógicas, dar espaço ao inusitado. Nem por isso as personagens de Eva beiram a loucura. Ela garante que há loucuras e loucuras. Há aqueles que são chamados de loucos (mesmo sem ter doença mental) pelo simples fato de não corresponderem ao modelo esperado pela sociedade. São os artistas, os criadores, as pessoas que pensam fora dos padrões e do senso comum. Esses, diz ela, "acho que têm intuições lúcidas e trazem reflexões que as pessoas sãs não costumam trazer. No caso dos tantãs do livro, é uma loucurinha que vem do olhar ingênuo da criança. As pessoas gostam, têm saudade desse olhar puro, inesperado e sem malícia. Talvez, essa seja uma das graças do livro."

(O Estado de S.Paulo, 02.11.2019. Adaptado)

01. (VUNESP – 2019 – SECRETARIA MUNICIPAL DA EDUCAÇÃO/SP – PROFESSOR EDUCAÇÃO BÁSICA) De acordo com o texto, o livro *Tantãs*
a) cria personagens com comportamento pautado em códigos morais.
b) reúne contos de temática duvidosa, inadequada para crianças.
c) emprega linguagem rebuscada, pouco acessível ao leitor mediano.
d) dialoga com o formato das obras realistas da literatura infantil.
e) instiga o leitor criando tipos que escapam das convenções sociais.

02. (VUNESP – 2019 – SECRETARIA MUNICIPAL DA EDUCAÇÃO/SP – PROFESSOR EDUCAÇÃO BÁSICA) Pode-se afirmar, corretamente, que a escritora Eva Furnari
a) insiste em escrever obras modelares de conduta moral.
b) contabiliza dezenas de obras escritas e ilustradas de literatura infantil.
c) constrói narrativas que ensinam às crianças regras de convívio social.
d) utiliza modelos de escrita, de acordo com os cânones gramaticais.
e) deixa-se influenciar por escritores estrangeiros, como Manoel de Barros.

03. (VUNESP – 2019 – SECRETARIA MUNICIPAL DA EDUCAÇÃO/SP – PROFESSOR EDUCAÇÃO BÁSICA) Ao separar a literatura da linguagem comum, conforme o 4º parágrafo, a escritora cria um cenário
a) lúdico, avesso aos rigores da lógica.
b) fantasmagórico, o que pode assustar os leitores.
c) lírico, capaz de provocar sensações desmedidas.
d) científico, para valorizar o papel da ciência.
e) complexo, pouco acessível ao público leitor.

04. (VUNESP – 2019 – SECRETARIA MUNICIPAL DA EDUCAÇÃO/SP – PROFESSOR EDUCAÇÃO BÁSICA) O sentido do trecho – autora exímia em atiçar a curiosidade das crianças por meio do inusitado – (2º parágrafo) é reescrito com outras palavras em:
a) autora competente em minimizar a curiosidade das crianças por meio do convencional.
b) autora exemplar em suscitar a curiosidade das crianças por meio do inabitual.
c) autora talentosa em neutralizar a curiosidade das crianças por meio do incomum.
d) autora rigorosa em provocar a curiosidade das crianças por meio do corriqueiro.
e) autora excêntrica em idealizar a curiosidade das crianças por meio do aceitável.

05. (VUNESP – 2019 – SECRETARIA MUNICIPAL DA EDUCAÇÃO/SP – PROFESSOR EDUCAÇÃO BÁSICA) A autora empregou o diminutivo na palavra "loucurinha" em – No caso dos tantãs do livro, é uma loucurinha que vem do olhar ingênuo da criança. (4º parágrafo) – para
a) desestimular a leitura por pessoas adultas.
b) intensificar o grau de loucura que seus livros provocam.
c) minimizar a importância de seus livros para a literatura infantil.
d) afirmar que a loucura de seus personagens não é doentia.
e) prevenir o leitor para que tome cuidado com a leitura.

06. (VUNESP – 2019 – SECRETARIA MUNICIPAL DA EDUCAÇÃO/SP – PROFESSOR EDUCAÇÃO BÁSICA) Considerando que a expressão destacada em – Olham o mundo **com frescor**. (2º parágrafo) – significa olhar o mundo com vivacidade, com confiança, de maneira aprazível, assinale a alternativa que apresenta, por meio de um advérbio, o sentido contrário da expressão.
a) Olham o mundo de forma estranha.
b) Olham o mundo superficialmente.
c) Olham o mundo com leveza.
d) Olham o mundo desalentadoramente.
e) Olham o mundo com confiança.

07. (VUNESP – 2019 – SECRETARIA MUNICIPAL DA EDUCAÇÃO/SP – PROFESSOR EDUCAÇÃO BÁSICA) Assinale a frase correta, elaborada a partir do texto, de acordo com a norma-padrão da concordância.
a) Deve também os advogados ser defensor dos excluídos, daqueles que se exclui do contexto social?
b) A autora nos fazem acreditar que é plausíveis entrar na loja e comprar meio litro de botões de cor amarelado.
c) Será que existirá ainda os tantãs na literatura infantil depois dos irrefreáveis excesso da tecnologia?

d) As pessoas olham o mundo pelo olhar ingênuos da criança e é isso que dão graça aos livros.

e) Há os loucos, os artistas, as pessoas intuitivas que veem o que os sãos não conseguem.

08. **(VUNESP – 2019 – SECRETARIA MUNICIPAL DA EDUCAÇÃO/SP – PROFESSOR EDUCAÇÃO BÁSICA)** Assinale a alternativa correta, de acordo com a regência e com o acento indicativo da crase.

a) O livro de Eva expõe o leitor à uma linguagem simbólica.
b) As pessoas apreciam à linguagem da escritora.
c) A autora refere-se à obra do poeta com emoção.
d) Ao simplificar à linguagem, a escritora facilita a leitura.
e) As histórias conduzem os leitores à um mundo de fantasias.

09. **(VUNESP – 2019 – SECRETARIA MUNICIPAL DA EDUCAÇÃO/SP – PROFESSOR EDUCAÇÃO BÁSICA)** Substituindo-se o termo em destaque em – A personagem é um advogado que defende **um passarinho**. –, por um pronome pessoal, de acordo com a norma-padrão de colocação, obtém-se versão correta em:

a) ... que lhe defende.
b) ... que defende-lhe.
c) ... que o defende.
d) ... que defende-lo.
e) ... que defende a ele.

10. **(VUNESP – 2019 – SECRETARIA MUNICIPAL DA EDUCAÇÃO/SP – PROFESSOR EDUCAÇÃO BÁSICA)** Assinale a alternativa que preenche, correta e respectivamente, as lacunas da frase quanto à conjugação verbal.

Que nenhum leitor se _____ nem _____ se a bruxinha _____ pedir um vestido rosa ao Papai Noel.

a) surpreenda ... estranhe ... quiser
b) surpreende ... estranha ... querer
c) surpreenda ... estranha ... quiser
d) surpreenda ... estranhe ... querer
e) surpreende ... estranhe ... quiser

Texto para as próximas 2 questões:

Assim, Dona Tinzinha vai à loja de armarinhos, onde pede meio litro de botões amarelos para o pijama novo de seu filho – ela descobriu que essa cor ajuda a criança a parar de fazer xixi na cama. Ou então o irmão mais velho – ao ser questionado pelo mais novo sobre o que vai ser quando crescer – conta estar dividido entre preguiçólogo ou dorminhólogo.

11. **(VUNESP – 2019 – SECRETARIA MUNICIPAL DA EDUCAÇÃO/SP – PROFESSOR EDUCAÇÃO BÁSICA)** Ao se eliminar o primeiro travessão e substituí-lo por uma conjunção de causa, a frase seguinte deve se iniciar por:

a) a fim de que ela descobrisse...
b) já que ela descobriu...
c) logo que ela descobriu...
d) à medida que ela descobriu...
e) para que ela descobrisse...

12. **(VUNESP – 2019 – SECRETARIA MUNICIPAL DA EDUCAÇÃO/SP – PROFESSOR EDUCAÇÃO BÁSICA)** Se a palavra "loja" fosse usada no plural (lojas), o pronome "onde" seria substituído por

a) aonde.
b) quais.
c) na qual.
d) nas quais.
e) pelas quais.

13. **(VUNESP – 2019 – SECRETARIA MUNICIPAL DA EDUCAÇÃO/SP – PROFESSOR EDUCAÇÃO BÁSICA)** A preposição "de" destacada na frase – São crianças que, justamente por falta de vivência, ainda não foram contaminados pelas regras **de** convivência. – tem sentido de

a) causa.
b) tempo.
c) especificação.
d) finalidade.
e) lugar.

14. **(VUNESP – 2019 – SECRETARIA MUNICIPAL DA EDUCAÇÃO/SP – PROFESSOR EDUCAÇÃO BÁSICA)** Observa-se nos termos destacados na frase – "Não podemos desprezar **o gorjeio das palavras**". – uso de expressão de sentido figurado, o que ocorre também em:

a) A escritora mostra crianças com muitos poderes, a fim de que se identifiquem com as personagens.
b) A linguagem simbólica apresentada pelos loucos é de muita beleza.
c) A escritora estreou na literatura com a coleção "Peixe Vivo", destinada a leitores não alfabetizados.
d) "No osso da fala dos loucos, há lírios". – é o que escreveu um dos nossos poetas.
e) Os livros apresentam uma linguagem isenta de convenções gramaticais.

15. **(VUNESP – 2019 – SECRETARIA MUNICIPAL DA EDUCAÇÃO/SP – PROFESSOR EDUCAÇÃO BÁSICA)** Para responder à questão, observe a reprodução do quadro de Salvador Dalí, intitulado *Barco com borboletas*.

(www.google.com.br, acessado em 07.11.2019)

De acordo com os critérios de realidade, é impossível borboletas funcionarem como velas ou passageiros de um barco, o que aproxima a pintura de Dali do livro *Tantãs*, porque nele Eva Furnari

a) cria situações incomuns, pouco convencionais.
b) apresenta uma linguagem de acordo com a gramática.
c) dá importância aos modelos tradicionais de literatura.
d) se filia às correntes de arte europeia, como Dalí.
e) procura desestabilizar a compreensão dos leitores.

16. **(FGV – 2023 – SECRETARIA MUNICIPAL DE EDUCAÇÃO/SP – PROFESSOR - EDUCAÇÃO INFANTIL)** As variações *linguísticas* são resultantes das modificações constantes da língua, que se relacionam a fatores geográficos, sociais, profissionais e situacionais.
Em relação a variedades linguísticas, assinale a afirmativa inadequada.
    a) Todas as línguas apresentam variedades e, assim, o que nós chamamos de "norma culta" é somente uma dessas variedades.
    b) A divisão da sociedade em grupos é uma das razões que trazem variedades linguísticas.
    c) As variedades linguísticas podem gerar, injustamente, preconceitos em relação ao seu uso.
    d) As variedades linguísticas regionais não se modificam como as demais por estarem ligadas a grupos mais conservadores.
    e) As pessoas, na interlocução, podem modificar a sua linguagem em função da situação comunicativa em que estão inseridas.

17. **(FGV – 2023 – SECRETARIA MUNICIPAL DE EDUCAÇÃO/SP – PROFESSOR - EDUCAÇÃO INFANTIL)** O efeito humorístico do diálogo a seguir fundamenta-se em uma infração das máximas comunicativas pragmáticas.
— *Observamos ontem um forte tremor na Antártida.*
— *O que é?*
— *É o continente no qual se encontra o Polo Sul.*
Assinale a opção que a indica.
    a) Máxima de quantidade: preste tanta informação quanto a necessária.
    b) Máxima de qualidade: sua contribuição deve ser verdadeira, não dizendo nada que seja falso.
    c) Máxima de pertinência: responda de forma adequada à pergunta ou à declaração prestada.
    d) Máxima de modo: evite a obscuridade na expressão.
    e) Máxima de relevância: dê-se a informação de que necessita o interlocutor.

18. **(FGV – 2023 – SECRETARIA MUNICIPAL DE EDUCAÇÃO/SP – PROFESSOR - EDUCAÇÃO INFANTIL)** Analise o fragmento a seguir, retirado de uma redação escolar.
"Amanhã, eu irei diretamente a uma livraria e comprarei esse livro, que passará a fazer parte de minha biblioteca."
O contexto de produção desse segmento utiliza uma série de vocábulos cujos significados não são fixos, mas podem variar conforme a situação comunicativa.
Assinale a opção que apresenta o termo de significação variável, dependente da situação.
    a) Amanhã.
    b) diretamente.
    c) livraria.
    d) fazer parte.
    e) biblioteca.

19. **(FGV – 2023 – SECRETARIA MUNICIPAL DE EDUCAÇÃO/SP – PROFESSOR - EDUCAÇÃO INFANTIL)** Em situações de comunicação formal, é conveniente evitar o uso de linguagem informal.
Assinale a opção que apresenta a frase cuja linguagem é inteiramente formal.
    a) Caso tivéssemos nessa situação, reagiríamos de forma diferente.
    b) Para mim estudar de forma eficiente, é indispensável estar em lugar silencioso.
    c) A gente não deve passear à noite por lugares escuros e desconhecidos.
    d) Eu lia mais, se tivesse mais dinheiro e tempo.
    e) Os presentes que lhes demos custaram caro.

20. **(FGV – 2023 – SECRETARIA MUNICIPAL DE EDUCAÇÃO/SP – PROFESSOR - EDUCAÇÃO INFANTIL)** Dois amigos diplomatas encontraram-se no balcão de um bar, antes de chegar ao Ministério.
Tendo em vista o conhecimento das variações linguísticas, a forma mais conveniente de cumprimento inicial seria:
    a) Bom dia! Como é que vai?
    b) Bom dia! Como estamos?
    c) Bom dia! O senhor, como vai?
    d) Bom dia! Como vai, Vossa Excelência?
    e) Bom dia! Como está Vossa Senhoria?

21. **(FGV – 2023 – SECRETARIA MUNICIPAL DE EDUCAÇÃO/SP – PROFESSOR - EDUCAÇÃO INFANTIL)** Um participante de uma prova náutica se perde com seu barco em função de um forte vento; ao desembarcar em um local desconhecido, pergunta a um habitante do local:
— *Onde estou?*
— *Numa ilha – respondeu o outro.*
Sobre a eficiência comunicativa desse diálogo, o comentário correto é que o habitante da ilha
    a) prestou as informações necessárias solicitadas.
    b) deu informações relevantes ao navegador.
    c) foi bastante claro nas informações prestadas.
    d) não auxiliou o interlocutor em sua localização.
    e) forneceu as informações pedidas de forma clara.

22. **(FGV – 2023 – SECRETARIA MUNICIPAL DE EDUCAÇÃO/SP – PROFESSOR - EDUCAÇÃO INFANTIL)** Leia as duas primeiras estrofes de um poema de Olavo Bilac, intitulado *Língua Portuguesa*:
Última flor do Lácio, inculta e bela,
És, a um tempo, esplendor e sepultura.
Ouro nativo, que na ganga impura
A bruta mina entre os cascalhos vela...

Amo-te assim, desconhecida e obscura,
Tuba de alto clangor, lira singela,
Que tens o trom e o silvo da procela,
E o arrolo da saudade e da ternura!

Como o título do poema indica, o tema dos versos apresentados é a Língua Portuguesa. Interpretando-se o que nele está expresso, assinale a afirmativa inadequada.
    a) O primeiro verso alude à origem latina da Língua Portuguesa.
    b) O adjetivo "*bela*", do primeiro verso, tem sua ideia repetida em "*esplendor*", no segundo verso.
    c) Os dois últimos versos da primeira estrofe mostram uma inversão sintática nos seus termos.
    d) O poeta mostra nítida preferência por um vocabulário culto, com o emprego de palavras raras.
    e) O verso "*Que tens o trom e o silvo da procela*" repete a ideia de a Língua Portuguesa ser uma "*lira singela*".

23. (FGV – 2023 – SECRETARIA MUNICIPAL DE EDUCAÇÃO/SP – PROFESSOR - EDUCAÇÃO INFANTIL) Um jornal carioca trazia, há tempos, a seguinte notícia:

Mudança nas moedas

A partir de junho começam a entrar em circulação as moedas de Cr$100 e Cr$500 substituindo as cédulas que trazem estampadas a poetisa Cecília Meireles e o naturalista Augusto Ruschi, respectivamente. O lançamento das moedas foi aprovado na reunião de ontem do Conselho Monetário Nacional, colocando fim à família de notas criadas no governo Sarney, sob a égide dos cruzados novos.

Sobre a construção desse pequeno texto jornalístico, assinale a afirmativa que apresenta o comentário adequado.

a) A expressão "começam a entrar em circulação" é estranha, porque as moedas "entram" logo, sem qualquer duração maior de tempo.
b) A bem da verdade, as cédulas citadas não trazem estampadas as pessoas, mas sim suas efígies.
c) O texto indica que a cédula de Cr$100 traz a figura do naturalista Augusto Ruschi, enquanto a de Cr$500, mostra a da poetisa Cecília Meireles.
d) O adjetivo "estampadas" está bem empregado, já que se refere às duas pessoas citadas a seguir.
e) Na expressão "colocando fim à família" não deveria haver acento grave indicativo da crase, pois não ocorre a preposição *a*.

24. (FGV – 2023 – SECRETARIA MUNICIPAL DE EDUCAÇÃO/SP – PROFESSOR - EDUCAÇÃO INFANTIL) Analise o fragmento a seguir, dito por uma professora a um aluno indisciplinado em sala de aula.

"— Senhor Bernardo, queira, por favor, ir para a sala da coordenação e explicar lá o porquê de o senhor ter sido retirado de sala."

Assinale a opção que indica a pergunta, referente a esse fragmento, que se relaciona aos *conhecimentos pragmáticos*.

a) A que se refere o termo "lá" na expressão "explicar lá"?
b) Por que a professora emprega o tratamento "Senhor" em referência ao aluno?
c) A qual das funções da coordenação se refere o texto?
d) Que palavra poderia substituir adequadamente o termo "porquê" nesse texto?
e) Esse fragmento de texto exemplifica que tipo de texto?

25. (FGV – 2023 – SECRETARIA MUNICIPAL DE EDUCAÇÃO/SP – PROFESSOR - EDUCAÇÃO INFANTIL) No ano de 1990, foi lançado no Brasil um filme americano que recebeu o título *Esqueceram de mim*.

Assinale a opção que mostra um comentário adequado sobre esse título.

a) Apesar de o título estar gramaticalmente bem construído., uma forma também adequada seria *Alguém esqueceu de e mim*.
b) Tratando-se de um título de um filme, seria mais conveniente que o sujeito da forma verbal *Esqueceram* fosse identificado.
c) O título traz um erro gramatical, considerando-se a norma culta da língua, devendo ser substituído por *Esqueceram-se de mim*.
d) A estrutura do título mostra o foco do personagem que esqueceu de alguém mais em algum lugar.
e) Uma outra forma igualmente correta do título dado ao filme é *Esqueceram-me*.

26. (FGV – 2023 – SECRETARIA MUNICIPAL DE EDUCAÇÃO/SP – PROFESSOR - EDUCAÇÃO INFANTIL) Leia o trecho a seguir.

"Os chamados 'meios de comunicação social', também apelidados, à inglesa, mídia, estão submetendo a pobre língua portuguesa a um processo de tortura que não se pode prever se ela resistirá.

Os jornais, sem exclusão dos chamados 'classe A', disputam um triste páreo de solecismos, barbarismos, cacofonias, ambiguidades e outros aleijões, que confrangem esse legado recebido de graça, já perfeito e acabado, quando o Brasil nasceu para a europeização.

[....] Para o que ora nos interessa, basta lembrar que, indiscutivelmente, outrora se escrevia e falava muito melhor que hoje 'nosso português casta linguagem."

Chaves de Melo, Gladstone. *Na Ponta da Língua*, v.2.

A principal crítica desse pequeno texto se dirige

a) àqueles que desrespeitam a tradição da língua.
b) aos novos jornalistas, que priorizam a oralidade.
c) aos que manifestam nítido preconceito linguístico.
d) aos que preferem vocábulos ingleses aos portugueses.
e) àqueles que preferem a informalidade à formalidade.

27. (FGV – 2023 – SECRETARIA MUNICIPAL DE EDUCAÇÃO/SP – PROFESSOR - EDUCAÇÃO INFANTIL) Um dos problemas mais encontrados na língua escrita é o da produção de ambiguidades, gerando mau entendimento de um texto. Assinale a opção que apresenta a frase que não mostra qualquer ambiguidade.

a) Quando apoiamos a garrafa sobre a mesa, partiu-se em duas partes.
b) Eles são representantes de jogadores talentosos.
c) Necessito de um bom detergente para minha roupa biodegradável.
d) Escolheu uma moto rápido.
e) Não os aceitaram no clube por seus preconceitos.

28. (FGV – 2023 – SECRETARIA MUNICIPAL DE EDUCAÇÃO/SP – PROFESSOR - EDUCAÇÃO INFANTIL) Leia o pequeno segmento de um texto publicitário a seguir, que cita duas vezes a expressão leitura crítica.

Neste livro o autor propõe uma nova forma de fazer jornalismo e, para isso, faz uma leitura crítica do jornalismo tradicional, da literatura, da classificação dos gêneros literários. No livro, a leitura crítica realizada sobre outros textos permite ao autor explicar como surgiu e como é esse novo gênero literário.

A *leitura crítica* pode ser definida como aquela em que

a) há o intento de busca por significados ocultos, que se encontram implícitos no texto e que devem ser inferidos a partir do vocabulário.
b) há a opção por saltar fragmentos e selecionar fragmentos tidos como mais importantes, apesar de o leitor contar com o texto completo.
c) analisam-se os conceitos principais e compreende-se a estrutura, a argumentação e as conclusões para interpretá-lo de outro ponto de vista.
d) ocorre uma leitura detalhada para a compreensão de conceitos técnicos de uma disciplina particular.
e) é lido o texto completo, mas sem a intenção de aprofundamento, à procura somente dos conceitos fundamentais.

29. **(FGV – 2023 – SECRETARIA MUNICIPAL DE EDUCAÇÃO/SP – PROFESSOR - EDUCAÇÃO INFANTIL)** Campo semântico de <u>falar</u>: articular – balbuciar – cochichar - sussurrar – gritar – segredar – gaguejar – berrar – murmurar – pronunciar. Analise as frases a seguir em que estão indicados os verbos empregados nos contextos em que aparecem, todos eles relacionados ao campo semântico de <u>falar</u>.

    Assinale a opção que mostra um verbo <u>inadequadamente</u> empregado.

    a) Quando se fala ao telefone, é preciso <u>articular</u> bem as palavras.
    b) Com dois meses de idade, o bebê procurava comunicar-se, mas só conseguia <u>gaguejar</u> alguns sons.
    c) O namorado passou toda a festa <u>cochichando</u> com a namorada no canto do salão.
    d) Apesar de estudar inglês há pouco tempo, o rapaz já conseguia <u>pronunciar</u> bem palavras complicadas.
    e) Diante do perigo, a conferencista passou a <u>gritar</u>, chamando a segurança do local.

30. **(FGV – 2023 – SECRETARIA MUNICIPAL DE EDUCAÇÃO/SP – PROFESSOR - EDUCAÇÃO INFANTIL)** "Armário: tipo de móvel onde se guardam roupas". Essa é uma definição dada por um dicionário, estruturada por um termo geral (móvel) seguido de marcas individualizadoras (onde se guardam roupas). As opções a seguir apresentam critérios individualizadores corretamente identificados, à exceção de uma. Assinale-a.

    a) *Colher* – utensílio de mesa e cozinha, composto de um cabo em cuja extremidade se forma uma parte côncava, usado para levar alimentos à boca, servir pratos etc. (composição de partes, finalidade e formato).
    b) *Túnel* – galeria subterrânea de seção ampla que se comunica com algum lugar ou liga duas seções de uma estrada, via férrea, rua etc. (localização, finalidade e dimensão).
    c) *Mosca* – designação comum dos insetos dípteros esquizóforos da subordem dos ciclórrafos, com cerca de 80.000 espécies descritas, que se dividem em caliptrados e numerosas famílias. (classificação científica).
    d) *Ponteira* – peça de metal que reforça a extremidade da bainha das armas brancas. (finalidade e composição material).
    e) *Estrume* – mistura composta de dejeto de animais e da palha fermentada que serviu de cama nos estábulos. (origem e finalidade).

31. **(FGV – 2023 – SECRETARIA MUNICIPAL DE EDUCAÇÃO/SP – PROFESSOR - EDUCAÇÃO INFANTIL)** Entre as opções a seguir, assinale aquela em que o aumentativo sublinhado perdeu o valor de aumentativo, designando uma outra realidade.

    a) O entregador tocou a campainha e esperou no <u>portão</u>.
    b) O fazendeiro tinha um <u>cachorrão</u> para vigiar a plantação.
    c) O <u>panelão</u> da feijoada já estava sobre o fogão.
    d) O apartamento tinha um <u>varandão</u> na frente.
    e) Na parte de trás, havia um <u>terrenão</u> para o plantio de frutas.

32. **(FGV – 2023 – SECRETARIA MUNICIPAL DE EDUCAÇÃO/SP – PROFESSOR)** É raríssimo que se ponha em circulação em uma língua uma palavra inventada caprichosamente por uma pessoa, ainda que ela responda a uma necessidade real da expressão. O normal é que uma palavra nova venha de algum lugar, tenha sua origem em outra palavra indígena ou estrangeira. Não é difícil "criar" uma palavra; o difícil é que ela seja aceita pela comunidade falante. É frequente, porém, que obtenha uma vida mais ou menos efêmera em âmbitos reduzidos; raras vezes em círculos mais amplos, como ocorreu com *entupigaitado*, termo talvez inventado por Carlos Drummond de Andrade.

    A palavra *entupigaitar* está presente nos dicionários, datada do século XX; segundo o texto, o vocábulo é

    a) um neologismo importado de origem indígena ou estrangeira.
    b) um vocábulo de vida mais ou menos efêmera no idioma.
    c) uma palavra que responde a uma necessidade de expressão.
    d) um termo que ainda não foi aceito pela comunidade falante.
    e) um elemento linguístico desnecessário.

33. **(FGV – 2023 – SECRETARIA MUNICIPAL DE EDUCAÇÃO/SP – PROFESSOR)** Todas as opções a seguir trazem fragmentos textuais retirados de jornais conhecidos.

    Assinale a opção que apresenta o fragmento que traz exemplo de linguagem coloquial.

    a) O Flamengo, que teve um jogador expulso, deve recorrer ao STJD.
    b) Com o advento do novo governo, a legislação econômica sobre o teto de gastos deve sofrer modificações.
    c) Os moradores de algumas comunidades cariocas estão sendo obrigados a fazerem papel de espiões para os traficantes.
    d) Os candidatos a prefeito de São Paulo fizeram ontem à noite mais um debate político, mas não atraíram grande número de ouvintes.
    e) De olho em novos negócios, algumas empresas estão organizando uma feira internacional de eletrodomésticos.

34. **(FGV – 2023 – SECRETARIA MUNICIPAL DE EDUCAÇÃO/SP – PROFESSOR)** As opções a seguir apresentam frases que mostram ambiguidade, à exceção de uma. Assinale-a.

    a) O bandido que tinha fugido da prisão no mês passado foi assassinado.
    b) A nomeação do novo ministro trouxe muita apreensão para o mercado financeiro.
    c) O repórter esportivo viu o craque passeando pelo mercado de Qatar.
    d) O filhote do cachorro mordeu a perna de um transeunte.
    e) Os que se vacinarem já terão direito ao passaporte.

35. **(FGV – 2023 – SECRETARIA MUNICIPAL DE EDUCAÇÃO/SP – PROFESSOR)** Um professor preocupado em dar a seus alunos mais proficiência na leitura dividiu um texto considerado mais complexo em trechos a serem lidos um a um, seguidos de comentários em discussão coletiva, em classe.

    Esse tipo de atividade é denominado

    a) leitura pontual.
    b) leitura programada.
    c) leitura colaborativa.
    d) leitura compartilhada.
    e) roda de leitores.

36. **(FGV – 2023 – SECRETARIA MUNICIPAL DE EDUCAÇÃO/SP – PROFESSOR)** O texto informativo é marcado pela objetividade, tanto de conteúdo quanto de estilo.

    As opções a seguir mostram frases objetivas, construídas com estratégias de impessoalidade. Assinale a opção que <u>foge</u> a esse modelo.

    a) Só serão admitidos no concurso os candidatos detentores de diplomas de nível superior.
    b) Julgadas inaceitáveis, as ofertas foram rejeitadas em bloco.
    c) Três encomendas foram devolvidas pelos entregadores.
    d) Foi decidido que essa lei seria revogada.
    e) Um controle severo foi efetuado na Copa.

37. (FGV – 2023 – SECRETARIA MUNICIPAL DE EDUCAÇÃO/SP – PROFESSOR) Muitas vezes podemos substituir uma locução adjetiva por um adjetivo.
Assinale a opção em que o termo sublinhado não pode ser substituído por um adjetivo.
a) O relógio tinha uma valiosa pulseira de ouro.
b) Os erros de ortografia devem ser evitados.
c) As lembranças dos filhos eram guardadas numa caixa.
d) Os livros de Matemática eram utilizados em sala.
e) As mensalidades dos alunos eram depositadas no banco.

38. (FGV – 2023 – SECRETARIA MUNICIPAL DE EDUCAÇÃO/SP – PROFESSOR) Nas frases a seguir, há uma busca pela precisão da informação.
Assinale a opção que apresenta a frase em que isso é obtido por meio de uma quantificação precisa.
a) Duas dúzias de bananas foram compradas na esquina.
b) Perto de dez mil pessoas estavam na manifestação.
c) Esse programa foi oferecido a cerca de 500 alunos.
d) Menos de uma centena de candidatos se apresentaram.
e) Numerosos incêndios ocorreram no verão.

39. (FGV – 2023 – SECRETARIA MUNICIPAL DE EDUCAÇÃO/SP – PROFESSOR) Em todas as frases argumentativas a seguir há uma estratégia de convencimento.
Assinale a opção que apresenta a frase que apela para uma intimidação do interlocutor.
a) Faça como os americanos: beba Coca-Cola.
b) Não vá à festa de formatura com roupa velha.
c) Compre uma mesa e ganhe duas cadeiras.
d) Dê um carro de presente para sua mulher.
e) Leia livros e se enriqueça.

40. (FGV – 2023 – SECRETARIA MUNICIPAL DE EDUCAÇÃO/SP – PROFESSOR) Assinale a frase que mostra um problema de coerência textual.
a) O crítico de futebol sempre tem razão porque só começa a falar quando o jogo termina.
b) Nem só de pão vive o homem.
c) Os salários da empresa estão baixos, mas, mesmo assim, os operários não pensam em greve.
d) Embora a chuva tenha sido prometida para toda a semana, o turista comprou um guarda-chuva.
e) Os viajantes compraram duas, ou melhor, três malas.

Texto para as próximas 15 questões:

Texto CG1A1-I

A teoria das causas cerebrais dos transtornos mentais passou gradualmente a ironizar tudo o que se relacionava com a forma de vida do sujeito, compreendida como unidade entre linguagem, desejo e trabalho. As narrativas de sofrimento da comunidade ou dos familiares com quem se vive, a própria versão do paciente, o seu "lugar de fala" diante do transtorno, tornaram-se epifenômenos, acidentes que não alteram a rota do que devemos fazer: correção educacional de pensamentos distorcidos e medicação exata.

Quarenta anos depois, acordamos em meio a uma crise global de saúde mental, com elevação de índices de suicídio, medicalização massiva receitada por não psiquiatras e insuficiência de recursos para enfrentar o problema.

Esse é o custo de desprezar a cultura como instância geradora de mediações de linguagem necessárias para que enfrentemos o sofrimento antes que ele evolua para a formação de sintomas. Esse é o desserviço dos que imaginam que teatro, literatura, cinema e dança são apenas entretenimento acessório — como se a ampliação e a diversidade de nossa experiência cultural não fossem essenciais para desenvolver capacidade de escuta e habilidades protetivas em saúde mental. Como se eles não nos ensinassem como sofrer e, reciprocamente, como tratar o sofrimento no contexto coletivo e individual do cuidado de si.

Christian Dunker. **A Arte da quarentena para principiantes**. São Paulo: Boitempo, 2020, p. 32-33 (com adaptações).

Acerca das ideias do texto CG1A1-I, julgue os itens a seguir.

41. (CESPE/CEBRASPE – 2021 – SECRETARIA DE ESTADO DA EDUCAÇÃO/AL – PROFESSOR DE ENSINO FUNDAMENTAL) De acordo com o texto, as práticas terapêuticas propostas pela teoria das causas cerebrais dos transtornos mentais são comprovadamente eficazes, por utilizarem o cálculo preciso da dosagem de medicamentos.
Certo ( )   Errado ( )

42. (CESPE/CEBRASPE – 2021 – SECRETARIA DE ESTADO DA EDUCAÇÃO/AL – PROFESSOR DE ENSINO FUNDAMENTAL) Depreende-se do terceiro parágrafo que a cultura possui função preventiva para a preservação da saúde mental, o que decorre do valor pedagógico das artes no desenvolvimento da capacidade do ser humano de lidar com o sofrimento tanto no âmbito coletivo quanto no âmbito individual.
Certo ( )   Errado ( )

43. (CESPE/CEBRASPE – 2021 – SECRETARIA DE ESTADO DA EDUCAÇÃO/AL – PROFESSOR DE ENSINO FUNDAMENTAL) Depreende-se do texto que a teoria das causas cerebrais dos transtornos mentais considera que aspectos subjetivos do paciente — como seus sentimentos, sua forma de vida e sua versão dos fatos — são dispensáveis na definição do tratamento de transtornos mentais.
Certo ( )   Errado ( )

44. (CESPE/CEBRASPE – 2021 – SECRETARIA DE ESTADO DA EDUCAÇÃO/AL – PROFESSOR DE ENSINO FUNDAMENTAL) Infere-se do texto que, quanto mais variadas forem as vivências artísticas de um indivíduo, menor será a probabilidade de adoecimento mental.
Certo ( )   Errado ( )

45. (CESPE/CEBRASPE – 2021 – SECRETARIA DE ESTADO DA EDUCAÇÃO/AL – PROFESSOR DE ENSINO FUNDAMENTAL) O autor do texto defende que a repressão do sofrimento é capaz de inibir o surgimento de sintomas antes que estes evoluam para quadros mais graves de transtorno mental.
Certo ( )   Errado ( )

46. (CESPE/CEBRASPE – 2021 – SECRETARIA DE ESTADO DA EDUCAÇÃO/AL – PROFESSOR DE ENSINO FUNDAMENTAL) A correção gramatical do texto seria prejudicada caso, no trecho "se vive" (segundo período do primeiro parágrafo), a forma pronominal "se" fosse deslocada para logo após a forma verbal — escrevendo-se **vive-se**.
Certo ( )   Errado ( )

47. (CESPE/CEBRASPE – 2021 – SECRETARIA DE ESTADO DA EDUCAÇÃO/AL – PROFESSOR DE ENSINO FUNDAMENTAL) Caso fosse inserido o sinal indicativo de crase no vocábulo "a", no trecho "em meio a uma crise" (primeiro período do segundo parágrafo), a correção gramatical do texto seria prejudicada.
Certo ( )   Errado ( )

48. **(CESPE/CEBRASPE – 2021 – SECRETARIA DE ESTADO DA EDUCAÇÃO/AL – PROFESSOR DE ENSINO FUNDAMENTAL)** Mantendo-se a correção gramatical do trecho "essenciais para desenvolver capacidade de escuta e habilidades protetivas em saúde mental" (terceiro parágrafo), o termo "para" poderia ser substituído por **a**.
    Certo ( )   Errado ( )

49. **(CESPE/CEBRASPE – 2021 – SECRETARIA DE ESTADO DA EDUCAÇÃO/AL – PROFESSOR DE ENSINO FUNDAMENTAL)** No primeiro período do primeiro parágrafo, o termo "ironizar" está empregado com o sentido de **relevar**.
    Certo ( )   Errado ( )

50. **(CESPE/CEBRASPE – 2021 – SECRETARIA DE ESTADO DA EDUCAÇÃO/AL – PROFESSOR DE ENSINO FUNDAMENTAL)** No segundo período do primeiro parágrafo, o termo "tornaram-se" concorda com "narrativas".
    Certo ( )   Errado ( )

51. **(CESPE/CEBRASPE – 2021 – SECRETARIA DE ESTADO DA EDUCAÇÃO/AL – PROFESSOR DE ENSINO FUNDAMENTAL)** O emprego dos dois-pontos no segundo período do primeiro parágrafo se justifica por introduzir exemplos.
    Certo ( )   Errado ( )

52. **(CESPE/CEBRASPE – 2021 – SECRETARIA DE ESTADO DA EDUCAÇÃO/AL – PROFESSOR DE ENSINO FUNDAMENTAL)** O termo "Esse", que inicia o terceiro parágrafo, retoma toda a ideia veiculada pelo segundo parágrafo.
    Certo ( )   Errado ( )

53. **(CESPE/CEBRASPE – 2021 – SECRETARIA DE ESTADO DA EDUCAÇÃO/AL – PROFESSOR DE ENSINO FUNDAMENTAL)** No trecho "Esse é o custo de desprezar a cultura como instância geradora de mediações de linguagem necessárias" (terceiro parágrafo), o termo "como" poderia ser substituído por **enquanto**, sem prejuízo dos sentidos originais no texto.
    Certo ( )   Errado ( )

54. **(CESPE/CEBRASPE – 2021 – SECRETARIA DE ESTADO DA EDUCAÇÃO/AL – PROFESSOR DE ENSINO FUNDAMENTAL)** No primeiro período do terceiro parágrafo, o emprego da forma verbal "evolua", que está no modo subjuntivo, é determinado pela forma verbal "enfrentemos", também no subjuntivo.
    Certo ( )   Errado ( )

55. **(CESPE/CEBRASPE – 2021 – SECRETARIA DE ESTADO DA EDUCAÇÃO/AL – PROFESSOR DE ENSINO FUNDAMENTAL)** A expressão "Como se", no último período do texto, introduz uma hipótese com a qual o autor do texto não concorda.
    Certo ( )   Errado ( )

Texto para as próximas 15 questões:

Oh, Deus, meu Deus, que misérias e enganos não experimentei, quando simples criança me propunham vida reta e obediência aos mestres, a fim de mais tarde brilhar no mundo e me ilustrar nas artes da língua, servil instrumento da ambição e da cobiça dos homens.

Fui mandado à escola para aprender as primeiras letras, cuja utilidade eu, infeliz, ignorava. Todavia, batiam-me se no estudo me deixava levar pela preguiça. As pessoas grandes louvavam esta severidade. Muitos dos nossos predecessores na vida tinham traçado estas vias dolorosas, por onde éramos obrigados a caminhar, multiplicando os trabalhos e as dores aos filhos de Adão. Encontrei, porém, Senhor, homens que Vos imploravam, e deles aprendi, na medida em que me foi possível, que éreis alguma coisa de grande e que podíeis, apesar de invisível aos sentidos, ouvir-nos e socorrer-nos.

Ainda menino, comecei a rezar-Vos como a "meu auxílio e refúgio", desembaraçando-me das peias da língua para Vos invocar. Embora criança, mas com ardente fervor, pedia-Vos que na escola não fosse açoitado.

Quando me não atendíeis — "o que era para meu proveito" —, as pessoas mais velhas e até os meus próprios pais, que, afinal, me não desejavam mal, riam-se dos açoites — o meu maior e mais penoso suplício.

Contudo, pecava por negligência, escrevendo, lendo e aprendendo as lições com menos cuidado do que de nós exigiam.

Senhor, não era a memória ou a inteligência que me faltavam, pois me dotastes com o suficiente para aquela idade. Mas gostava de jogar, e aqueles que me castigavam procediam de modo idêntico! As ninharias, porém, dos homens chamam-se negócios; e as dos meninos, sendo da mesma natureza, são punidas pelos grandes, sem que ninguém se compadeça da criança, nem do homem, nem de ambos.

Santo Agostinho. **Confissões**. Montecristo Editora. Edição do Kindle, p. 23-24 (com adaptações).

Com relação às ideias e aos aspectos linguísticos do texto precedente, julgue os itens a seguir.

56. **(CESPE/CEBRASPE – 2021 – SECRETARIA DE ESTADO DA EDUCAÇÃO/AL – PROFESSOR DE ENSINO FUNDAMENTAL)** Infere-se do texto que o narrador fugia da escola, por causa dos castigos que recebia, e procurava abrigo na igreja, onde se sentia protegido por Deus.
    Certo ( )   Errado ( )

57. **(CESPE/CEBRASPE – 2021 – SECRETARIA DE ESTADO DA EDUCAÇÃO/AL – PROFESSOR DE ENSINO FUNDAMENTAL)** O narrador sofria castigos físicos na escola não porque tivesse dificuldade para aprender, mas porque gostava de jogar.
    Certo ( )   Errado ( )

58. **(CESPE/CEBRASPE – 2021 – SECRETARIA DE ESTADO DA EDUCAÇÃO/AL – PROFESSOR DE ENSINO FUNDAMENTAL)** Depreende-se do último parágrafo do texto que as ninharias das crianças e as dos adultos são, respectivamente, os jogos e os negócios.
    Certo ( )   Errado ( )

59. **(CESPE/CEBRASPE – 2021 – SECRETARIA DE ESTADO DA EDUCAÇÃO/AL – PROFESSOR DE ENSINO FUNDAMENTAL)** Depreende-se do texto que, na maioria das vezes em que o narrador pedia a Deus para não ser açoitado na escola, suas súplicas eram atendidas.
    Certo ( )   Errado ( )

60. **(CESPE/CEBRASPE – 2021 – SECRETARIA DE ESTADO DA EDUCAÇÃO/AL – PROFESSOR DE ENSINO FUNDAMENTAL)** Os trechos "Oh, Deus, meu Deus" (primeiro parágrafo) e "Senhor" (último período do segundo parágrafo) evidenciam que o narrador dirige-se a um interlocutor específico: Deus.
    Certo ( )   Errado ( )

61. **(CESPE/CEBRASPE – 2021 – SECRETARIA DE ESTADO DA EDUCAÇÃO/AL – PROFESSOR DE ENSINO FUNDAMENTAL)** No primeiro parágrafo, o trecho "a fim de mais tarde brilhar no mundo e me ilustrar nas artes da língua" indica um objetivo a ser alcançado a partir de uma vida reta e da obediência aos mestres.
    Certo ( )   Errado ( )

LÍNGUA PORTUGUESA

62. **(CESPE/CEBRASPE – 2021 – SECRETARIA DE ESTADO DA EDUCAÇÃO/AL – PROFESSOR DE ENSINO FUNDAMENTAL)** No trecho "batiam-me se no estudo me deixava levar pela preguiça" (segundo parágrafo), a substituição do termo "se" por **quando** seria gramaticalmente correta e manteria a coerência do texto.
    Certo ( )   Errado ( )

63. **(CESPE/CEBRASPE – 2021 – SECRETARIA DE ESTADO DA EDUCAÇÃO/AL – PROFESSOR DE ENSINO FUNDAMENTAL)** A vírgula empregada logo após "Encontrei" (último período do segundo parágrafo) é de uso facultativo, portanto a sua supressão seria gramaticalmente correta no texto.
    Certo ( )   Errado ( )

64. **(CESPE/CEBRASPE – 2021 – SECRETARIA DE ESTADO DA EDUCAÇÃO/AL – PROFESSOR DE ENSINO FUNDAMENTAL)** Infere-se do trecho "Embora criança, mas com ardente fervor" (terceiro parágrafo) a ideia de que não é uma característica comum às crianças rezar fervorosamente.
    Certo ( )   Errado ( )

65. **(CESPE/CEBRASPE – 2021 – SECRETARIA DE ESTADO DA EDUCAÇÃO/AL – PROFESSOR DE ENSINO FUNDAMENTAL)** Depreende-se do quarto parágrafo que o narrador se ressentia de Deus quando não era atendido em suas orações, sendo tal ressentimento descrito no texto como o maior e mais penoso suplício do narrador.
    Certo ( )   Errado ( )

66. **(CESPE/CEBRASPE – 2021 – SECRETARIA DE ESTADO DA EDUCAÇÃO/AL – PROFESSOR DE ENSINO FUNDAMENTAL)** No quarto parágrafo, a palavra 'proveito' tem o mesmo sentido de **benefício**.
    Certo ( )   Errado ( )

67. **(CESPE/CEBRASPE – 2021 – SECRETARIA DE ESTADO DA EDUCAÇÃO/AL – PROFESSOR DE ENSINO FUNDAMENTAL)** A substituição do termo "infeliz" (primeiro período do segundo parágrafo) por **infelizmente** alteraria os sentidos originais do texto.
    Certo ( )   Errado ( )

68. **(CESPE/CEBRASPE – 2021 – SECRETARIA DE ESTADO DA EDUCAÇÃO/AL – PROFESSOR DE ENSINO FUNDAMENTAL)** No quinto parágrafo, o narrador afirma que quem lhe aplicava os castigos físicos na escola "pecava por negligência".
    Certo ( )   Errado ( )

69. **(CESPE/CEBRASPE – 2021 – SECRETARIA DE ESTADO DA EDUCAÇÃO/AL – PROFESSOR DE ENSINO FUNDAMENTAL)** No quinto parágrafo, a palavra "negligência" está empregada com o mesmo sentido de **ignorância**.
    Certo ( )   Errado ( )

70. **(CESPE/CEBRASPE – 2021 – SECRETARIA DE ESTADO DA EDUCAÇÃO/AL – PROFESSOR DE ENSINO FUNDAMENTAL)** Mantendo-se a coerência do texto, o trecho "com menos cuidado do que de nós exigiam" (quinto parágrafo) poderia ser corretamente reescrito da seguinte forma: com menos zelo do que nos era exigido.
    Certo ( )   Errado ( )

Texto para as próximas 9 questões:

O Escriba

Conhecida também pelo pernóstico apelido de *Sorbonne*, a Escola Superior de Guerra era produto de um sincero interesse da cúpula militar pelo aprimoramento intelectual dos oficiais superiores, mas também de um desejo dos ministros de manter longe dos comandos de tropa e de posições importantes no Estado-Maior os oficiais de muita capacidade e pouca confiança. Enquanto se puniam com transferências para circunscrições de recrutamento os coronéis chucros ou extremados, a oposição militar bem-educada ganhava escrivaninhas na ESG, cuja primeira virtude era a localização: no Rio de Janeiro, debruçada sobre a praia da Urca. Em 1953, somando-se os estagiários ao seu quadro de pessoal, a ESG dava o que fazer a doze generais, três almirantes, dois brigadeiros, 33 coronéis e onze capitães-de-mar-e-guerra, efetivo equivalente a mais que o dobro dos coronéis e generais que foram para a guerra.

Desde 1950 a escola juntava por volta de setenta civis e militares num curso de um ano, verdadeira maratona de palestras e estudos em torno dos problemas nacionais. Essa convivência de oficiais, burocratas e parlamentares era experiência inédita, mas seria exagero dizer que nos seus primeiros dez anos de vida a ESG aglutinou uma amostra da elite nacional. O número de estagiários sem ligação funcional com o Estado dificilmente alcançava um terço das turmas. A seleção dos 483 militares que fizeram qualquer tipo de curso na ESG entre 1950 e 1959 deu-se sem dúvida no estrato superior da oficialidade. Dois chegaram à Presidência da República (Geisel e Castello Branco), 23 ao ministério, e, deles, seis chefiaram o Exército. Com os 335 civis que passaram pela escola no mesmo período, o resultado foi outro. Só quatro chegaram ao ministério. Um deles, Tancredo Neves, pode ser computado como se tivesse chegado à Presidência.

A escola funcionava num clima grandiloquente e autocongratulatório. Suas primeiras turmas incluíam oficiais sinceramente convencidos de que participavam de um mutirão intelectual que repensava o Brasil. Havia neles um verdadeiro sentido de missão. "Nenhum de nós sabia nada e queríamos que alguém nos desse ideias", contaria mais tarde o general Antônio Carlos Muricy. Ainda assim, a ESG não produziria uma só ideia ao mesmo tempo certa e nova. Seus fundadores empilharam conceitos redundantes, como Planejamento da Segurança Nacional, e impenetráveis, como o Conceito Estratégico Nacional, atrás dos quais se escondia uma metafísica do poder estranha à ordem e às instituições democráticas, aos sistemas partidários e aos mecanismos eleitorais. Carlos Lacerda chamava-a de "escola do blá-blá-blá". Com o tempo edificou-se a mitologia de que a *Sorbonne* foi laboratório de aperfeiçoamento da elite nacional e sacrário ideológico do regime de 1964. Parte da cúpula militar que a criou, no entanto, haveria de tomá-la como mau exemplo tanto pela fauna como pela flora. "Cuidado com os picaretas. Veja a ESG", advertiu Geisel a um amigo. As famosas apostilas de capa cinza eram documentos irrelevantes para o general: "Podem ir para o lixo, pois as turmas e os grupos são muito díspares".

Fundada na premissa de que o subdesenvolvimento brasileiro era produto da falta de articulação e competência de sua elite, a ESG se propunha a sistematizar o debate dos problemas do país. Oferecia-se também como centro de estudos para uma crise universal muito mais ameaçadora e urgente. Em maio de 1949 a escola ainda não estava legalmente organizada, mas seu comandante, o general Oswaldo Cordeiro de Farias, advertia: "Precisamos preparar-nos para a eventualidade da terceira guerra mundial, o que é uma consequência do panorama internacional, uma política de autodefesa, um imperativo de nossa soberania e do nosso espírito de sobrevivência. Viver despreocupado deste problema, num mundo que não se entende, é ter mentalidade suicida".

Esse mundo vivia sob a influência de duas expressões: Cortina de Ferro e Guerra Fria.

A primeira fora mais uma expressão genial do ex-primeiro-ministro inglês Winston Churchill. Em março de 1946, discursando na pequena cidade de Fulton, nos Estados Unidos, ele denunciou: "De Stettin, no Báltico, a Trieste no Adriático, uma cortina de ferro caiu sobre o Continente. Atrás dessa linha, todas as capitais dos velhos Estados da Europa Central, Varsóvia, Berlim, Praga, Viena, Budapest, Belgrado, Bucarest e Sofia, todas essas famosas cidades, bem como as populações que as circundam, estão submetidas não só à influência soviética, mas a um grande e crescente controle por Moscou".

A segunda fora produto da memória do jornalista americano Walter Lippmann. Ao dar título a uma coletânea de artigos dos últimos meses de 1947, ele recorreu à expressão francesa usada em 39 para designar a política de intimidação de Hitler na Europa, "la guerre froide".
(GASPARI, E. *A ditadura derrotada*. São Paulo: Companhia das Letras, 2003, p. 121-124).

71. (CONSULPAM – 2019 – SECRETARIA MUNICIPAL DE EDUCAÇÃO/ES – PROFESSOR EDUCAÇÃO INFANTIL)
A respeito dos seus propósitos gerais ou específicos, somente é CORRETO afirmar que o texto:
a) Destaca os avanços obtidos pela Escola Superior de Guerra, quer no âmbito da Segurança Nacional, quer no da formação de oficiais.
b) Critica a instalação da Escola Superior de Guerra como local para onde eram designados os oficiais destreinados e radicais.
c) Concentra a argumentação com o objetivo principal de esclarecer os conceitos de "cortina de ferro" e "guerra fria".
d) Relata com certa ironia o surgimento da Escola Superior de Guerra e revela as razões ocultas de sua criação.

72. (CONSULPAM – 2019 – SECRETARIA MUNICIPAL DE EDUCAÇÃO/ES – PROFESSOR EDUCAÇÃO INFANTIL) Conforme seu vocabulário e suas estruturas linguísticas, é CORRETO afirmar que o texto:
a) Abordando uma temática da História, apresenta sintaxe e vocabulário próprios dos textos acadêmicos de pesquisa.
b) Constitui parte de um relatório de experiências políticas do autor, o que se evidencia pela forte presença de verbos no passado.
c) Fortemente impregnado de vocabulário técnico e sofisticado, o texto caracteriza-se como instrucional, ou seja, científico.
d) Constitui um registro de fatos, em que são apresentados eventos dos quais o autor não tomou parte ativa, mas sobre os quais emite juízos.

73. (CONSULPAM – 2019 – SECRETARIA MUNICIPAL DE EDUCAÇÃO/ES – PROFESSOR EDUCAÇÃO INFANTIL) Conforme o que se enuncia no texto, é CORRETO afirmar somente que a Escola Superior de Guerra:
a) Reuniu a elite intelectual brasileira com os propósitos de sistematizar o debate dos problemas brasileiros e manter os militares afastados do poder central.
b) Agia clandestinamente com o fim de combater a influência de Moscou sobre a política brasileira e facilitar a presença da ideologia estadunidense no Brasil.
c) Não apresentou resultados efetivos importantes, quer pela disparidade de seus grupos quer pela desconfiança com que era vista pela cúpula governamental.
d) Operava sob o comando das forças militares nacionais em acordo com a ordem política, com os valores democráticos e com os mecanismos eleitorais.

74. (CONSULPAM – 2019 – SECRETARIA MUNICIPAL DE EDUCAÇÃO/ES – PROFESSOR EDUCAÇÃO INFANTIL)
Assinale a alternativa em que a substituição da palavra destacada pela palavra entre parênteses mantém a correção gramatical e os sentidos do texto:
a) "Conhecida também pelo **PERNÓSTICO** (modesto) apelido de *Sorbonne*, a Escola Superior de Guerra era produto de um sincero interesse da cúpula militar [...]"
b) "[...] oficiais sinceramente convencidos de que participavam de um **MUTIRÃO** (colegiado) intelectual que repensava o Brasil."
c) "Seus fundadores empilharam conceitos **REDUNDANTES** (contraditórios), como Planejamento da Segurança Nacional, e impenetráveis [...]"
d) "Precisamos preparar-nos para a eventualidade da terceira guerra mundial, o que é uma consequência do **PANORAMA** (cenário) internacional [...]"

75. (CONSULPAM – 2019 – SECRETARIA MUNICIPAL DE EDUCAÇÃO/ES – PROFESSOR EDUCAÇÃO INFANTIL)
A propósito da estrutura morfossintática do primeiro período do texto, é CORRETO afirmar somente que:
"Conhecida também pelo pernóstico apelido de *Sorbonne*, a Escola Superior de Guerra era produto de um sincero interesse da cúpula militar pelo aprimoramento intelectual dos oficiais superiores, mas também de um desejo dos ministros de manter longe dos comandos de tropa e de posições importantes no Estado-Maior os oficiais de muita capacidade e pouca confiança."
a) O termo "*pelo pernóstico apelido de Sorbonne*" desempenha a função de agente da passiva.
b) A oração reduzida de infinitivo presente no período desempenha a função de objeto indireto.
c) O termo "*os oficiais de muita capacidade e pouca confiança*" desempenha a função de objeto direto.
d) Não se pode atribuir a nenhum termo do trecho em análise a função de complemento nominal.

76. (CONSULPAM – 2019 – SECRETARIA MUNICIPAL DE EDUCAÇÃO/ES – PROFESSOR EDUCAÇÃO INFANTIL)
O sentido assumido pela expressão destacada está corretamente indicado somente no item:
a) "Enquanto se puniam com transferências para circunscrições de recrutamento os coronéis chucros ou extremados, a oposição militar bem-educada ganhava escrivaninhas na ESG [...]" (tempo)
b) "Essa convivência de oficiais, burocratas e parlamentares era experiência inédita, mas seria exagero dizer que nos seus primeiros dez anos de vida a ESG aglutinou uma amostra da elite nacional." (concessão)
c) "Ao dar título a uma coletânea de artigos dos últimos meses de 1947, ele recorreu à expressão francesa usada em 39 para designar a política de intimidação de Hitler [...]" (conclusão)
d) "Em março de 1946, discursando na pequena cidade de Fulton, nos Estados Unidos, ele denunciou [...]" (consequência)

77. (CONSULPAM – 2019 – SECRETARIA MUNICIPAL DE EDUCAÇÃO/ES – PROFESSOR EDUCAÇÃO INFANTIL)
O elemento coesivo destacado tem seu referente corretamente indicado somente no item:
a) "Havia NELES um verdadeiro sentido de missão. [...]" ("Suas primeiras turmas")
b) "Parte da cúpula militar que A criou [...]" ("a *Sorbone*")
c) "Oferecia-SE também como centro de estudos para uma crise [...]" ("o debate dos problemas do país")
d) A PRIMEIRA fora mais uma expressão genial do ex-primeiro-ministro inglês Winston Churchill. ("Guerra Fria")

LÍNGUA PORTUGUESA

78. (CONSULPAM – 2019 – SECRETARIA MUNICIPAL DE EDUCAÇÃO/ES – PROFESSOR EDUCAÇÃO INFANTIL) O item inteiramente correto quanto à grafia vigente das palavras é:
   a) O CCAD têm como objetivo preparar a comunidade de aquisição de defesa do Brasil e uma de suas primeiras iniciativas foi a realização do 1º Seminário de Gestão de Aquisição de Defesa (SEGAD), em novembro de 2018.
   b) Com o tema "*Pespectivas e Novos Desafios para a Gestão da Aquisição de Defesa no Brasil*" e painéis ministrados por personalidades internacionais e brasileiras, o seminário abordou temas diretamente ligados aos procedimentos de aquisição das Forças Armadas.
   c) O evento contou com a participação dos principais gestores da comunidade de aquisição em defesa do Brasil envolvidos direta ou indiretamente na gestão de processos de obtenção de sistemas de armas por aquisições diretas (compras) ou por intermédio de projetos sustentáveis de pesquisa, de desenvolvimento tecnológico e de capacitação industrial.
   d) O objetivo do SEGAD foi mapear caminhos para o crescimento, sustentabilidade e proteção da base científica, tecnológica e indústrial voltada para a Defesa (BCTID), e valorizar o papel central da comunidade na inovação dos processos de gestão.

79. (CONSULPAM – 2019 – SECRETARIA MUNICIPAL DE EDUCAÇÃO/ES – PROFESSOR EDUCAÇÃO INFANTIL) Assinale a única alternativa cuja sentença está inteiramente correta quanto à pontuação.
   a) A Escola Superior de Guerra (ESG) inaugurou, nesta terça (22/01) o Centro de Capacitação em Aquisição de Defesa (CCAD), no edifício Juarez Távora. Chefiado pelo General de Brigada Mauro Guedes Ferreira Mosqueira Gomes, o Centro vinha sendo planejado desde junho de 2018.
   b) "Vi uma mensagem do Estado-Maior Conjunto das Forças Armadas que acho que cabe para o CCAD: 'Juntos somos mais fortes'. A proposta do CCAD é essa: trabalharmos juntos pelo preparo e projetos das Forças e pela gestão dos sistemas de defesa. É uma sinergia", explicou o general Mosqueira.
   c) O Comandante da ESG, General de Exército Décio Luís Schons, ressaltou que a ideia de criação do Centro, veio do General de Exército Joaquim Silva e Luna, quando ainda era Secretário-Geral do Ministério da Defesa.
   d) Estiveram presentes na cerimônia de inauguração o Subcomandante da Escola, Vice-Almirante Carlos Frederico Carneiro Primo, o Assistente Militar do Exército na ESG, General de Brigada José Ricardo Vendramin Nunes oficiais generais, chefes de divisão e a equipe do CCAD.

80. (CONSULPAM – 2019 – SECRETARIA MUNICIPAL DE EDUCAÇÃO/ES – PROFESSOR EDUCAÇÃO INFANTIL) Quanto às regras de concordância nominal e verbal, o único item correto é:
   a) Os diversos Estudos estão organizados por meio de Disciplinas, pelo critério de afinidade e coordenação dos assuntos e áreas de conhecimento.
   b) A fase básica apresenta fundamentos e conceitos que servirá de fundamento para os estudos e atividades de alta complexidade que se ocorrerá a seguir.
   c) A fase conjuntural aprofunda e integra conhecimentos que vão possibilitar a efetivação de avaliações conjunturais e a construção de cenário, nacional e internacional, elaborados nesta fase.
   d) Durante esse período, são estabelecidos condições para que o estagiário complemente os conhecimentos iniciais por meio de estudos de problemas conjunturais do Brasil.

Texto para as próximas 4 questões:

Renda variável

A renda variável, como o próprio nome sugere, é um investimento em que o rendimento não é garantido. Diferente da poupança, na qual você sempre ganha, em um investimento de renda variável, você pode ganhar ou perder, perder até o capital principal, ou seja, o capital que foi investido inicialmente.

Quando pensamos em renda variável, pensamos imediatamente em ações, elas são o investimento mais característico da renda variável. Ao comprar uma única ação, o comprador se torna sócio dessa empresa.

É muito simples investir, basta criar uma conta em uma corretora ou banco que ofereça o serviço de Home Broker. Esse sistema permite monitorar o fluxo de negócios da Brasil Bolsa Balcão, a bolsa brasileira ou B3 como é conhecida.

Após a abertura da conta, é hora de escolher uma empresa para investir, geralmente, as empresas maiores e mais seguras pagam menos dividendos e as empresas menores e menos estáveis procuram atrair mais acionistas pagando mais.

Há milhares de vídeos na internet explicando como investir, mas cuidado, além do risco inerente da renda variável, esses vídeos não são sugestões de investimentos. É melhor ser precavido e procurar uma consultoria especializada.

81. (IBFC – 2023 – SECRETARIA DA EDUCAÇÃO/BA – PROFESSOR) Segundo Bechara (2019, p. 616), "A compreensão de texto consiste em analisar o que realmente está escrito, ou seja, coletar dados do texto. E interpretação consiste em saber o que se infere (conclui) do que está escrito". Analise as afirmativas a seguir e dê valores de Verdadeiro (V) ou Falso (F).
   ( ) A renda variável é uma modalidade de investimento em que o rendimento é garantido.
   ( ) A poupança é uma modalidade de investimento na qual você sempre ganha.
   ( ) Você pode ganhar ou perder em um investimento de renda variável.
   ( ) Você nunca perderá o capital principal, ou seja, o capital que foi investido inicialmente.

Assinale a alternativa que apresenta a sequência correta de cima para baixo.
   a) F - V - V - F
   b) V - F - F - V
   c) V - V - V - F
   d) F - F - F - F
   e) V - F - V - V

82. (IBFC – 2023 – SECRETARIA DA EDUCAÇÃO/BA – PROFESSOR) Mantenha o foco na compreensão e interpretação do texto. Releia-o, examine os argumentos e assinale a **única** alternativa correta.
   a) Segundo o autor, ao pensarmos em renda variável, pensamos em câmbio, criptomoedas, fundos imobiliários, ETFs, mas nunca em ações.
   b) Segundo o autor, você só se tornará sócio de uma empresa ao comprar uma única ação dessa empresa.
   c) O autor afirma que não é muito simples investir em renda variável, pois, é necessário conhecer o mercado de ações.
   d) O autor lembra que você não precisa criar uma conta em uma corretora para investir em renda variável.
   e) O autor reforça que as empresas maiores e mais seguras pagam mais dividendos, pois negociam mais e têm mais lucros.

83. **(IBFC – 2023 – SECRETARIA DA EDUCAÇÃO/BA – PROFESSOR)** Assinale a alternativa que não apresenta declarações corretas quanto ao uso do hífen.
   a) O hífen é usado para separar sílabas de uma mesma palavra. Exemplo: me-ta-fí-si-ca.
   b) O hífen é usado para ligar os pronomes oblíquos (enclíticos ou mesoclíticos) ao verbo. Exemplo: convidar-me-ão.
   c) O prefixo "bem" se separa por hífen somente se a palavra seguinte não tiver vida autônoma. Exemplo: bemamado; bemhumorado.
   d) O hífen é usado para ligar os elementos dos adjetivos compostos. Exemplos: econômico-financeiro.
   e) Os prefixos auto, contra, extra, infra, intra, neo, proto, pseudo, semi, supra, ultra eram separados por hífen quando a palavra seguinte começava por vogal e por h, r ou s. auto-análise; contra-regra, mas devido ao novo acordo ortográfico perderam o hífen. Agora são grafadas: autoanálise; contrarregra.

84. **(IBFC – 2023 – SECRETARIA DA EDUCAÇÃO/BA – PROFESSOR)** Analise atentamente as palavras: "variável", "sugere" e "sócio" e assinale a alternativa correta em referência à acentuação e tonicidade.
   a) "variável" e "sugere" são palavras paroxítonas, já "sócio" é uma palavra proparoxítona.
   b) "sócio" é uma palavra oxítona, por sua vez, "variável" e "sugere" são palavras proparoxítonas.
   c) "variável", "sugere" e "sócio" são palavras proparoxítonas.
   d) "variável", "sugere" e "sócio" são todas palavras paroxítonas.
   e) "variável", "sugere" e "sócio" são palavras oxítonas.

85. **(IBFC – 2023 – SECRETARIA DA EDUCAÇÃO/BA – PROFESSOR)** Analise o emprego da pontuação nas estruturas a seguir e assinale a alternativa correta.
   I. Uma manhã, depois de um grande silêncio de Basílio, recebeu da Bahia uma longa carta, que começava: "Tenho pensado muito e entendo que devemos considerar a nossa inclinação como uma "criancice"…" (Eça de Queiroz).
   II. O fato de ter cultivado tantos amigos e granjeado o respeito de todos, é prova suficiente de que ele teve uma vida digna.
   III. Nessa altura, entrava em detalhes secretos da vida feminina e aduzia: "foi uma grande tristeza em saber que o doutor R. S. sabe de teus particulares moral", sic, (Lima Barreto).
   Assinale a alternativa correta.
   a) O emprego da pontuação está correto apenas na estrutura I.
   b) O emprego da pontuação está correto apenas na estrutura II.
   c) O emprego da pontuação está correto apenas na estrutura III.
   d) O emprego da pontuação está correto nas estruturas I, II e III.
   e) O emprego da pontuação está incorreto nas estruturas I, II e III.

86. **(IBFC – 2023 – SECRETARIA DA EDUCAÇÃO/BA – PROFESSOR)** Leia atentamente o trecho a seguir.
   "- Meu pai! Disse João Aguiar com um tom de ressentimento que fez pasmar o comendador.
   - Que é? Perguntou este.
   João Aguiar não respondeu. O comendador arrugou a testa e interrogou o rosto mudo do filho. Não leu, mas adivinhou alguma coisa desastrosa; desastrosa, entenda-se, para os cálculos conjuntopolíticos ou políticos-conjugais, como melhor nome haja.
   - Dar-se-á caso que… começou a dizer comendador.
   - Que eu namore? Interrompeu galhofeiramente o filho."
   (ASSIS, Machado. Contos. 26ª ed. São Paulo: Ed. Ática, 2002, p. 43).

   Correlacionando ao texto apresentado, analise as afirmativas a seguir.
   I. O texto apresenta um discurso direto pois o narrador introduz a fala das personagens - um pai e um filho - em seguida, passa a palavra a elas e as deixa falar.
   II. O texto apresenta um discurso direto pois as personagens falam, conversam entre si, expõem ideias. Quando o narrador conta o que elas disseram, insere na narrativa uma fala que não é de sua autoria.
   III. O texto apresenta um discurso direto pois a fala das personagens é anunciada por um verbo que pode vir antes, no meio ou depois da fala das personagens. A fala das personagens aparece nitidamente separada da fala do narrador.
   Assinale a alternativa correta.
   a) As afirmativas I, II e III estão corretas
   b) Apenas as afirmativas I e II estão corretas
   c) Apenas as afirmativas II e III estão corretas
   d) Apenas as afirmativas I e III estão corretas
   e) As afirmativas I, II e III estão incorretas

87. **(IBFC – 2023 – SECRETARIA DA EDUCAÇÃO/BA – PROFESSOR)** Leia o texto a seguir de Albert Einstein, extraído do livro Como Vejo o Mundo, da editora Nova Fronteira.
   "Minha condição humana me fascina. Conheço o limite de minha existência e ignoro o por que estou nesta terra, mas às vezes o pressinto. Pela experiência cotidiana, concreta e intuitiva, eu me descubro vivo para alguns homens, porque o sorriso e a felicidade deles me condicionam inteiramente, mas ainda para outros que, por acaso, descobri terem emoções semelhantes às minhas.
   E cada dia, milhares de vezes, sinto minha vida — corpo e alma — integralmente tributária do trabalho dos vivos e dos mortos. Gostaria de dar tanto quanto recebo e não paro de receber. Mas depois experimento o sentimento satisfeito de minha solidão e quase demonstro má consciência ao exigir ainda alguma coisa de outrem. Vejo os homens se diferenciarem pelas classes sociais e sei que nada as justifica a não ser pela violência. Sonho ser acessível e desejável para todos uma vida simples e natural, de corpo e de espírito."
   A partir da leitura, podemos afirmar que o texto apresenta o seguinte tipo de conhecimento:
   a) Filosófico
   b) Empírico
   c) Teológico
   d) Científico
   e) Analógico

88. **(IBFC – 2023 – SECRETARIA DA EDUCAÇÃO/BA – PROFESSOR)** Entender o próprio homem e tudo que o rodeia sem recorrer aos deuses era o objetivo inicial das ciências humanas. Visa-se a sistematização do conhecimento, o abandono dos mitos e a gradual substituição pela racionalização. A amplitude do conhecimento humano não pode ser razão de limitação do conhecer, antes, deveria permitir compor uma constante ampliação de competências aos profissionais de todas as áreas. As facilidades tecnológicas e de comunicação, em si, compõem grandes oportunidades de interações e diálogos, sobretudo, em meio à estrutura do sistema capitalista fordista. Contudo, caso tal sistema traga ausência de uma formação humanizada, poder-se-á gerar consequências desagradáveis nos diversos campos profissionais com prejuízos que se acumulam e avolumam na sociedade. Isto não significa que o teor **técnico profissional deva ser abandonado, mas sim, que a formação nas ciências humanas contribua no enriquecimento deste conhecimento, sendo valorizadas, estudadas e aprofundadas.** Após leitura e reflexão sobre o texto apresentado, analise as afirmativas a seguir.

I. O texto versa sobre a necessidade de uma formação na qual a humanização, reflexão e o diálogo não sejam colocados de lado em nome da automação funcionalista.
II. Os humanos carecem de uma formação puramente tecnicista em prol de melhor realizarem suas atividades profissionais no mundo globalizado.
III. As ciências humanas – como formação – desenvolve a consciência do mundo, amplia o senso crítico, cria autonomia, capacidade de resolução de problemas de forma integrada e integradora.
IV. O pensamento no âmbito humanista vê o conhecimento e as pessoas como parte de um todo sistêmico.

Após análise das afirmativas, assinale a alternativa correta.

a) Apenas as afirmativas I, III e IV estão corretas
b) Apenas as afirmativas II e IV estão corretas
c) Apenas as afirmativas II, III e IV estão corretas
d) Apenas as afirmativas I e III estão corretas
e) Apenas as afirmativas I, II e III estão corretas

89. **(IBFC – 2023 – SECRETARIA DA EDUCAÇÃO/BA – PROFESSOR)** Sobre as linguagens das ciências e das artes em sua relação com a comunicação humana, grandes cientistas, como Galileu Galilei e Leonardo da Vinci, transitaram pelas vias de conexão entre a ciência e a arte ao desenvolverem o conhecimento e comunicação das mais diferentes formas, deixando legados inestimáveis à humanidade. Artistas têm uma sensibilidade apurada para a percepção dos problemas da sociedade e comumente sintetizam e antecipam questões cruciais. O ser humano nunca viveu sem utilizar a arte como forma de expressão, uma indicação de que a linguagem da arte é a própria linguagem da humanidade. Por isso, e para isso, a arte precisa ser mais bem compreendida e valorizada na educação, em todos os níveis de ensino, para a formação de docentes e cientistas com orientação holística. A arte pode se combinar com a ciência como parte de uma estratégia pedagógica explícita para a educação científica da população. Com base no texto, analise as afirmativas a seguir.

I. Atividades de ciência e arte possibilitam o desenvolvimento de novas intuições, ajudam a construir um discurso interno e público sobre a relação entre arte, ciência, atividades humanas e tópicos relacionados a atividades multidisciplinares e multiculturais.
II. A arte pode ser incluída na educação científica não apenas para tornar as coisas mais belas, apesar de frequentemente isso acontecer, mas primariamente porque os artistas oferecem olhares sobre a natureza diferentes daquelas que fazem os cientistas.
III. Os artistas usam bases diferentes para tomar decisões enquanto criam suas obras - seus experimentos – mas, tanto artistas como cientistas, nos ajudam no entendimento da natureza e de seus efeitos nas pessoas.

Após análise das afirmativas, assinale a alternativa correta.

a) Apenas as afirmativas I e II estão corretas
b) Apenas as afirmativas II e III estão corretas
c) As afirmativas I, II e III estão corretas
d) Apenas a afirmativa II está correta
e) Apenas a afirmativa III está correta

90. **(FUNDAÇÃO AROEIRA – 2022 – SECRETARIA MUNICIPAL DE EDUCAÇÃO/GO – PROFESSOR I)**

Texto I

O Brasil atual retratado por charges

(Disponível em: https://portalplena.com/vamos-discutir/o-brasil-atual-retrato--por-charges/13/05/2022. Acesso em: 15 nov. 2022.)

O chargista, nesse texto, aponta um problema social grave no Brasil: o analfabetismo. Considerando o emprego das linguagens visual e verbal na charge, marque a alternativa correta.

a) Fica implícito que apenas o primeiro personagem é analfabeto.
b) Fica explícito que apenas o primeiro personagem é analfabeto.
c) Fica implícito que o primeiro personagem é analfabeto e explícito que o segundo também é analfabeto.
d) Fica explícito que tanto o primeiro personagem, quanto o segundo são analfabetos.

Texto para as próximas 6 questões:

Texto II

Aula de Português

A linguagem
Na ponta da língua,
Tão fácil de falar
E de entender.

A linguagem
Na superfície estrelada de letras,
Sabe lá o que ela quer dizer?

Professor Carlos Góis, ele é quem sabe,
E vai desmatando
O amazonas de minha ignorância.
Figuras de gramática, esquipáticas,
Atropelam-me, aturdem-me, sequestram-me.

Já esqueci a língua em que comia,
Em que pedia para ir lá fora,
Em que levava e dava pontapé,
A língua, breve língua entrecortada
Do namoro com a prima.

O português são dois; o outro, mistério.

Fonte: ANDRADE, Carlos Drummond de. Boitempo II. Rio de Janeiro: Record, 1999.

91. **(FUNDAÇÃO AROEIRA – 2022 – SECRETARIA MUNICIPAL DE EDUCAÇÃO/GO – PROFESSOR I)** No texto "Aula de Português", o autor aborda o tema sobre língua e linguagem. Marque a alternativa que apresenta a tipologia textual que predomina nesse poema.
    a) Injuntiva.
    b) Argumentativa.
    c) Narrativa.
    d) Dialogal.

92. **(FUNDAÇÃO AROEIRA – 2022 – SECRETARIA MUNICIPAL DE EDUCAÇÃO/GO – PROFESSOR I)** No verso "sabe lá o que ela quer dizer", o pronome pessoal de terceira pessoa, em destaque, é um elemento de coesão que retoma um termo anteriormente expresso. Marque a alternativa que apresenta esse termo.
    a) Língua.
    b) Superfície.
    c) Linguagem.
    d) Letras.

93. **(FUNDAÇÃO AROEIRA – 2022 – SECRETARIA MUNICIPAL DE EDUCAÇÃO/GO – PROFESSOR I)** O autor empregou o vocábulo "língua" no segundo verso da primeira estrofe e no quarto verso da última estrofe. Marque a alternativa com a correta classificação destas palavras, considerando o significado que elas representam no contexto.
    a) Homônimas.
    b) Homônimas heterográficas.
    c) Homógrafas heterofônicas.
    d) Parônimas.

94. **(FUNDAÇÃO AROEIRA – 2022 – SECRETARIA MUNICIPAL DE EDUCAÇÃO/GO – PROFESSOR I)** O título do texto "Aula de Português" traz o ponto de vista do autor sobre a supremacia do ensino da língua na escola em detrimento da linguagem adquirida pelo falante na sua esfera familiar. Marque a alternativa que apresenta as estratégias para sustentar esse ponto de vista.
    a) Autoridade e modelo.
    b) Causa e consequência.
    c) Exemplificação e comparação.
    d) Definição e hierarquia.

95. **(FUNDAÇÃO AROEIRA – 2022 – SECRETARIA MUNICIPAL DE EDUCAÇÃO/GO – PROFESSOR I)** Nos textos em geral, é comum a manifestação simultânea de várias funções da linguagem, com o predomínio, entretanto, de uma sobre as outras. No texto "Aula de Português", a função da linguagem predominante é a emotiva ou expressiva. Marque a alternativa que justifica essa afirmação.
    a) O discurso do enunciador tem como foco o próprio código.
    b) A atitude do enunciador se sobrepõe àquilo que está sendo dito.
    c) O referente é o elemento que se sobressai em detrimento dos demais.
    d) O interlocutor é o foco do enunciador na construção da mensagem.

96. **(FUNDAÇÃO AROEIRA – 2022 – SECRETARIA MUNICIPAL DE EDUCAÇÃO/GO – PROFESSOR I)** Marque a alternativa que justifica o emprego das vírgulas entre os termos que compõem o verso "Atropelam-me, aturdem-me, sequestram-me".
    a) Separam orações coordenadas assindéticas.
    b) Separam a oração principal das orações subordinadas explicativas.
    c) Separam a oração principal das orações subordinadas substantivas predicativas.
    d) Separam a oração principal das orações substantivas apositivas.

97. **(FUNDAÇÃO AROEIRA – 2022 – SECRETARIA MUNICIPAL DE EDUCAÇÃO/GO – PROFESSOR I)**

    Texto III

    Te ver

    (Samuel Rosa)

    Te ver e não te querer
    É improvável, é impossível
    Te ver e ter que esquecer
    É insuportável, é dor incrível"

    (Disponível em: https://letras.mus.br/Skank. Acesso em: 19 nov. 2022.)

    Na letra da canção, há situações nas quais o pronome oblíquo te é utilizado. Considerando o uso formal da língua, analise as assertivas sobre o emprego do referido pronome nesse contexto.

    I. No refrão da canção, o primeiro verso apresenta inadequação quanto à norma padrão, pois não se inicia uma oração com pronome oblíquo átono. A forma adequada, porém nada sonora, é "ver-te".
    II. O segundo uso do pronome oblíquo está adequado, uma vez que o advérbio de negação "não" atrai o emprego da próclise.
    III. No terceiro verso, o verbo esquecer é transitivo direto, exigindo, por isso, um objeto direto como complemento.
    IV. Para a adequação da oração que compõe o terceiro verso, conforme uma situação formal de escrita, deveria ser acrescentado o pronome "te" antes de "esquecer", a fim de que ele supra a necessidade de complementação do verbo.

    Marque a alternativa correta.
    a) I e II.
    b) II e III.
    c) III e IV.
    d) I, II, III e IV.

Texto para as próximas 2 questões:

Texto IV

Fragmento de Crônica de Rubem Braga

Assim o amigo que volta de longe vem rico de muitas coisas e sua conversa é prodigiosa de riqueza; nós também desejamos nosso saco de emoções e novidades; mas para um sentir a mão do outro precisam se agarrar ambos a qualquer velha besteira: você se lembra daquela tarde em que tomamos cachaça num café que tinha naquela rua e estava lá uma loura que dizia, etc., etc. Então já não se trata mais de amizade, porém de necrológio. Sentimos perfeitamente que estamos falando de dois outros sujeitos, que, por sinal, já faleceram -- e eram nós.

98. **(FUNDAÇÃO AROEIRA – 2022 – SECRETARIA MUNICIPAL DE EDUCAÇÃO/GO – PROFESSOR I)** Assinale V (verdadeiro) ou F (falso) nas afirmações, considerando o emprego adequado da concordância verbal.

    ( ) A forma "precisam" está correta quanto à concordância verbal.
    ( ) Nesse contexto, a forma "tinha" está inadequada, pois precisaria ser substituída por 'havia'.

( ) Se no trecho "já não se trata mais de **amizade**", a palavra em destaque for trocada por 'lembranças', haverá alteração na forma verbal.

( ) Em "[...] dois outros sujeitos que, por sinal, já faleceram -- e **eram** nós", a forma destacada desobedece a uma das regras de concordância do verbo ser que, pela regra, deveria concordar com o pronome pessoal 'éramos nós'.

Marque a sequência correta.

a) V, V, F e V.
b) F, V, F e V.
c) F, F, V e V.
d) V, V, V e V.

99. **(FUNDAÇÃO AROEIRA – 2022 – SECRETARIA MUNICIPAL DE EDUCAÇÃO/GO – PROFESSOR I)** Considere este conjunto de palavras extraídas do texto IV: "é/nós/lá/já/há". Marque a alternativa que indica a regra pela qual elas são acentuadas.

a) Regra das oxítonas.
b) Regra da segunda vogal do hiato.
c) Regra das monossílabas tônicas.
d) Regra das monossílabas átonas.

Texto para as próximas 4 questões:

_____ o norte está na parte superior da maioria dos mapas do mundo?

Poucas coisas parecem mais naturais do que os quatro pontos cardeais.

Onde quer que você esteja no planeta, você pode ver o Sol nascendo no leste e <u>se</u> pondo no oeste. O zênite do sol identifica o sul, enquanto <u>outra estrela</u>, a estrela polar, lhe dirá onde está o norte. Sem os pontos cardeais estaríamos perdidos. Mais do que pontos em um mapa ou bússola, são ideias poderosas com significados políticos, morais e culturais. [...]

Embora tenha dado origem a um dos conceitos mais poderosos e intangíveis – o Ocidente ou o mundo ocidental – as sociedades antigas recusavam-se a privilegiar o Ocidente como lugar onde o sol se punha.

O pôr do sol personificava o fim da jornada da vida, antecipando a escuridão e o reino da morte, de modo que quase nenhuma cultura o escolheu como orientação sagrada para a oração, e menos ainda <u>o</u> colocou no topo de <u>seus</u> mapas.

Ele era colocado na área inferior dos mapas, como no mapa-múndi de Hereford, um dos grandes mapas medievais, no qual ao olhar para baixo você chega ao oeste, onde o julgamento final espera por você. [...]

Mas se o oeste estiver na parte de baixo dos mapas, o leste estará na parte de cima.

O norte também é único entre os quatro pontos cardeais, devido ao polo físico do campo magnético da Terra. As correntes de convecção combinam a eletricidade com o núcleo planetário de ferro e níquel, criando um campo geomagnético que gira em torno do planeta e se espalha pelo espaço.

No entanto, como não possuímos uma bússola neurológica interna, do ponto de vista científico, não temos um sentido inato do norte magnético.

Então, _____ <u>ele</u> acabou por padrão no topo do mapa-múndi é uma questão que ainda divide os historiadores.

Sabemos _____ os chineses o tinham ali, embora as primeiras bússolas chinesas apontassem para o sul, o que era considerado mais desejável do que o norte escuro.

O imperador vivia no norte do país e sempre tinha que aparecer no topo do mapa, olhando seus súditos de cima para baixo.

Disponível em: https://www.bbc.com/portuguese/geral-61691283. (Adaptado)

100. **(NC-UFPR – 2022 – SMAP/PR – PROFESSOR EDUCAÇÃO INFANTIL)** Assinale a alternativa que preenche corretamente as lacunas, na ordem em que aparecem no texto.

a) Por que – porque – porque.
b) Por que – por que – por que.
c) Por que – por que – porque.
d) Porque – porque – porque.
e) Porque – porque – por que.

101. **(NC-UFPR – 2022 – SMAP/PR – PROFESSOR EDUCAÇÃO INFANTIL)** Considerando as informações apresentadas no texto, assinale a alternativa correta.

a) A posição do norte na parte de cima dos mapas é comum a todas as sociedades, portanto pode ser naturalizada.
b) Devido a seu conteúdo histórico e moral, é possível prescindir dos pontos cardeais.
c) Em sociedades antigas, o significado místico do poente levou ao posicionamento do oeste no topo de mapas.
d) A escolha de colocar o norte acima em representações cartográficas dos chineses se deve ao fato de terem bússolas.
e) A razão para a tradição de colocar o norte na parte de cima dos mapas ainda não é consenso entre historiadores.

102. **(NC-UFPR – 2022 – SMAP/PR – PROFESSOR EDUCAÇÃO INFANTIL)** Quanto aos recursos coesivos sublinhados no texto, assinale a alternativa que estabelece corretamente as relações entre os termos e seus referentes.

a) "Se" refere-se a "Sol".
b) "Outra estrela" refere-se a "Sol".
c) "O" refere-se a "o fim".
d) "Seus" refere-se a "conceitos".
e) "Ele" refere-se a "planeta".

103. **(NC-UFPR – 2022 – SMAP/PR – PROFESSOR EDUCAÇÃO INFANTIL)** Releia o trecho a seguir:

As correntes de convecção combinam a eletricidade com o núcleo planetário de ferro e níquel, criando um campo geomagnético que gira em torno do planeta e se espalha pelo espaço.

<u>No entanto</u>, como não possuímos uma bússola neurológica interna, do ponto de vista científico, não temos um sentido inato do norte magnético.

A relação criada pela expressão em destaque é de:

a) adição.
b) explicação.
c) oposição.
d) conclusão.
e) alternância.

Texto para as próximas 2 questões:

Como o mundo funciona

Mudança climática, poluição e superexploração de recursos naturais são problemas graves, que cobram ações de todos nós, mas é precipitado afirmar que o fim do planeta ou da civilização esteja próximo. Não há risco, por exemplo, de o oxigênio da Terra acabar, como já sugeriu um presidente. Já água e comida são uma preocupação, mas não em relação à produção e sim à distribuição. Temos esses dois recursos em quantidades suficientes, mas os gerenciamos muito mal. Um terço dos alimentos produzidos estraga sem ser consumido.

O aquecimento global é uma realidade e vai ser difícil limitá-lo aos 2 °C. O problema é que somos uma civilização de combustíveis fósseis e livrar-nos deles é uma tarefa de séculos, não de anos nem de décadas. Nós provavelmente avançaremos de forma rápida para tecnologias sustentáveis na produção de eletricidade e transportes, mas isso é só parte da conta.

Os fertilizantes, indispensáveis para alimentar os 8 bilhões de humanos que habitam o planeta, e aço, cimento e plásticos, que dão a base material para nossa civilização, encapsulam enormes quantidades de carbono. E, se quisermos ser minimamente justos, isto é, estender aos bilhões de terrestres que ainda vivem na pobreza níveis de conforto semelhantes aos experimentados pelos habitantes de países ricos, então precisaremos produzir muito mais. Ao contrário da eletricidade, não há à vista nenhuma tecnologia sustentável para substituí-los.

Disponível em: https://www1.folha.uol.com.br/colunas/helioschwartsman/2022/06/como-o-mundo-funciona.shtml. (Adaptado)

104. (NC-UFPR – 2022 – SMAP/PR – PROFESSOR EDUCAÇÃO INFANTIL) Assinale a alternativa que explica a dificuldade apontada pelo autor no trecho sublinhado no texto.
a) O gerenciamento de recursos alimentícios só pode melhorar se aumentarmos a produção de alimentos.
b) Em poucos anos, é possível se livrar de combustíveis fósseis.
c) Combater a desigualdade implica aumentar uma produção que faz uso de materiais poluentes.
d) É fundamental não estender aos que vivem na pobreza o nível de conforto existente em países ricos.
e) A existência de oxigênio para todos depende da redução da população terrestre.

105. (NC-UFPR – 2022 – SMAP/PR – PROFESSOR EDUCAÇÃO INFANTIL) Considerando as informações apresentadas no texto, assinale a alternativa correta.
a) O medo de um colapso ambiental não tem base na realidade.
b) A produção de alimentos e água é um problema da atualidade.
c) A dependência de combustíveis fósseis pode ser ignorada neste momento para se focar em problemas mais urgentes.
d) Fertilizantes, aço, cimento e plástico são poluentes.
e) Já há muitas tecnologias sustentáveis disponíveis como opção para substituir o aço.

Texto para as próximas 4 questões:

Geopolítica, a hora do retorno

Há discussões acadêmicas que, infelizmente, são colocadas em segundo plano até o momento _____ ocorre um evento catastrófico e toda aquela bagagem teórico-conceitual é acionada para tentar entender o que o empírico impõe. Foi preciso, mais uma vez, _____ uma superpotência militar demonstrasse na prática que a geopolítica está viva, _____ geógrafos e outros colegas voltassem para os debates que estavam cobertos por uma poeira empobrecedora.

Não somente na academia, mas é visível como o público em geral está buscando, nos últimos anos, literatura que o ajude a compreender algo que parecia distante no tempo e no espaço: superpotências que rivalizam, não somente no campo simbólico e comercial, mas também em conflitos territoriais, que, ou eram percebidos como distantes no tempo, circunscritos às aulas de história, ou em espaços mundiais periféricos, _____ atenção, em geral, é marginalizada pela grande mídia e intelectuais.

[...] O que está em jogo é a revalorização da geografia como modo de se pensar o Estado, em suas questões internas e, ao mesmo tempo, na formulação de políticas externas. Em outras palavras, a complexidade da localização é acionada para formular teorias e projetos de ação voltados às relações de poder entre os estados. Sob um olhar repaginado (às vezes nem tanto) do realismo político, o território é visto novamente como não apenas produto de relações de poder, mas também "fonte" de poder.

A geopolítica sempre foi uma mistura de conhecimento e técnica, uma espécie de consciência geográfica do Estado, como afirmava a importante geógrafa brasileira Bertha Becker (1930-2013). Os elementos geográficos – posição, distâncias, recursos naturais, concentração e dispersão da população, massa territorial, fronteiras e limites, grau de conexão etc. – precisam ser levados em consideração, seja para interpretar os movimentos nesse jogo *War* do mundo real, seja para traçar estratégias aplicadas para o Estado-nação em sua constante e necessária (re)construção territorial. É nesse sentido _____ a crise atual pode ser entendida.

Disponível em: https://cienciahoje.org.br/artigo/geopolitica-a-hora-do-retorno/. (Adaptado)

106. (NC-UFPR – 2022 – SMAP/PR – PROFESSOR EDUCAÇÃO INFANTIL) Assinale a alternativa que preenche corretamente as lacunas, na ordem em que aparecem no texto.
a) que – que – em que – que – cuja.
b) cuja – em que – que – que – para que.
c) para que – cuja – em que – que – que.
d) em que – que – cuja – que – para que.
e) em que – que – para que – cuja – que.

107. (NC-UFPR – 2022 – SMAP/PR – PROFESSOR EDUCAÇÃO INFANTIL) Assinale a alternativa que menciona a tese principal formulada no texto.
a) O debate acadêmico com a sociedade reduziu-se a poeira.
b) A discussão sobre superpotências em conflito circunscreve-se às aulas de história.
c) A mídia coloca à margem conflitos em países periféricos.
d) A atual crise revitaliza a geopolítica como forma de entender conflitos e traçar estratégias.
e) A obra de Bertha Becker teve novo fôlego no contexto atual.

108. (NC-UFPR – 2022 – SMAP/PR – PROFESSOR EDUCAÇÃO INFANTIL) Assinale a alternativa que conceitua corretamente "geopolítica" de acordo com o texto.
a) É uma ciência acadêmica restrita à abordagem teórico-conceitual.
b) Trata-se da consideração de aspectos geográficos para definir os Estados.
c) É uma espécie de jogo de *War* da vida real.
d) Trata-se das guerras entre superpotências.
e) É o poder que emana dos territórios.

109. (NC-UFPR – 2022 – SMAP/PR – PROFESSOR EDUCAÇÃO INFANTIL) Assinale a alternativa que sinaliza a expressão de uma opinião do autor.
a) "Há discussões acadêmicas que, infelizmente, são colocadas em segundo plano [...]".
b) "Não somente na academia, mas é visível como o público em geral está buscando, nos últimos anos, literatura que o ajude a compreender algo [...]".
c) "[...] superpotências que rivalizam, não somente no campo simbólico e comercial, mas também em conflitos territoriais, que, ou eram percebidos como distantes no tempo [...]".
d) "Em outras palavras, a complexidade da localização é acionada para formular teorias [...]".
e) "A geopolítica sempre foi uma mistura de conhecimento e técnica, uma espécie de consciência geográfica do Estado [...]".

Texto para as próximas 15 questões:

Texto: Tempo de lembrar, tempo de esquecer

No começo era só uma fratura resultante de uma queda de bicicleta. Mas ao contrário do que os médicos esperavam, e ao contrário do que suas boas condições de saúde faziam supor – aos vinte e três anos era forte, robusto, não tinha doença alguma –, a situação foi se complicando, e lá pelas tantas ele precisou baixar no hospital para uma cirurgia. O que foi feito através do SUS; ajudante de pedreiro, ele não tinha condições para se internar de outra maneira.

O hospital ficava num bairro da periferia. Era pequeno, mas razoavelmente aparelhado. Colocaram-no num quarto, junto com outros cinco pacientes, todos idosos. O paciente da cama ao lado da sua estava em coma – e, pelo jeito, há muito tempo. Ele ficou olhando para o homem. Que, por alguma razão, o perturbava. Quem identificou a causa de sua perturbação foi a atendente que estava de plantão naquela noite. Você é parecidíssimo com este velho, comentou ela. A expressão "este velho" não era depreciativa; como a própria atendente explicou, ninguém sabia quem era o homem. Ele tinha sido abandonado na porta do hospital anos antes. Não sabia dizer quem era, de onde viera; "Desconhecido número 31" era a identidade que figurava no prontuário. Por causa de suas precárias condições, fora ficando, e agora estava em fase terminal.

A história impressionou profundamente o rapaz. Sobretudo por causa de uma lembrança que, desde criança, o intrigava. Ele sabia que tinha um avô vivo (o outro avô, e as avós, haviam falecido). Mas nunca vira esse homem, não sabia nem que jeito tinha. Cada vez que perguntava aos pais, eles desconversavam. Lá pelas tantas fora morar sozinho; os contatos com a família agora eram esporádicos, e o misterioso paradeiro do avô já não era assunto das conversas.

E se aquele homem fosse seu avô? Não era impossível. Os pais, pobres, mal conseguiam sustentar os filhos; arcar com a responsabilidade de cuidar do velho teria sido para eles carga pesada.

Com auxílio das muletas, aproximou-se da cama do ancião. "Vovô", murmurou baixinho, e deu-se conta de que pela primeira vez estava usando aquela palavra. Esperou uns minutos, chamou de novo: "Vovô". Teve a impressão de que o homem havia se mexido, de que um tênue sorriso se esboçara em seu rosto. Ia tentar mais uma vez, mas neste momento a atendente entrou, dizendo que estava na hora de dormir. Ele voltou para a cama. No dia seguinte os pais viriam visitá-lo e o mistério se esclareceria. O que fariam se tal acontecesse? Para isso, ele tinha uma resposta: se ofereceria para cuidar do recém-achado avô. Coisa difícil, mas daria um jeito. E, pensando nisso, adormeceu.

Quando acordou eram sete da manhã. A cama do lado estava vazia. O velho morreu, disse outro paciente, já levaram o corpo. Pouco depois chegaram os pais. Traziam laranjas, traziam até uma barrinha de chocolate. Expressaram a certeza de que, naquele hospital, o filho iria melhorar.

O rapaz não disse nada. Não havia o que dizer. Como diz o Eclesiastes, há um tempo para lembrar, e um tempo para esquecer. Durante muito tempo ele lembrara o avô. Agora chegara o tempo de esquecer.

Moacyr Scliar *Histórias que os jornais não contam - crônicas. Rio de Janeiro: Agir, 2009.*

110. (PREFEITURA MUNICIPAL DO RIO DE JANEIRO – 2019 – PREFEITURA MUNICIPAL/RJ – PROFESSOR DE ENSINO FUNDAMENTAL) Ao ser internado no hospital, o seguinte elemento chama especialmente a atenção do personagem principal:
a) a extensão limitada dos equipamentos públicos de seu município
b) a semelhança física observada em relação a um paciente desconhecido
c) o tratamento descortês despendido pelos profissionais de saúde
d) o procedimento habitual de separar usuários pela faixa etária

111. (PREFEITURA MUNICIPAL DO RIO DE JANEIRO – 2019 – PREFEITURA MUNICIPAL/RJ – PROFESSOR DE ENSINO FUNDAMENTAL) Um pensamento atribuído ao personagem principal encontra-se em:
a) "O que foi feito através do SUS" (1º parágrafo)
b) "O paciente da cama ao lado da sua estava em coma" (2º parágrafo)
c) "O que fariam se tal acontecesse?" (5º parágrafo)
d) "Quando acordou eram sete da manhã" (6º parágrafo)

112. (PREFEITURA MUNICIPAL DO RIO DE JANEIRO – 2019 – PREFEITURA MUNICIPAL/RJ – PROFESSOR DE ENSINO FUNDAMENTAL) Considerando o contexto, o personagem principal, no desfecho da crônica, adota uma atitude de:
a) resignação
b) indiferença
c) indignação
d) revolta

113. (PREFEITURA MUNICIPAL DO RIO DE JANEIRO – 2019 – PREFEITURA MUNICIPAL/RJ – PROFESSOR DE ENSINO FUNDAMENTAL) "Durante muito tempo ele lembrara o avô. Agora chegara o tempo de esquecer" (7º parágrafo). O reconhecimento de um mecanismo que permite melhor compreensão desse trecho é a:
a) intensidade atribuída ao "tempo", na primeira frase
b) elipse do termo "o avô", na segunda frase
c) impessoalidade no verbo "chegara", na segunda frase
d) anáfora com pronome "ele", na primeira frase

114. (PREFEITURA MUNICIPAL DO RIO DE JANEIRO – 2019 – PREFEITURA MUNICIPAL/RJ – PROFESSOR DE ENSINO FUNDAMENTAL) No primeiro parágrafo, o travessão introduz expressão com valor de:
a) oposição
b) dúvida
c) intensidade
d) xplicação

115. **(PREFEITURA MUNICIPAL DO RIO DE JANEIRO – 2019 – PREFEITURA MUNICIPAL/RJ – PROFESSOR DE ENSINO FUNDAMENTAL)** "(...) **ajudante de pedreiro**, ele não tinha condições para se internar de outra maneira." (1º. Parágrafo). O trecho em destaque pode ser antecedido, mantendo o sentido global da frase, pela expressão:
    a) mesmo sendo
    b) contanto que seja
    c) por ser
    d) apesar de ser

116. **(PREFEITURA MUNICIPAL DO RIO DE JANEIRO – 2019 – PREFEITURA MUNICIPAL/RJ – PROFESSOR DE ENSINO FUNDAMENTAL)** "Era pequeno, mas razoavelmente aparelhado" (2º. Parágrafo). A palavra "mas", na frase, sugere o seguinte pressuposto:
    a) bairros de periferia comportam exclusivamente hospitais com baixa tecnologia
    b) quanto mais distante da zona central da cidade, menor tende a ser o serviço
    c) o tamanho da unidade é proporcional à capacidade de seus equipamentos
    d) a quantidade de atendimentos requer maior quantidade de equipamentos

117. **(PREFEITURA MUNICIPAL DO RIO DE JANEIRO – 2019 – PREFEITURA MUNICIPAL/RJ – PROFESSOR DE ENSINO FUNDAMENTAL)** "E, pensando **nisso**, adormeceu" (5º. Parágrafo). A palavra em destaque no texto é um elemento de coesão textual que tem a função de:
    a) antecipar a aparição de elementos
    b) omitir elementos ausentes
    c) refutar cadeias coesivas de elementos
    d) retomar elementos presentes

118. **(PREFEITURA MUNICIPAL DO RIO DE JANEIRO – 2019 – PREFEITURA MUNICIPAL/RJ – PROFESSOR DE ENSINO FUNDAMENTAL)** "Traziam laranjas, traziam **até** uma barrinha de chocolate" (6º. Parágrafo). Na frase, uma gradação é percebida pela palavra sublinhada. Esse uso expressa a ideia de:
    a) inclusão
    b) proporção
    c) imposição
    d) comparação

119. **(PREFEITURA MUNICIPAL DO RIO DE JANEIRO – 2019 – PREFEITURA MUNICIPAL/RJ – PROFESSOR DE ENSINO FUNDAMENTAL)** "A expressão **este velho** não era depreciativa". De acordo com a personagem o uso da expressão é motivado por:
    a) ironia
    b) desprezo
    c) admiração
    d) desconhecimento

120. **(PREFEITURA MUNICIPAL DO RIO DE JANEIRO – 2019 – PREFEITURA MUNICIPAL/RJ – PROFESSOR DE ENSINO FUNDAMENTAL)** "Mas nunca **vira** esse homem, não sabia nem que jeito tinha" (3º parágrafo). No trecho, o verbo destacado indica uma ação:
    a) ainda projetada
    b) já concluída
    c) apenas iniciada
    d) não realizada

121. **(PREFEITURA MUNICIPAL DO RIO DE JANEIRO – 2019 – PREFEITURA MUNICIPAL/RJ – PROFESSOR DE ENSINO FUNDAMENTAL)** O modo de organização do discurso predominante no texto é:
    a) descrição de ambientes e paisagens
    b) defesa de um ponto de vista explícito
    c) apresentação de ações e impressões
    d) interlocução com o público alvo

122. **(PREFEITURA MUNICIPAL DO RIO DE JANEIRO – 2019 – PREFEITURA MUNICIPAL/RJ – PROFESSOR DE ENSINO FUNDAMENTAL)** A frase "No começo era só uma fratura resultante de uma queda de bicicleta" (1º. parágrafo) pode ser reescrita, mantendo seu sentido original, do seguinte modo:
    a) uma queda de bicicleta era resultado, no começo, só de uma fratura
    b) uma queda de bicicleta resultou, no começo, só em uma fratura
    c) resultado de uma fratura, no começo, era só uma queda de bicicleta
    d) só no começo era uma fratura que resultou em uma queda de bicicleta

123. **(PREFEITURA MUNICIPAL DO RIO DE JANEIRO – 2019 – PREFEITURA MUNICIPAL/RJ – PROFESSOR DE ENSINO FUNDAMENTAL)** A partir da discussão proposta no último parágrafo, o título do texto "tempo de lembrar, tempo de esquecer", sugere momentos:
    a) alternados
    b) simultâneos
    c) ocultos
    d) indiscriminados

124. **(PREFEITURA MUNICIPAL DO RIO DE JANEIRO – 2019 – PREFEITURA MUNICIPAL/RJ – PROFESSOR DE ENSINO FUNDAMENTAL)** Em "como a própria atendente explicou" (2º parágrafo), a palavra "como" pode ser substituída, mantendo o sentido global da frase, por:
    a) pois
    b) segundo
    c) embora
    d) portanto

LÍNGUA PORTUGUESA

Texto para as próximas 16 questões:

1 Educar, na sociedade da informação e do conhecimento, requer repensar o papel da educação e, principalmente, como afirma Jacques Delors, em **Educação: Um Tesouro a Descobrir**, o "papel do professor como agente de mudanças e formador do caráter e do espírito das novas gerações".

4 Os pilares da educação são a base para o desenvolvimento de competências, que se articulam em conhecimentos (saber), habilidades (saber fazer) e atitudes (saber ser/conviver).

De acordo com José Antônio Kuller, autor de **Metodologia para o Desenvolvimento de Competências**,
7 competência envolve ação/desempenho e está associada às seguintes características fundamentais: concepção do trabalho, criatividade, planejamento e autonomia no fazer. Assim, o desenvolvimento de uma competência se dá pela prática, diante de uma problemática que exige a mobilização dos diferentes saberes.

10 Segundo Philippe Perrenoud, o professor profissional (competente) sabe agir em qualquer circunstância, com capacidade de refletir durante sua ação e de adaptar-se a uma nova situação no momento em que ela acontece, ou seja, esse professor, que tem plena consciência de sua prática (teórica e metodologicamente), é reconhecido por "sua eficácia,
13 sua experiência, sua capacidade de resposta e de ajuste a cada demanda, ao contexto ou a problemas variados", bem como por sua autonomia e responsabilidade.

Ao assumir seu papel mediador no desenvolvimento de competências, o professor irá além do "ensinar"
16 conteúdos teóricos, pois se tornará referencial para os seus mediados, desenvolvendo intencionalmente as competências e os comportamentos para a formação integral do sujeito em sua vida e em sociedade. O mediador/professor competente é aquele capaz profissionalmente de dar sustentação à prática pedagógica, com o objetivo de desenvolver a aprendizagem
19 dos estudantes.

Nesse sentido, o professor deverá desafiar seus estudantes e problematizar situações para que, de forma inovadora e criativa, encontrem soluções diferenciadas, superando "respostas prontas" e verdades absolutas. Segundo
22 José Manuel Moran, em seu livro **Novas Tecnologias e Mediação Pedagógica**, "o mundo do trabalho indica que as organizações buscarão indivíduos talentosos, criativos, que saibam projetar, analisar e produzir conhecimentos", e o professor precisa estar atento a essa realidade.

25 Moran afirma que o professor precisa encontrar-se em sua prática pedagógica, ou seja, realizar uma análise sistêmica do processo, identificando quais os melhores meios e tecnologias para atingir seus objetivos. O importante é sempre ampliar e dominar diferentes formas de comunicação e prática, garantindo, assim, que estudantes com diferentes
28 padrões cognitivos sejam contemplados.

Nágila Cristina Hinckel. **A escola e as competências para o século XXI**. *In*: Clarissa Stefani Teixeira, Ana Cristina da Silva Tavares Ehlers e Marcio Vieira de Souza (org.). **Educação fora da caixa: tendência para a educação no século XXI**. Florianópolis-SC: Bukess, 2015. p. 73-76 (com adaptações)

Em relação ao texto e às ideias nele expressas, julgue os itens.

125. (QUADRIX – 2022 – SECRETARIA DE ESTADO DA EDUCAÇÃO/DF – PROFESSOR) No texto, estruturado em forma dissertativa, são apresentadas várias opiniões conflitantes de educadores em relação ao ensino tradicional, para sustentar a discussão acerca da educação na era da informação e do conhecimento.

Certo ( )   Errado ( )

126. (QUADRIX – 2022 – SECRETARIA DE ESTADO DA EDUCAÇÃO/DF – PROFESSOR) Em relação ao texto e às ideias nele expressas, julgue o item.
No início do segundo parágrafo, a autora do texto utiliza uma expressão metafórica para se referir ao papel fundamental da educação no desenvolvimento de competências.

Certo ( )   Errado ( )

127. (QUADRIX – 2022 – SECRETARIA DE ESTADO DA EDUCAÇÃO/DF – PROFESSOR) Entende-se da leitura do texto que, no processo educativo, o desenvolvimento de competências, que envolve diferentes saberes, visa à formação integral do indivíduo, devendo ultrapassar os limites do espaço escolar.

Certo ( )   Errado ( )

128. (QUADRIX – 2022 – SECRETARIA DE ESTADO DA EDUCAÇÃO/DF – PROFESSOR) De acordo com o exposto no quarto parágrafo do texto, a capacidade adaptativa do profissional da educação a situações inusitadas confere-lhe a necessária consciência prática para resolver problemas teóricos e metodológicos.

Certo ( )   Errado ( )

129. (QUADRIX – 2022 – SECRETARIA DE ESTADO DA EDUCAÇÃO/DF – PROFESSOR) Na linha 4, no trecho "que se articulam", a flexão verbal na terceira pessoa do plural justifica-se pela concordância do verbo com o termo "competências", que, nas relações coesivas do parágrafo, é substituído pelo vocábulo "que".

Certo ( )   Errado ( )

130. (QUADRIX – 2022 – SECRETARIA DE ESTADO DA EDUCAÇÃO/DF – PROFESSOR) Na linha 8, estariam mantidos o sentido original, a coerência e a correção gramatical do texto caso o termo "Assim" fosse deslocado, com a vírgula que o segue, para imediatamente depois de "se dá", feito o devido ajuste de letras iniciais maiúsculas e minúsculas no período.
Certo ( )   Errado ( )

131. (QUADRIX – 2022 – SECRETARIA DE ESTADO DA EDUCAÇÃO/DF – PROFESSOR) Estariam mantidas a correção gramatical e a coerência do texto se, para dar destaque ao trecho que menciona o desenvolvimento necessário à formação integral do indivíduo, a vírgula empregada após "mediados" (linha 16) fosse substituída por ponto final, feito o devido ajuste de letras iniciais maiúsculas e minúsculas no novo período.
Certo ( )   Errado ( )

132. (QUADRIX – 2022 – SECRETARIA DE ESTADO DA EDUCAÇÃO/DF – PROFESSOR) Na linha 18, o emprego do sinal indicativo de crase em "à prática pedagógica" justifica-se pela regência do verbo "dar", empregado como transitivo direto e indireto no período, e pela anteposição de artigo definido ao substantivo "prática".
Certo ( )   Errado ( )

133. (QUADRIX – 2022 – SECRETARIA DE ESTADO DA EDUCAÇÃO/DF – PROFESSOR) O sujeito gramatical reconhecido por meio da flexão verbal de terceira pessoa do plural em "encontrem" (linha 21) tem como referente o termo "situações" (linha 20).
Certo ( )   Errado ( )

134. (QUADRIX – 2022 – SECRETARIA DE ESTADO DA EDUCAÇÃO/DF – PROFESSOR) Estariam preservadas a coerência das ideias do texto e sua correção gramatical caso o vocábulo "quais" (linha 26) fosse suprimido.
Certo ( )   Errado ( )

135. (QUADRIX – 2022 – SECRETARIA DE ESTADO DA EDUCAÇÃO/DF – PROFESSOR) É indeterminado o sujeito da oração "para atingir seus objetivos" (linha 26).
Certo ( )   Errado ( )

136. (QUADRIX – 2022 – SECRETARIA DE ESTADO DA EDUCAÇÃO/DF – PROFESSOR) Na linha 24, o termo "atento" é empregado como advérbio de modo e modifica o sentido do verbo "estar".
Certo ( )   Errado ( )

137. (QUADRIX – 2022 – SECRETARIA DE ESTADO DA EDUCAÇÃO/DF – PROFESSOR) A última oração do texto subordina-se à oração precedente e está construída na voz passiva analítica, estando o verbo **ser**, nessa oração subordinada, flexionado no presente do subjuntivo.
Certo ( )   Errado ( )

138. (QUADRIX – 2022 – SECRETARIA DE ESTADO DA EDUCAÇÃO/DF – PROFESSOR) Considerando a manutenção da correção gramatical e da coerência das ideias do texto, julgue o item, que consiste em propostas de substituição para vocábulos e trechos destacados do texto.
"em que ela acontece" (linha 11) por **onde ela ocorre**
Certo ( )   Errado ( )

139. (QUADRIX – 2022 – SECRETARIA DE ESTADO DA EDUCAÇÃO/DF – PROFESSOR) Considerando a manutenção da correção gramatical e da coerência das ideias do texto, julgue o item, que consiste em propostas de substituição para vocábulos e trechos destacados do texto.
"intencionalmente" (linha 16) por **intencionadamente**
Certo ( )   Errado ( )

Texto para as próximas 4 questões:

A ideia de nós, os humanos, nos descolarmos da terra, vivendo numa abstração civilizatória, é absurda. Ela suprime a diversidade, nega a pluralidade das formas de vida, de existência e de hábitos. Oferece o mesmo cardápio, o mesmo figurino e, se possível, a mesma língua para todo mundo.

Para a Unesco, 2019 foi o ano internacional das línguas indígenas. Todos nós sabemos que a cada ano ou a cada semestre uma dessas línguas maternas, um desses idiomas originais de pequenos grupos que estão na periferia da humanidade, é deletada. Sobram algumas, de preferência aquelas que interessam às corporações para administrar a coisa toda, o desenvolvimento sustentável.

O que é feito de nossos rios, nossas florestas, nossas paisagens? Nós ficamos tão perturbados com o desarranjo regional que vivemos, ficamos tão fora do sério com a falta de perspectiva política que não conseguimos nos erguer e respirar, ver o que importa mesmo para as pessoas, os coletivos e as comunidades nas suas ecologias. Para citar o Boaventura de Sousa Santos, a ecologia dos saberes deveria também integrar nossa experiência cotidiana, inspirar nossas escolhas sobre o lugar em que queremos viver, nossa experiência como comunidade. Precisamos ser críticos a essa ideia plasmada de humanidade homogênea na qual há muito tempo o consumo tomou o lugar daquilo que antes era cidadania.

Ailton Krenak (Extraído e adaptado de *Ideias para adiar o fim do mundo*. São Paulo: Cia das Letras, 2019)

140. (SELECON – 2021 – SECRETARIA DE ESTADO DA EDUCAÇÃO ESPORTE E LAZER/MT – PROFESSOR) Em sua argumentação, o autor expressa posicionamento contrário à ideia de:
a) valorização das línguas originais
b) reflexão sobre o processo histórico
c) homogeneidade dos seres humanos
d) igualdade das populações periféricas

141. (SELECON – 2021 – SECRETARIA DE ESTADO DA EDUCAÇÃO ESPORTE E LAZER/MT – PROFESSOR) A palavra acentuada por ser uma proparoxítona é:
a) possível
b) indígenas
c) sustentável
d) também

142. (SELECON – 2021 – SECRETARIA DE ESTADO DA EDUCAÇÃO ESPORTE E LAZER/MT – PROFESSOR) Reformulando o trecho "inspirar nossas escolhas", o pronome encontra-se corretamente empregado em:
a) lhes inspirar
b) nos inspirar
c) inspirá-las
d) inspirar-lhe

143. (SELECON – 2021 – SECRETARIA DE ESTADO DA EDUCAÇÃO ESPORTE E LAZER/MT – PROFESSOR) O emprego da vírgula tem função de separar orações em:
a) "A ideia de nós, os humanos, nos descolarmos da terra"
b) "Ela suprime a diversidade, nega a pluralidade das formas de vida"
c) "Oferece o mesmo cardápio, o mesmo figurino"
d) "Para a Unesco, 2019 foi o ano internacional das línguas indígenas"

Texto para as próximas 6 questões:

Tecnologia

Para começar, ele nos olha nos olha na cara. Não é como a máquina de escrever, que a gente olha de cima, com superioridade. Com ele é olho no olho ou tela no olho. Ele nos desafia. Parece estar dizendo: vamos lá, seu desprezível pré-eletrônico, mostre o que você sabe fazer. A máquina de escrever faz tudo que você manda, mesmo que seja a tapa. Com o computador é diferente. Você faz tudo que ele manda. Ou precisa fazer tudo ao modo dele, senão ele não aceita. Simplesmente ignora você. Mas se apenas ignorasse ainda seria suportável. Ele responde. Repreende. Corrige. Uma tela vazia, muda, nenhuma reação aos nossos comandos digitais, tudo bem. Quer dizer, você se sente como aquele cara que cantou a secretária eletrônica. É um vexame privado. Mas quando você o manda fazer alguma coisa, mas manda errado, ele diz "Errado". Não diz "Burro", mas está implícito. É pior, muito pior. Às vezes, quando a gente erra, ele faz "bip". Assim, para todo mundo ouvir. Comecei a usar o computador na redação do jornal e volta e meia errava. E lá vinha ele: "Bip!" "Olha aqui, pessoal: ele errou." "O burro errou!" Outra coisa: ele é mais inteligente que você. Sabe muito mais coisa e não tem nenhum pudor em dizer que sabe. Esse negócio de que qualquer máquina só é tão inteligente quanto quem a usa não vale com ele. Está subentendido, nas suas relações com o computador, que você jamais aproveitará metade das coisas que ele tem para oferecer. Que ele só desenvolverá todo o seu potencial quando outro igual a ele o estiver programando. A máquina de escrever podia ter recursos que você nunca usaria, mas não tinha a mesma empáfia, o mesmo ar de quem só aguentava os humanos por falta de coisa melhor, no momento. E a máquina, mesmo nos seus instantes de maior impaciência conosco, jamais faria "bip" em público. Dito isto, é preciso dizer também que quem provou pela primeira vez suas letrinhas dificilmente voltará à máquina de escrever sem a sensação de que está desembarcando de uma Mercedes e voltando à carroça. Está certo, jamais teremos com ele a mesma confortável cumplicidade que tínhamos com a velha máquina. É outro tipo de relacionamento, mais formal e exigente. Mas é fascinante. Agora compreendo o entusiasmo de gente como Millôr Fernandes e Fernando Sabino, que dividem a sua vida profissional em antes dele e depois dele. Sinto falta do papel e da fiel Bic, sempre pronta a inserir entre uma linha e outra a palavra que faltou na hora, e que nele foi substituída por um botão, que, além de mais rápido, jamais nos sujará os dedos, mas acho que estou sucumbindo. Sei que nunca seremos íntimos, mesmo porque ele não ia querer se rebaixar a ser meu amigo, mas retiro tudo o que pensei sobre ele. Claro que você pode concluir que eu só estou querendo agradá-lo, precavidamente, mas juro que é sincero. Quando saí da redação do jornal depois de usar o computador pela primeira vez, cheguei em casa e bati na minha máquina. Sabendo que ela aguentaria sem reclamar, como sempre, a pobrezinha.

Luis Fernando Verissimo

144. (AVANÇASP – 2023 – PREFEITURA MUNICIPAL/SP – PROFESSOR EDUCAÇÃO INFANTIL) O texto "Tecnologia" foi escrito:
a) pelo autor que faz uso de máquina de escrever
b) pelo eu lírico que é um escritor
c) por um funcionário escritor
d) pelo computador que faz um desabafo
e) pela máquina de escrever

145. (AVANÇASP – 2023 – PREFEITURA MUNICIPAL/SP – PROFESSOR EDUCAÇÃO INFANTIL) No texto, aparece várias vezes o verbete "ele" que se refere:
a) ao autor do texto
b) ao chefe
c) ao celular
d) ao leitor do texto
e) ao computador

146. (AVANÇASP – 2023 – PREFEITURA MUNICIPAL/SP – PROFESSOR EDUCAÇÃO INFANTIL) O texto refere-se por diversas vezes à "máquina de escrever" porque:
a) o autor escreveu o texto à máquina de escrever
b) o eu lírico detesta máquina de escrever
c) só tinha a opção de escrever um texto se fosse em máquina de escrever
d) o eu lírico faz um paralelo de escrita: máquina de escrever x computador
e) o computador refere-se ao eu lírico como sendo "burro"

147. (AVANÇASP – 2023 – PREFEITURA MUNICIPAL/SP – PROFESSOR EDUCAÇÃO INFANTIL) No trecho: "mas não tinha a mesma **empáfia**", a palavra em negrito pode ser substituída - sem prejuízo de valor – por:
a) simpatia
b) simplicidade
c) orgulho vão
d) clareza
e) tom

148. (AVANÇASP – 2023 – PREFEITURA MUNICIPAL/SP – PROFESSOR EDUCAÇÃO INFANTIL) No trecho: "A máquina de escrever **faz** tudo que você manda...", o verbo é classificado em:
a) Verbo de ligação
b) Verbo transitivo direto
c) Verbo transitivo indireto
d) Verbo transitivo direto e indireto
e) Verbo intransitivo

149. (AVANÇASP – 2023 – PREFEITURA MUNICIPAL/SP – PROFESSOR EDUCAÇÃO INFANTIL) A quais classes de palavras pertencem os verbetes em negrito, respectivamente: "**Esse** negócio de que qualquer **máquina** só é tão **inteligente** quanto quem a usa não vale com ele."
a) conjunção – adjetivo – verbo- substantivo
b) substantivo – substantivo – adjetivo – adjetivo
c) pronome demonstrativo – substantivo – verbo -adjetivo
d) advérbio – pronome – verbo – substantivo
e) pronome relativo – substantivo – conjunção – adjetivo

150. (AVANÇASP – 2023 – PREFEITURA MUNICIPAL/SP – PROFESSOR EDUCAÇÃO INFANTIL) Analise, sintaticamente, as orações e assinale a alternativa correta em relação à regência verbal:
I. Mamãe gosta de pudim de chocolate.
II. A menina está belíssima.
III. Choveu intensamente.
a) Verbo Transitivo Indireto – Verbo de Ligação – Verbo Intransitivo
b) Verbo De Ligação – Verbo Transitivo Indireto – Verbo Transitivo Direto
c) Verbo Transitivo Indireto – Verbo Intransitivo – Verbo De Ligação
d) Verbo Intransitivo – Verbo Transitivo Indireto – Verbo Transitivo Direto
e) Verbo Transitivo Direto – Verbo Transitivo Direto – Verbo Intransitivo

151. (AVANÇASP – 2023 – PREFEITURA MUNICIPAL/SP – PROFESSOR EDUCAÇÃO INFANTIL) Assinale a alternativa que justifica, corretamente, a colocação pronominal na oração a seguir: Não te devolvi a borracha?
a) próclise porque está antes do verbo
b) mesóclise porque está entre o radical e a desinência do verbo
c) ênclise porque está depois do verbo
d) próclise com a palavra atrativa – advérbio de negação
e) próclise porque está depois do verbo

152. (AVANÇASP – 2023 – PREFEITURA MUNICIPAL/SP – PROFESSOR EDUCAÇÃO INFANTIL) Na oração:
Fizemos um delicioso bolo de chocolate.
Assinale a alternativa que classifica, sintaticamente, sujeito, verbo e complemento.
a) Sujeito Indeterminado – Verbo Transitivo Indireto – Objeto Indireto
b) Sujeito Oculto – Verbo Transitivo Direto – Objeto Direto
c) Sujeito Inexistente – Verbo De Ligação – Predicativo Do Sujeito
d) Sujeito Oculto – Verbo Transitivo Indireto – Predicativo Do Sujeito
e) Sujeito Composto – Verbo Transitivo Direto – Objeto Direto

153. (AVANÇASP – 2023 – PREFEITURA MUNICIPAL/SP – PROFESSOR EDUCAÇÃO INFANTIL) Assinale a alternativa que apresenta a ortografia correta de todas as palavras, conforme a regra do hífen:
a) mini-saia; autorretrato; auto-serviço
b) extra-seco; microondas; ultrassom
c) micro-organismo; antirruga; extra-regimento
d) antessala; contrarreforma; autoescola
e) anti-social; autossuficiente; ultra-rápido

Texto para as próximas 6 questões:

Crise no Reino Unido preocupa, enquanto FMI vê possibilidade de recessão global

As bolsas globais têm tentado operar no azul nos últimos dias, mas o cenário continua sendo de muita cautela.

O pessimismo parece ser alimentado por todos os lados, com o aumento das taxas de juros mundo afora, a escalada da guerra na Ucrânia e, principalmente, a crise no Reino Unido deflagrada por um pacote de medidas econômicas proposto por Liz Truss, a nova primeira-ministra britânica.

O pacote consiste em um corte agressivo de impostos e a imposição de um teto nas contas de luz, cujo tom expansionista de aumento de gastos públicos em meio a uma crise econômica sem precedentes na Europa desagradou — e muito — o mercado.

Os títulos de dívida pública, chamado de "gilts", e a libra despencaram em resposta, forçando o Reino Unido a colocar a medida sob revisão.

Na última terça-feira (11), o presidente do Banco da Inglaterra (o banco central britânico), Andrew Bailey, porém, sinalizou que não iria mais estender a compra de títulos em curso, proposta para estancar as quedas. A libra despencou às mínimas em duas semanas em resposta, e, embora esteja se recuperando na manhã desta quarta, ainda é um termômetro do desequilíbrio no Reino Unido.

A cereja do bolo foi a divulgação do **PIB** britânico do mês de agosto, que apresentou queda de 0,3%. A expectativa era de crescimento perto de zero.

O resfriamento da economia do Reino Unido não vem isolado: o Fundo Monetário Internacional (FMI) reduziu a previsão de crescimento do PIB global para o ano que vem, de 2,9% a 2,7%, citando efeitos da guerra na Ucrânia, aumento das taxas de juros e até crise imobiliária na China.

Os choques, na visão do órgão financeiro, podem levar o mundo a uma recessão e a uma forte instabilidade no mercado financeiro.

Disponível em: https://www.cnnbrasil.com.br/nacional/crise-no-reino-unido-preocupa-enquanto-fmi-ve-possibilidadede-recessao-global/

154. (AVANÇASP – 2023 – PREFEITURA MUNICIPAL/SP – PROFESSOR ENSINO FUNDAMENTAL) A previsão de redução de crescimento do PIB global feita pelo Fundo Monetário Internacional para o ano seguinte, de 2,9% a 2,7%, deu-se por efeitos de alguns fatores, dentre eles, pode-se citar o(a):
a) Pacote de medidas econômicas proposto por Liz Truss.
b) Corte agressivo de impostos.
c) Imposição de um teto de contas de luz.
d) Crise imobiliária na China.
e) Termômetro do desequilíbrio do Reino Unido.

155. (AVANÇASP – 2023 – PREFEITURA MUNICIPAL/SP – PROFESSOR ENSINO FUNDAMENTAL) O título do texto apresenta um tom:
a) Alarmante.
b) Protocolar.
c) Procrastinador.
d) Abdicado.
e) Simbólico.

156. (AVANÇASP – 2023 – PREFEITURA MUNICIPAL/SP – PROFESSOR ENSINO FUNDAMENTAL) Tendo em vista a análise interpretativa do texto, há muitas passagens com expressões com sentido figurado; a EXCEÇÃO encontra-se, na alternativa:
a) "O pacote consiste em um corte agressivo de impostos e a imposição de um teto nas contas de luz, (...)" (2º parágrafo).
b) "Os títulos de dívida pública, chamado de "gilts", e a libra despencaram em resposta, forçando o Reino Unido a colocar a medida sob revisão." (4º parágrafo).
c) "A libra despencou às mínimas em duas semanas em resposta, e, embora esteja se recuperando na manhã desta quarta, ainda é um termômetro do desequilíbrio no Reino Unido." (5º parágrafo).
d) "A cereja do bolo foi a divulgação do PIB britânico do mês de agosto, que apresentou queda de 0,3%." (6º parágrafo).
e) "(...) o Fundo Monetário Internacional (FMI) reduziu a previsão de crescimento do PIB global para o ano que vem, de 2,9% a 2,7%, citando efeitos da guerra na Ucrânia, aumento das taxas de juros e até crise imobiliária na China." (7º parágrafo).

157. (AVANÇASP – 2023 – PREFEITURA MUNICIPAL/SP – PROFESSOR ENSINO FUNDAMENTAL) A conjunção destacada no fragmento "(...) e, embora *esteja se recuperando na manhã desta quarta, ainda é um termômetro do desequilíbrio no Reino Unido.*" (5º parágrafo) apresenta uma relação de sentido, corretamente, apontada em:
a) Consequência.
b) Conformidade.
c) Finalidade.
d) Concessão.
e) Condição.

LÍNGUA PORTUGUESA

158. (AVANÇASP – 2023 – PREFEITURA MUNICIPAL/SP – PROFESSOR ENSINO FUNDAMENTAL) O vocábulo em destaque na passagem "(...) *proposta para* estancar *as quedas.*" (5º parágrafo" significa:
a) Ampliar.
b) Fazer parar.
c) Comprometer.
d) Compartilhar.
e) Difundir.

159. (AVANÇASP – 2023 – PREFEITURA MUNICIPAL/SP – PROFESSOR ENSINO FUNDAMENTAL) As vírgulas presentes no termo "Andrew Bailey" no fragmento "*Na última terça-feira (11), o presidente do Banco da Inglaterra (o banco central britânico),* Andrew Bailey, (...)" (5º parágrafo) foram empregadas para:
a) Separar uma citação.
b) Destacar um vocativo.
c) Isolar um aposto.
d) Destacar um termo enumerativo.
e) Separar um adjunto adverbial deslocado.

160. (AVANÇASP – 2023 – PREFEITURA MUNICIPAL/SP – PROFESSOR ENSINO FUNDAMENTAL) Há uma colocação pronominal correta, na alternativa:
a) Não percebi-lhe a ausência na reunião.
b) Tinha falado-lhe que não abrisse a caixa.
c) Alguns afastaram-se da discussão com cautela.
d) Ninguém aproximou-se da cena do crime.
e) Estou inclinado a perdoar-lhe a ofensa.

161. (AVANÇASP – 2023 – PREFEITURA MUNICIPAL/SP – PROFESSOR ENSINO FUNDAMENTAL) A palavra, corretamente, grafada encontra-se em:
a) Acintoso.
b) Sisudês.
c) Enchovalhado.
d) Inadmisível.
e) Pernisioso.

162. (AVANÇASP – 2023 – PREFEITURA MUNICIPAL/SP – PROFESSOR ENSINO FUNDAMENTAL) Em relação aos conhecimentos de concordância nominal e verbal, assinale a alternativa correta:
a) Houveram muitos problemas na reunião.
b) Vão fazer dez anos que me mudei.
c) Escolhi os poemas o mais lindos possível.
d) Entrada é proibida para menores.
e) Ouviu-se, no fundo do quintal, muitos barulhos estranhos.

163. (AVANÇASP – 2023 – PREFEITURA MUNICIPAL/SP – PROFESSOR ENSINO FUNDAMENTAL) O último processo de formação do vocábulo "*internacional*" está, corretamente, apontado, na opção:
a) Justaposição.
b) Prefixação.
c) Sufixação.
d) Parassíntese.
e) Conversão.

Texto para as próximas 2 questões:

Texto 1

Fonte: <https://jornalggn.com.br/sites/default/files/admin/armandinho-saudade.png>. Acesso em:30 abr. 2019.

164. (AOCP – 2019 – SECRETARIA DE ESTADO DA EDUCAÇÃO/PB – PROFESSOR) Assinale a alternativa que apresenta e justifica corretamente a tipologia textual predominante na construção do Texto 1.
a) Tipologia descritiva: o texto busca descrever as sensações do observador, com exatidão nos detalhes e vocabulário preciso.
b) Tipologia injuntiva: o texto tem como função apresentar o contraste existente entre a dor física e a dor da saudade.
c) Tipologia narrativa: o texto relata uma história com personagem, sequências lógica e temporal.
d) Tipologia expositiva: o texto apresenta um tema e recorre ao pretérito para explicá-lo.

165. (AOCP – 2019 – SECRETARIA DE ESTADO DA EDUCAÇÃO/PB – PROFESSOR) Sobre figuras de linguagem, informe se é verdadeiro (V) ou falso (F) o que se afirma a seguir e assinale a alternativa com a sequência correta.
( ) Em "Doía quase que nem saudade!", há um exemplo de símile.
( ) Em "[...] ele passava mercúrio no machucado!", há um exemplo de catacrese.
( ) Em "Ele disse que mertiolate ardia muito", há um exemplo de metonímia.
( ) Em "Quando o pai era pequeno [...]", há exemplo de antonomásia.
a) V – F – V – V.
b) V – F – V – F.
c) F – V – F – V.
d) V – V – F – F.

GABARITO

1	E	2	B	3	A	4	B	5	D
6	D	7	E	8	C	9	C	10	A
11	B	12	D	13	C	14	D	15	A
16	D	17	C	18	A	19	E	20	A
21	D	22	E	23	B	24	B	25	C
26	A	27	D	28	C	29	B	30	E
31	A	32	C	33	E	34	D	35	B
36	C	37	D	38	A	39	D	40	B
41	Errado	42	Certo	43	Certo	44	Certo	45	Errado
46	Certo	47	Certo	48	Errado	49	Errado	50	Certo
51	Errado	52	Certo	53	Certo	54	Errado	55	Certo
56	Errado	57	Certo	58	Certo	59	Errado	60	Certo
61	Certo	62	Certo	63	Errado	64	Certo	65	Errado
66	Certo	67	Certo	68	Errado	69	Errado	70	Certo
71	D	72	D	73	C	74	D	75	C
76	A	77	B	78	C	79	B	80	A
81	A	82	B	83	C	84	D	85	E
86	A	87	A	88	A	89	C	90	C
91	B	92	C	93	A	94	C	95	B
96	A	97	D	98	A	99	C	100	B
101	E	102	A	103	C	104	C	105	D
106	E	107	D	108	B	109	A	110	B
111	C	112	A	113	B	114	D	115	C
116	C	117	D	118	A	119	D	120	D
121	C	122	B	123	A	124	B	125	Errado
126	Certo	127	Certo	128	Errado	129	Certo	130	Errado
131	Errado	132	Certo	133	Errado	134	Certo	135	Errado
136	Errado	137	Certo	138	Errado	139	Certo	140	C
141	B	142	C	143	B	144	B	145	E
146	D	147	C	148	B	149	C	150	A
151	D	152	B	153	D	154	D	155	A
156	E	157	D	158	B	159	C	160	E
161	A	162	C	163	B	164	C	165	B

DIREITO CONSTITUCIONAL

01. **(VUNESP – 2019 – SECRETARIA MUNICIPAL DA EDUCAÇÃO/SP – PROFESSOR EDUCAÇÃO BÁSICA)** As denominadas *entidades conveniadas* constituem parte de uma política recorrente em determinados municípios, a fim de atender à demanda da Educação Infantil. Trata-se de instituições particulares que se conveniam com o poder público, passando a receber recursos estatais para seu funcionamento e sua manutenção. Apesar de ser alvo de críticas, tal expediente encontra respaldo no artigo 213 da Constituição Federal, o qual afirma que os recursos públicos serão destinados às escolas públicas, podendo ser dirigidos a escolas comunitárias, confessionais ou filantrópicas, definidas em lei, que

   a) I – tenham experiência comprovada no nível de atuação, apresentando indicadores adequados nas avaliações externas; II – cumpram os requisitos estabelecidos pelas normas gerais da educação nacional.
   b) I – tenham atuação aprovada pela comunidade em consulta pública; II – garantam atendimento educacional especializado aos portadores de deficiência, preferencialmente na rede regular de ensino.
   c) I – comprovem finalidade não lucrativa e apliquem seus excedentes financeiros em educação; II – assegurem a destinação de seu patrimônio a outra escola comunitária, filantrópica ou confessional, ou ao Poder Público, no caso de encerramento de suas atividades.
   d) I – assegurem a oferta gratuita de ensino a pelo menos 80% dos alunos matriculados; II – gozem de autonomia didático-científica, administrativa e de gestão financeira e patrimonial.
   e) I – comprovadamente prestem serviços à sociedade, não tendo como finalidade a obtenção de lucro; II – assegurem atendimento ao educando por meio de programas suplementares de material didático-escolar, transporte, alimentação e assistência à saúde.

02. **(FGV – 2023 – SECRETARIA MUNICIPAL DE EDUCAÇÃO/SP – PROFESSOR - EDUCAÇÃO INFANTIL)** A legislação prevê, desde a Constituição Federal de 1988, o direito à educação para toda a população, inclusive para aquelas pessoas que não tiveram acesso à escola em idade apropriada, na infância ou na adolescência.
A Recomendação CME 03/2021 retomou o tema e estabeleceu uma série de propostas para a garantia do direito à aprendizagem, com base na flexibilização da organização escolar, do planejamento curricular e do uso dos tempos e espaços, de modo a favorecer o tripé acesso, permanência e aprendizagem com qualidade.
Assinale a opção que identifica corretamente uma das propostas da Recomendação citada para combater a evasão e a defasagem idade-série.

   a) Espaços educacionais alternativos e acolhedores não limitados à sala de aula ou à escola, desde que planejados no interesse da aprendizagem e do desenvolvimento dos estudantes.
   b) Reclassificação dos alunos por ciclo, avançando automaticamente a trajetória do estudante com base na média ponderada entre idade do educando e tempo de permanência na escola.
   c) Reuniões quinzenais com as famílias, a fim de fortalecer os vínculos de confiança do educando com a comunidade escolar, e estimulando um acompanhamento escolar mais amplo.
   d) Relatórios mensais da equipe gestora, sobre as dificuldades de aprendizagem, para identificar as causas do baixo rendimento escolar e propor um plano personalizado de recuperação paralela.
   e) Visitas residenciais frequentes aos alunos e familiares, a cargo da assistência social, como pré-requisito para manutenção do educando nas classes de aceleração de estudo.

03. **(CESPE/CEBRASPE – 2022 – SECRETARIA DA EDUCAÇÃO E ESPORTES DO ESTADO/PE – PROFESSOR EDUCAÇÃO BÁSICA)** De acordo com a Constituição Federal de 1988, julgue o item que se segue.
O atendimento educacional especializado às pessoas com deficiência ocorrerá preferencialmente na rede especial de ensino.
   Certo ( )   Errado ( )

04. **(CESPE/CEBRASPE – 2022 – SECRETARIA DA EDUCAÇÃO E ESPORTES DO ESTADO/PE – PROFESSOR EDUCAÇÃO BÁSICA)** De acordo com a Constituição Federal de 1988, julgue o item que se segue.
É dever do Estado a garantia de educação básica obrigatória e gratuita para todos os cidadãos, quer estejam na idade própria, isto é, dos quatro aos dezoito anos de idade, quer estejam fora dessa faixa etária.
   Certo ( )   Errado ( )

05. **(IBFC – 2023 – SECRETARIA DA EDUCAÇÃO/BA – PROFESSOR)** O artigo 1º da Constituição Federal de 1988 enumera cinco fundamentos da República Federativa do Brasil, assinale a alternativa que não constitui um desses fundamentos.
   a) A soberania
   b) A cidadania
   c) A dignidade da pessoa humana
   d) O pluralismo político
   e) A defesa da paz

06. **(IBFC – 2023 – SECRETARIA DA EDUCAÇÃO/BA – PROFESSOR)** O artigo 5º da Constituição Federal compõe todo o capítulo dos direitos e deveres individuais e coletivos do Título II (dos direitos e garantias fundamentais) da Constituição Federal de 1988. Em consonância com esse artigo, analise as afirmativas a seguir e dê valores Verdadeiro (V) ou Falso (F).
   ( ) Homens e mulheres são iguais em direitos, mas não em obrigações.
   ( ) As normas definidoras dos direitos e garantias fundamentais têm aplicação 30 (trinta) dias depois de oficialmente publicadas.
   ( ) Ninguém será submetido a tortura nem a tratamento desumano ou degradante.
   ( ) As ações de "habeas-corpus" e "habeas-data" são gratuitas.
   ( ) É livre a manifestação do pensamento e autorizado o anonimato.

Assinale a alternativa que apresenta a sequência correta de cima para baixo.
   a) F - F - V - V - F
   b) F - F - F - V - V
   c) F - F - V - F - V
   d) F - F - V - F - F
   e) F - V - V - V - F

07. **(FUNDAÇÃO AROEIRA – 2022 – SECRETARIA MUNICIPAL DE EDUCAÇÃO/GO – PROFESSOR I)** A Constituição de 1988 é a mais extensa de todas as constituições brasileiras em matéria de educação. O espírito do texto é o de uma "Constituição Cidadã". Essa denominação indica que
   I. o acesso ao ensino obrigatório e gratuito é direito público subjetivo;
   II. é garantida a gestão democrática no ensino público, na forma de lei;

III. a educação básica e superior são obrigatórias e compreendem o Ensino Fundamental;
IV. o Estado deve garantir a gratuidade do ensino público em estabelecimentos oficiais.

Marque a alternativa que apresenta todos os itens corretos.

a) I, II e III.
b) I e IV.
c) II e IV.
d) I, II e IV.

Texto para as próximas 3 questões:

A Constituição Federal de 1988 (CF) reconhece a educação como direito fundamental compartilhado entre o Estado, a família e a sociedade. Acerca desse assunto, julgue os itens.

08. **(QUADRIX – 2022 – SECRETARIA DE ESTADO DA EDUCAÇÃO/DF – PROFESSOR)** O direito social à educação concede a cada cidadão o gozo da educação como um serviço público.
Certo ( )   Errado ( )

09. **(QUADRIX – 2022 – SECRETARIA DE ESTADO DA EDUCAÇÃO/DF – PROFESSOR)** De acordo com a CF, cabe à família o dever de ministrar a educação aos seus filhos.
Certo ( )   Errado ( )

10. **(QUADRIX – 2022 – SECRETARIA DE ESTADO DA EDUCAÇÃO/DF – PROFESSOR)** De acordo com a CF, o direito à educação consiste não somente na garantia do acesso e da permanência no ensino básico, mas também na garantia de um padrão mínimo de qualidade para todos.
Certo ( )   Errado ( )

GABARITO

1	C	2	A	3	Errado	4	Errado	5	E
6	A	7	D	8	Certo	9	Errado	10	Certo

MATEMÁTICA

01. **(VUNESP – 2019 – SECRETARIA MUNICIPAL DA EDUCAÇÃO/SP – PROFESSOR EDUCAÇÃO BÁSICA)** A tabela mostra os itens comprados por uma pessoa, a quantidade e o respectivo valor unitário.

Item	Quantidade	Valor unitário
Caixa de lápis de cor	2	R$ 5,80
Canetinhas	5	R$ 1,20
Cadernos	3	R$ 8,50

Essa compra foi paga com uma nota de R$ 50,00. Com o troco recebido, o número máximo de canetinhas que ainda poderiam ser compradas era

a) 3.
b) 4.
c) 5.
d) 6.
e) 7.

02. **(VUNESP – 2019 – SECRETARIA MUNICIPAL DA EDUCAÇÃO/SP – PROFESSOR EDUCAÇÃO BÁSICA)** Uma criança ganhou um jogo com 30 cartas. Desse total, $\frac{1}{5}$ tinha desenhos de flores, $\frac{1}{3}$ tinha desenhos de figuras geométricas e as demais tinham desenhos de animais. O número de cartas com desenhos de animais é igual a

a) 20.
b) 18.
c) 16.
d) 14.
e) 12.

03. **(VUNESP – 2019 – SECRETARIA MUNICIPAL DA EDUCAÇÃO/SP – PROFESSOR EDUCAÇÃO BÁSICA)** Em um colégio, 80 alunos inscreveram-se para participar de oficinas culturais. Desse total, 30% optaram pela oficina A, 36 alunos optaram pela oficina B, e os demais alunos, pela oficina C. Sabendo que todos esses alunos participaram de uma só oficina, então, em relação ao número total de alunos inscritos, aqueles que participaram da oficina C representam

a) 25%.
b) 30%.
c) 35%.
d) 40%.
e) 45%.

04. **(VUNESP – 2019 – SECRETARIA MUNICIPAL DA EDUCAÇÃO/SP – PROFESSOR EDUCAÇÃO BÁSICA)** Um professor ensaiou uma peça de teatro com seus alunos, e cada ensaio teve duração de 1 hora e 15 minutos. Sabendo que, ao todo, foram realizados 9 ensaios, o tempo total utilizado nesses ensaios foi

a) 12 horas e 05 minutos.
b) 11 horas e 55 minutos.
c) 11 horas e 40 minutos.
d) 11 horas e 25 minutos.
e) 11 horas e 15 minutos.

05. **(VUNESP – 2019 – SECRETARIA MUNICIPAL DA EDUCAÇÃO/SP – PROFESSOR EDUCAÇÃO BÁSICA)** Um estudante comprou determinado número de pastas para guardar seus trabalhos e quer colocar, em cada uma delas, o mesmo número de trabalhos. Se ele colocar 5 trabalhos em cada pasta, usará todas as pastas compradas, mas, se colocar 8 trabalhos em cada pasta, 3 delas não serão utilizadas. Considerando que todos os trabalhos foram guardados nas pastas, o número total de trabalhos é

a) 35.
b) 40.
c) 45.
d) 50.
e) 55.

06. **(VUNESP – 2019 – SECRETARIA MUNICIPAL DA EDUCAÇÃO/SP – PROFESSOR EDUCAÇÃO BÁSICA)** Uma pessoa comprou vasos com plantas, alguns de temperos, e outros de flores, no total de 21 unidades. Sabendo que o número de vasos com flores superou o número de vasos com temperos em 3 unidades, então o número de vasos com flores era

a) 9.
b) 10.
c) 11.
d) 12.
e) 13.

07. **(VUNESP – 2019 – SECRETARIA MUNICIPAL DA EDUCAÇÃO/SP – PROFESSOR EDUCAÇÃO BÁSICA)** Em um pote há 20 balas de morango com recheio de chocolate, 15 balas de café com recheio de chocolate e 10 balas de leite sem recheio. Retirando-se aleatoriamente uma bala desse pote, a probabilidade de ela ter recheio de chocolate é

a) $\frac{7}{9}$.
b) $\frac{2}{3}$.
c) $\frac{5}{9}$.
d) $\frac{4}{9}$.
e) $\frac{1}{3}$.

08. **(VUNESP – 2019 – SECRETARIA MUNICIPAL DA EDUCAÇÃO/SP – PROFESSOR EDUCAÇÃO BÁSICA)** O gráfico apresenta algumas informações sobre o número de unidades de determinado produto compradas nos quatro trimestres do ano de 2018.

Unidades compradas
- 1º trimestre: 50
- 2º trimestre: 35
- 3º trimestre: 30
- 4º trimestre: —

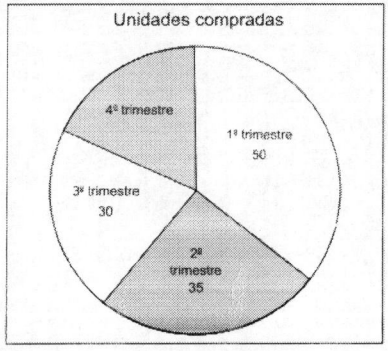

Cada unidade desse produto custou R$ 15,00 e esse preço se manteve durante o ano todo. Sabendo que o valor pago nas unidades compradas no 4º trimestre foi R$ 375,00, então, na média, o número de unidades compradas por trimestre foi

a) 25.
b) 28.
c) 30.
d) 32.
e) 35.

09. (VUNESP – 2019 – SECRETARIA MUNICIPAL DA EDUCAÇÃO/SP – PROFESSOR EDUCAÇÃO BÁSICA) Para uma atividade didática foram impressos, em uma folha de papel sulfite, 2 quadrados, A e B, conforme mostra a figura.

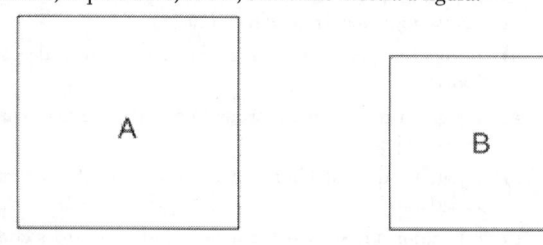

Figuras fora de escala

O perímetro do quadrado A é 48 cm, e o lado do quadrado B tem 2 cm a menos que o lado do quadrado A. A área do quadrado B é igual a

a) 81 cm².
b) 100 cm².
c) 121 cm².
d) 144 cm².
e) 169 cm².

10. (VUNESP – 2019 – SECRETARIA MUNICIPAL DA EDUCAÇÃO/SP – PROFESSOR EDUCAÇÃO BÁSICA) Um bloco de madeira maciça, na forma de um prisma reto de base retangular, tem suas medidas indicadas na figura.

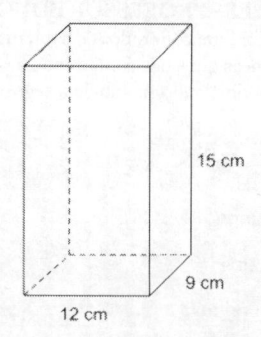

Figura fora de escala

Sabendo que 1 cm³ dessa madeira tem massa igual a 0,5 g, então, o bloco todo tem massa igual a

a) 620 g.
b) 750 g.
c) 810 g.
d) 900 g.
e) 980 g.

11. (FGV – 2023 – SECRETARIA MUNICIPAL DE EDUCAÇÃO/SP – PROFESSOR - EDUCAÇÃO INFANTIL) O automóvel de Patrícia tem um consumo de gasolina em estradas de 11km/L. Significa que, para cada 11km que ela percorre, consome 1 litro de gasolina. Patrícia está se organizando para viajar e não ter problemas de ficar sem gasolina.

Assinale a opção que indica a quantidade de gasolina que o automóvel deve consumir para que Patrícia percorra 154km em sua viagem e o gasto total em combustível, considerando que, no posto em que ela vai abastecer, o preço da gasolina é de R$ 5,03 para cada litro.

a) 16,5 litros / R$ 89,25.
b) 16 litros / R$ 82,99.
c) 15 litros / R$ 79,50.
d) 15 litros / R$ 75,45.
e) 14 litros / R$ 70,42.

12. (FGV – 2023 – SECRETARIA MUNICIPAL DE EDUCAÇÃO/SP – PROFESSOR - EDUCAÇÃO INFANTIL) Veja a seguir a receita de bolo de milho verde planejada para 6 pessoas.

Bolo de milho verde

Ingredientes:

1 xícara de chá (aproximadamente 200mL) de milho verde escorrido; 4 ovos; 8 colheres 9de sopa) de fubá; 1 xícara (de chá) de açúcar; 2 xícaras (de chá) de leite; 1 xícara e meia (de chá) de manteiga; 3 colheres (de chá) de fermento em pó.

Modo de fazer:

Bater todos os ingredientes no liquidificador, exceto o fermento em pó, que deve ser misturado por último. Levar ao forno moderado, pré-aquecido, por 50 minutos, ou até que um palito saia sem resíduos depois de furar o bolo.

Para manter a mesma receita adaptada para 9 pessoas, os ingredientes deverão conter exatamente as seguintes medidas:

a) 2 xícaras de chá (aproximadamente 400mL) de milho verde escorrido, 5 ovos, 10 colheres (de sopa) de fubá, 1 xícara e meia (de chá) de açúcar, 3 xícaras (de chá) de leite, 2 xícaras (de chá) de manteiga, 4 colheres (de sopa) de fermento em pó.
b) 1 xícara e meia de chá (aproximadamente 300mL) de milho verde escorrido, 6 ovos, 12 colheres (de sopa) de fubá, 1 xícara e meia (de chá) de açúcar, 3 xícaras (de chá) de leite, 2 xícaras e 3/4 (de chá) de manteiga, 4 e meia colheres (de sopa) de fermento em pó.
c) 1 xícaras e meia de chá (aproximadamente 400mL) de milho verde escorrido, 6 ovos, 10 colheres (de sopa) de fubá, 1 xícara e meia (de chá) de açúcar, 3 xícaras (de chá) de leite, 2 xícaras (de chá) de manteiga, 4 e meia colheres (de sopa) de fermento em pó.
d) 2 xícaras e meia de chá (aproximadamente 300mL) de milho verde escorrido, 8 ovos, 12 colheres (de sopa) de fubá, 1 xícara e meia (de chá) de açúcar, 4 xícaras (de chá) de leite, 2 xícaras (de chá) de manteiga, 4 e meia colheres (de sopa) de fermento em pó.
e) 1 xícara e 3/4 de chá (aproximadamente 350mL) de milho verde escorrido, 6 ovos, 18 colheres (de sopa) de fubá, 2 xícaras e meia (de chá) de açúcar, 3 xícaras (de chá) de leite, 2 xícaras e 3/4 (de chá) de manteiga, 4 e meia colheres (de sopa) de fermento em pó.

13. (FGV – 2023 – SECRETARIA MUNICIPAL DE EDUCAÇÃO/SP – PROFESSOR - EDUCAÇÃO INFANTIL) A massa da Terra é de $5,94 \times 10^{26}$ kg, aproximadamente. Considerando que a massa da Terra vale 9 vezes a massa da Lua, é correto afirmar que a massa da Lua é mais bem representada por

a) $6,6 \times 10^{27}$ kg
b) 5.346.000.000 kg
c) $6,6 \times 10^{25}$ kg
d) $5,3 \times 10^{23}$ kg
e) 66.000.000 kg

14. **(FGV – 2023 – SECRETARIA MUNICIPAL DE EDUCAÇÃO/SP – PROFESSOR - EDUCAÇÃO INFANTIL)** Morar no campo ou na cidade é uma dúvida de muitos cidadãos brasileiros. A vida em cidades pequenas proporciona geralmente mais qualidade de vida; entretanto, a oferta de trabalho tem se mostrado cada vez mais insuficiente nessas localidades.

Dados do IBGE mostram que, no ano de 2000, a população concentrava-se, em sua maioria, nos grandes centros. O gráfico a seguir contém informações sobre a população urbana e rural distribuídas pelas regiões brasileiras.

População residente segundo a situação de domicílio Censo de 2000 (IBGE)

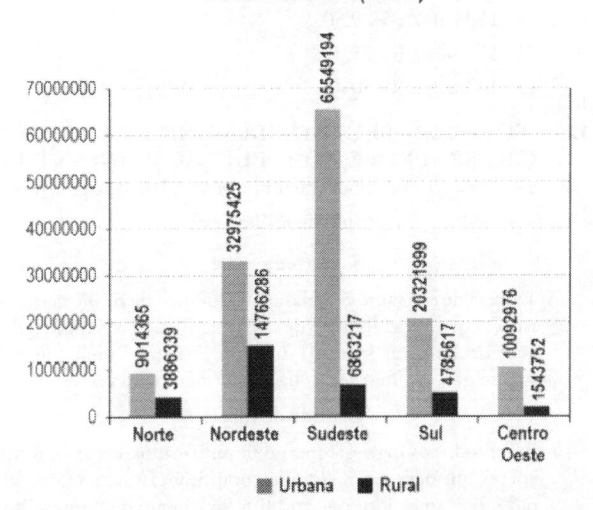

Região	Urbana	Rural
Norte	9014365	3886339
Nordeste	32975425	14766286
Sudeste	65549194	6863217
Sul	20321999	4785617
Centro Oeste	10092976	1543752

Baseando-se nas informações oferecidas pelo gráfico, assinale a afirmativa correta.

a) A região que tem maior população rural é a região Sudeste.
b) A região Sudeste é a única que tem a maior parte de sua população vivendo em área urbana.
c) A região que tem a menor diferença entre a população urbana e a rural é a região Norte.
d) De todas as regiões, a que tem menor população rural é a região Centro-Oeste.
e) De todas as regiões, a que tem menor população urbana é a região Centro-Oeste.

15. **(FGV – 2023 – SECRETARIA MUNICIPAL DE EDUCAÇÃO/SP – PROFESSOR - EDUCAÇÃO INFANTIL)** Mônica faz os bolos de aniversário de seus netos e netas. No último aniversário, ela fez um bolo retangular. Para decorá-lo, Mônica pensou em contornar o bolo com um cordão de confeitos coloridos e cobrir a face superior com uma foto do aniversariante impressa em papel de arroz.
Ao assar o bolo, ela achou que estava pequeno e resolveu fazer mais bolo para dobrar o comprimento dos lados do bolo pronto, já que queria impressionar seu neto com uma foto bem grande.
Para manter a ideia inicial da receita e da decoração, Mônica precisará

a) dobrar o comprimento do cordão de confeito e manter o tamanho da foto.
b) dobrar o comprimento do cordão e dobrar o tamanho da foto.
c) manter o comprimento do cordão e dobrar o tamanho da foto.
d) dobrar o comprimento do cordão e quadruplicar o tamanho da foto.
e) quadruplicar o comprimento do cordão e quadruplicar o tamanho da foto.

16. **(FGV – 2023 – SECRETARIA MUNICIPAL DE EDUCAÇÃO/SP – PROFESSOR - EDUCAÇÃO INFANTIL)** A professora da turma do 4º ano propôs um jogo de "Par ou Ímpar" diferente.
Para isso, ela organizou a turma em duplas e entregou 2 dados convencionais para cada dupla. Na sua vez de jogar, os jogadores decidem quem será par e quem será ímpar, lançam os 2 dados e multiplicam os pontos sorteados. Por exemplo, se o jogador escolher par, lançar os dados e sortear 2 e 4, ele ganha a rodada (2 x 4 = 8 e 8 é par), mas se sair 3 e 5, o seu adversário será o vencedor da rodada (3 x 5 = 15 e 15 é ímpar). Ao final de 10 rodadas, ganha o jogo quem tiver sucesso em mais rodadas.
Sobre esse jogo, é correto afirmar que

a) o jogador que escolher par tem mais chance de ganhar a rodada.
b) o jogador que ganhar a primeira rodada tem mais chance de vencer o jogo.
c) o jogador que escolher ímpar tem mais chance de ganhar a rodada.
d) o jogador que sortear 6 em cada dado tem mais chance de ganhar a rodada.
e) os dois jogadores têm a mesma chance de ganhar a rodada.

17. **(CONSULPAM – 2019 – SECRETARIA MUNICIPAL DE EDUCAÇÃO/ES – PROFESSOR EDUCAÇÃO INFANTIL)** Numa remessa de 10 peças, 3 são defeituosas. Duas peças são retiradas aleatoriamente, uma após a outra sem reposição. A probabilidade de todas essas duas peças serem não-defeituosas é:

a) $\dfrac{49}{100}$
b) $\dfrac{7}{15}$
c) $\dfrac{21}{50}$
d) $\dfrac{3}{15}$

18. **(CONSULPAM – 2019 – SECRETARIA MUNICIPAL DE EDUCAÇÃO/ES – PROFESSOR EDUCAÇÃO INFANTIL)** Uma pesquisa foi feita com todos os habitantes de uma cidade para verificar as doenças que mais contaminou a população naquele ano. O resultado foi divulgado na tabela a seguir.

Doenças	Quantidade de pessoas contaminadas
Dengue	800
Zica	750
Chikungunya	600
Dengue e Zica	480
Dengue e Chikungunya	420
Zica e Chikungunya	350
Dengue, Zica e Chikungunya	250

Observando a tabela do resultado da pesquisa, logo o número total de habitantes dessa cidade é:

a) 3 650.
b) 2 150.
c) 1 150.
d) 1 500.

MATEMÁTICA

19. **(CONSULPAM – 2019 – SECRETARIA MUNICIPAL DE EDUCAÇÃO/ES – PROFESSOR EDUCAÇÃO INFANTIL)** Em um hospital temos 5 médicos e 8 enfermeiras e será preciso formar uma equipe com 2 médicos e 5 enfermeiras. O número de possibilidades para se formar essa equipe é de:
a) 560.
b) 540.
c) 500.
d) 580.

20. **(IBFC – 2023 – SECRETARIA DA EDUCAÇÃO/BA – PROFESSOR)** Os divisores positivos do número 6, se somados geram o número:
a) 16
b) 11
c) 15
d) 10
e) 12

21. **(IBFC – 2023 – SECRETARIA DA EDUCAÇÃO/BA – PROFESSOR)** Um número complexo $z = a + bi$, em que a e b são números reais e i é a unidade imaginária ($i^2 = -1$). Para que o produto dos números complexos $(x + i) \cdot (4 + 5i)$ seja um número real puro, o valor de x deve ser:
a) -4/5
b) 4/5
c) -5/4
d) 5/4
e) 0

22. **(IBFC – 2023 – SECRETARIA DA EDUCAÇÃO/BA – PROFESSOR)** Sérgio, Renato e Luciano ganham um prêmio em uma rifa no valor de R$ 6.000,00. A divisão deste valor foi de tal modo que Sérgio recebeu R$ 1.100,00 e Luciano recebeu 2/5 do valor total do prêmio. Após os pagamentos de Sérgio e Luciano, o que sobrou foi dado à Renato. A razão que representa o quanto do valor total Renato recebeu é:
a) 3/12
b) 4/5
c) 5/12
d) 5/7
e) 8/11

23. **(IBFC – 2023 – SECRETARIA DA EDUCAÇÃO/BA – PROFESSOR)** Considere as sequencias de termos gerais dados por $a_n = 2 - 2n$ e $b_n = 5n$, onde $n \in N^*$. O décimo termo de uma sequência dada por $c_n = a_n \cdot b_n$, onde $n \in N^*$, é igual a:
a) 800
b) -100
c) 300
d) -900
e) 500

24. **(IBFC – 2023 – SECRETARIA DA EDUCAÇÃO/BA – PROFESSOR)** A equação geral da reta que passa pelos pontos A e B, sendo considerado a função $f(x) = 2x$, é igual a:

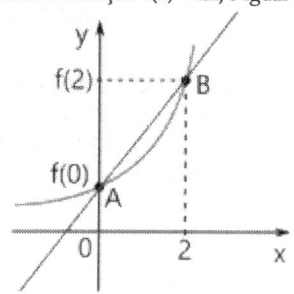

a) $2x – 3y - 2 = 0$
b) $2y – 3x - 2 = 0$
c) $-2x + 3y + 2 = 0$
d) $3y – 3x + 4 = 0$
e) $2x -3y - 7 = 0$

25. **(IBFC – 2023 – SECRETARIA DA EDUCAÇÃO/BA – PROFESSOR)** Joana contrata um advogado para receber o valor de R$ 200.000,00 sobre uma causa. O advogado consegue receber 80% deste valor e cobrou 30% de honorários do valor recebido por Joana. A quantia, em reais, que Joana receberá, já descontando o valor dos honorários do advogado, será de:
a) R$ 100.000,00
b) R$ 120.000,00
c) R$ 160.000,00
d) R$ 48.000,00
e) R$ 112.000,00

26. **(IBFC – 2023 – SECRETARIA DA EDUCAÇÃO/BA – PROFESSOR)** Uma costureira vai fazer uma cortina para uma janela. Ela usou o palmo para medir o comprimento da janela e encontrou 5 palmos na largura e 6 palmos na altura. Sabendo que o palmo dela mede 200 mm, podemos afirmar que a área da janela é igual a:
a) 2,00 m²
b) 3,00 m²
c) 1,50 m²
d) 1,20 m²
e) 1,00 m²

27. **(IBFC – 2023 – SECRETARIA DA EDUCAÇÃO/BA – PROFESSOR)** Uma danceteria fará um baile beneficente para comunidade. Os preços de entrada serão:

Mulheres	Homens
R$ 6,00	R$ 8,00

Sabe-se que compareceram 320 pessoas neste baile com uma arrecadação de R$ 2160,00. O número de homens que compareceram ao baile foi:
a) 200
b) 120
c) 150
d) 140
e) 210

28. **(IBFC – 2023 – SECRETARIA DA EDUCAÇÃO/BA – PROFESSOR)** Sabe-se que $x_0 = -2$ é raiz do polinômio $p(x) = x^3 - 2x^2 - k \cdot x + 7$, onde $k \in R$. Podemos afirmar que o valor de k é igual a:
a) -7/2

b) -23/2
c) 0
d) -9/2
e) 9/2

29. **(IBFC – 2023 – SECRETARIA DA EDUCAÇÃO/BA – PROFESSOR)** A imagem da função f: R → R definida por f(x) = cos(x) é igual a Im(f) = {y ∈ R | -1 ≤ y ≤ 1}. Sendo assim a imagem da função definida por f(x) = 1 – 2 · cos(x) é igual a:
   a) [-1, 1]
   b) [-1, 3]
   c) [-2, 2]
   d) [0, 1]
   e) [-2, 0]

30. **(IBFC – 2023 – SECRETARIA DA EDUCAÇÃO/BA – PROFESSOR)** Dois dados não viciados são lançados. A probabilidade de a soma dos valores obtidos ser múltiplo de 3 é igual a:
   a) $\frac{1}{3}$
   b) $\frac{2}{3}$
   c) $\frac{7}{3}$
   d) $\frac{8}{3}$
   e) $\frac{5}{3}$

31. **(IBFC – 2023 – SECRETARIA DA EDUCAÇÃO/BA – PROFESSOR)** A média aritmética de um total de 15 números é igual a 8. Se retirarmos do conjunto os números 8, 6 e 10, a média aritmética do restante será:
   a) 12
   b) 09
   c) 08
   d) 06
   e) 05

32. **(IBFC – 2023 – SECRETARIA DA EDUCAÇÃO/BA – PROFESSOR)** Na figura a seguir, O quadrilátero ABCD é um retângulo de base 12 cm e altura 8 cm. Os pontos P e Q dividem o lado CD em três partes iguais, ou seja $\overline{DP} = \overline{PQ} = \overline{QC} = \frac{1}{3}\overline{DC}$.

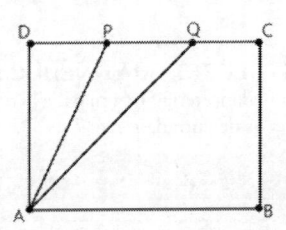

A razão entre a área do triângulo AQP com a área do triângulo APD é igual a:
   a) 2
   b) 1/2
   c) 1
   d) 3
   e) 6

33. **(IBFC – 2023 – SECRETARIA DA EDUCAÇÃO/BA – PROFESSOR)** A figura, a seguir, representa a planificação de um tetraedro regular.

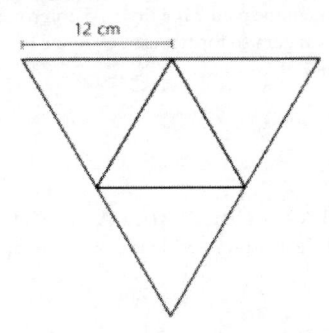

Se todas as arestas deste tetraedro possuem a mesma medida, podemos afirmar que o volume é de:
   a) $144\sqrt{2}cm^3$
   b) $72\sqrt{3}cm^3$
   c) $108\sqrt{2}cm^3$
   d) $144\sqrt{3}cm^3$
   e) $100\sqrt{2}cm^3$

34. **(IBFC – 2023 – SECRETARIA DA EDUCAÇÃO/BA – PROFESSOR)** O gráfico a seguir representa a função do primeiro grau f(x) = ax + b, com a ≠ 0 e {a, b} ⊂ R. A distância do ponto P até a origem (0,0) é igual a:

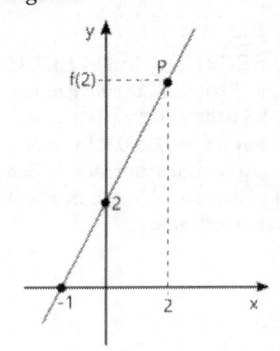

   a) 6
   b) $2\sqrt{10}$
   c) 2
   d) $5\sqrt{10}$
   e) 3

35. **(IBFC – 2023 – SECRETARIA DA EDUCAÇÃO/BA – PROFESSOR)** A solução particular F(x) de uma integral consiste em determinar o valor da constante de integração (k), sendo fornecido uma informação chamada condição inicial (um ponto (x_0, y_0)). A integral $\int (3x^2 - 1)dx$ tem uma solução particular para $(x_0, y_0) = (-1, 0)$, igual a:
   a) F(x) = x^3 + 3x + 1
   b) F(x) = x^2 – 3x
   c) F(x) = x^3 – x
   d) F(x) = $3x^2$ – x – 1
   e) F(x) = x^3 + x + 1

36. (IBFC – 2023 – SECRETARIA DA EDUCAÇÃO/BA – PROFESSOR) No diagrama entre os conjuntos A e B, a área preenchida do conjunto B representa a operação:

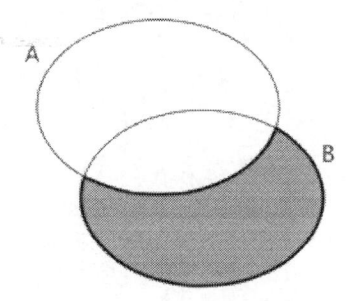

a) A ∪ B
b) A ∩ B
c) A − B
d) B − A
e) ∅

37. (IBFC – 2023 – SECRETARIA DA EDUCAÇÃO/BA – PROFESSOR) O professor Paulo colocou na lousa, como tarefa da aula, a seguinte inequação:

$$\frac{2-5x}{x+1} \leq -1$$

E quem a resolvesse corretamente ganharia um ponto na média. O aluno que ganhou este ponto entregou como solução desta inequação:

a) $S = \{x \in \mathbb{R} \mid x < -1 \text{ ou } x \geq \frac{3}{4}\}$
b) $S = \{x \in \mathbb{R} \mid x < -1\}$
c) $S = \{x \in \mathbb{R} \mid x \geq \frac{3}{4}\}$
d) $S = \{x \in \mathbb{R} \mid x < 1 \text{ ou } x \geq -\frac{3}{4}\}$
e) $S = \{x \in \mathbb{R} \mid x < -1 \text{ ou } x \geq 0\}$

38. (IBFC – 2023 – SECRETARIA DA EDUCAÇÃO/BA – PROFESSOR) A derivada f´(a) é a taxa de variação instantânea de y = f(x) em relação a x quando temos x = a. Considere a função polinomial f(x) = x³ − 2x + 5, o valor da derivada da função no ponto x = 2, ou seja, f´(2) é igual a:

a) 10
b) 12
c) -8
d) 9
e) 0

39. (IBFC – 2023 – SECRETARIA DA EDUCAÇÃO/BA – PROFESSOR) As retas r e t estão representadas no gráfico a seguir. A distância entre os pontos Q e W é igual a:

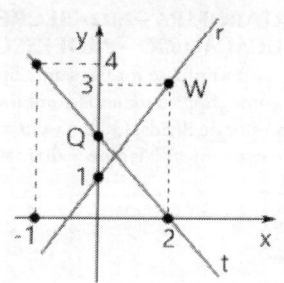

a) $d_{QW} = \frac{\sqrt{7}}{3}$
b) $d_{QW} = \frac{\sqrt{5}}{9}$
c) $d_{QW} = \frac{\sqrt{5}}{3}$
d) $d_{QW} = \frac{\sqrt{37}}{9}$
e) $d_{QW} = \frac{\sqrt{37}}{3}$

40. (IBFC – 2023 – SECRETARIA DA EDUCAÇÃO/BA – PROFESSOR) Uma função polinomial f(x) = ax + b, com a ≠ 0 e a ∈ R* e b ∈ R, está representada no gráfico a seguir. Podemos afirmar que o valor de f − 1 (-1) é igual a:

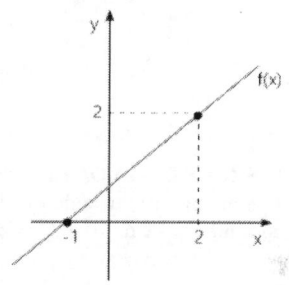

a) 0
b) $-\frac{5}{2}$
c) -1
d) 2
e) $\frac{2}{3}$

41. (IBFC – 2023 – SECRETARIA DA EDUCAÇÃO/BA – PROFESSOR) A sequência $\left(x, \frac{2x}{5}, \frac{4x}{25}, \ldots\right)$ é uma progressão geométrica, onde x é um número real. Sabe-se que a soma dos infinitos termos desta sequência equivale a $\frac{25}{3}$. O valor de x é:

a) 2
b) 3
c) 4
d) 5
e) 6

42. (IBFC – 2023 – SECRETARIA DA EDUCAÇÃO/BA – PROFESSOR) No polígono ABCDEF temos que o lado AB é paralelo com lado CD, o lado AF é paralelo com lado DE e ABCD forma um trapézio retângulo em B. A área da região preenchida equivale a:

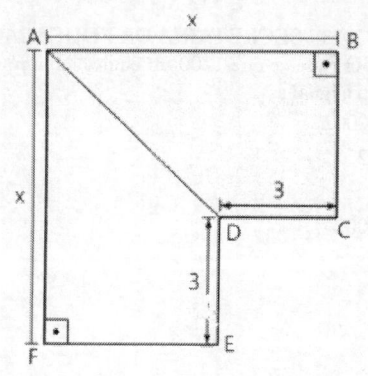

a) $\dfrac{(x+3)(x-9)}{2}$

b) $\dfrac{(x-9)(x-3)}{2}$

c) $(x-3)(x+3)$

d) $x(x-3)(x+3)$

e) $\dfrac{(x+3)(x-3)}{2}$

43. **(IBFC – 2023 – SECRETARIA DA EDUCAÇÃO/BA – PROFESSOR)** Com os algarismos do conjunto {0, 2, 3, 4, 5} podemos formar números de três algarismos distintos. A quantidade de número formados nestas condições é:
a) 120
b) 20
c) 32
d) 24
e) 48

44. **(IBFC – 2023 – SECRETARIA DA EDUCAÇÃO/BA – PROFESSOR)** O polinômio p(x) quando dividido por $x^2 - 2x + 1$ obtém-se o quociente x + 4 e resto -5. O valor de p(1) é igual a:
a) -15
b) 10
c) -5
d) 20
e) -4

45. **(IBFC – 2023 – SECRETARIA DA EDUCAÇÃO/BA – PROFESSOR)** O Sr. Luís comprou um terreno de 300 m² de área, onde 20% deste terreno será reservado para plantação. A parte que sobrou ele irá dividir em três partes com a mesma área cada. O valor de cada uma dessas áreas expressas em cm² é:
a) 800.000
b) 40.000
c) 8.000.000
d) 4.000
e) 800

46. **(IBFC – 2023 – SECRETARIA DA EDUCAÇÃO/BA – PROFESSOR)** Uma função real f(x), dada por f(x) = -x² + 4x + 6 = 0, tem um valor:
a) mínimo, no valor de 2, para x = 1
b) máximo, no valor de 8, para x = -1
c) mínimo, no valor de -12, para x = -2
d) máximo, no valor de 10, para x = 2
e) máximo, no valor de 8, para x = 2

47. **(IBFC – 2023 – SECRETARIA DA EDUCAÇÃO/BA – PROFESSOR)** Sabe-se que 1200 m² equivalem a p% de 60 km². O valor de p é igual a:
a) 0,000002
b) 0,002
c) 0,2
d) 0,00002
e) 0,02

48. **(IBFC – 2023 – SECRETARIA DA EDUCAÇÃO/BA – PROFESSOR)** No feixe de retas a seguir temos que as retas r, s e t são paralelas entre si. Podemos afirmar que o valor de x é igual a:

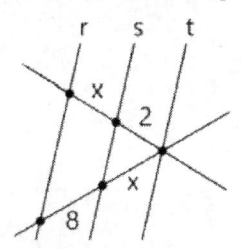

a) x = 2
b) x = 4
c) x = 5
d) x = 16
e) x = 1

49. **(IBFC – 2023 – SECRETARIA DA EDUCAÇÃO/BA – PROFESSOR)** Utilizando o software Geogebra conforme ilustrado na figura a seguir, um professor inseriu dois pontos no plano, A = (-4, 3) e B = (2, 1).

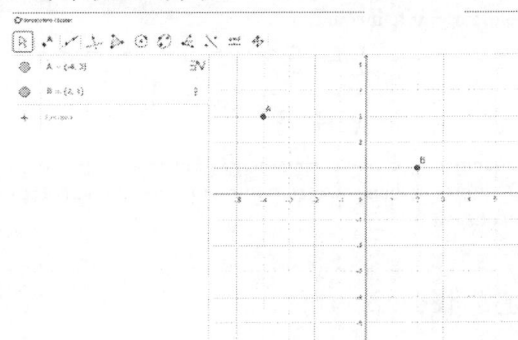

Agora ele quer traçar uma reta que passa pelos dois pontos, o comando que ele deve usar é:
a) Segmento(A,B)
b) Perímetro(A,B)
c) Reta(A,B)
d) Linha(A,B)
e) Diagonal(A,B)

50. **(FUNDAÇÃO AROEIRA – 2022 – SECRETARIA MUNICIPAL DE EDUCAÇÃO/GO – PROFESSOR I)** Uma pessoa viajando a 100 km/h, realiza o percurso de uma viagem em 6 dias, dirigindo 6 horas por dia. Se dirigisse 10 horas por dia, a uma velocidade de 120 km/h, quantos dias gastaria? Marque a alternativa correta.
a) 3 dias.
b) 4 dias.
c) 5 dias.
d) 6 dias.

51. **(FUNDAÇÃO AROEIRA – 2022 – SECRETARIA MUNICIPAL DE EDUCAÇÃO/GO – PROFESSOR I)** Uma dívida de 2000 Reais tem desconto, se for paga antecipadamente. Sabendo que a taxa de juros simples mensais combinada é de 12%, e calculada sobre o valor da dívida. Qual o valor a ser pago, se a dívida for paga dois meses antes? Marque a alternativa correta.
a) 1480 Reais.
b) 1520 Reais.
c) 1560 Reais.
d) 1600 Reais.

MATEMÁTICA

52. **(FUNDAÇÃO AROEIRA – 2022 – SECRETARIA MUNICIPAL DE EDUCAÇÃO/GO – PROFESSOR I)** Um prêmio de 1.000 Reais de uma loteria vai ser repartido entre três pessoas (A, B e C), de modo inversamente proporcional aos números 4, 2 e 2, respectivamente. Quanto receberá A nessa divisão? Marque a alternativa correta.
   a) 800 Reais.
   b) 600 Reais.
   c) 400 Reais.
   d) 200 Reais.

53. **(FUNDAÇÃO AROEIRA – 2022 – SECRETARIA MUNICIPAL DE EDUCAÇÃO/GO – PROFESSOR I)** Uma função é definida segundo a lei de formação $f(x) = -(x-4)(x-3)$. Nessas condições, podemos afirmar que (marque a única alternativa correta)
   a) a função possui máximo em x = 3.
   b) a função possui máximo em x = 4.
   c) a função possui um máximo em x = 3,5.
   d) a função possui máximo em x = 4,5.

54. **(FUNDAÇÃO AROEIRA – 2022 – SECRETARIA MUNICIPAL DE EDUCAÇÃO/GO – PROFESSOR I)** Um capital é aplicado a juros compostos, de modo que o capital inicial gere um montante igual a vinte e sete oitavos do capital inicial, em três meses de aplicação. Nessas condições, qual a taxa à que esse capital foi aplicado? Marque a alternativa correta.
   a) 65%.
   b) 60%.
   c) 55%.
   d) 50%.

55. **(FUNDAÇÃO AROEIRA – 2022 – SECRETARIA MUNICIPAL DE EDUCAÇÃO/GO – PROFESSOR I)** Um produto desvaloriza-se rapidamente, de modo que hoje custa 200 mil Reais e, com quatro anos de uso, custa 25 mil Reais. Supondo que a desvalorização do produto ocorre a uma taxa anual constante, qual seria o preço de um produto da mesma espécie com um ano de uso? Marque a alternativa correta.
   a) 70 mil Reais.
   b) 80 mil Reais.
   c) 90 mil Reais.
   d) 100 mil Reais.

56. **(FUNDAÇÃO AROEIRA – 2022 – SECRETARIA MUNICIPAL DE EDUCAÇÃO/GO – PROFESSOR I)** As ações de uma empresa aumentaram sucessivamente 25% ao mês, durante dois meses, e, em seguida, sofreram uma desvalorização de 25% ao mês, sucessivamente nos dois meses seguintes. Nessas condições, podemos afirmar que (marque a alternativa correta):
   a) houve uma desvalorização de aproximadamente 12%.
   b) houve uma valorização de aproximadamente 12%.
   c) houve uma desvalorização de aproximadamente 24%.
   d) houve uma valorização de aproximadamente 24%.

57. **(FUNDAÇÃO AROEIRA – 2022 – SECRETARIA MUNICIPAL DE EDUCAÇÃO/GO – PROFESSOR I)** Um hectare mede 10000 metros quadrados. Um alqueire mede 4,84 hectares. Numa determinada região, o valor do alqueire é de 100 mil Reais. João comprou um sítio com 96,8 hectares. Qual o valor que João pagou pelo sítio? Marque a alternativa correta.
   a) 1.800.000 Reais.
   b) 1.900.000 Reais.
   c) 2.000.000 Reais.
   d) 2.100.000 Reais.

58. **(FUNDAÇÃO AROEIRA – 2022 – SECRETARIA MUNICIPAL DE EDUCAÇÃO/GO – PROFESSOR I)** Quantos números pares de três algarismos distintos podemos formar com os algarismos 1, 2 ,3, 4, 5 e 6? Marque a alternativa correta.
   a) 60.
   b) 64.
   c) 68.
   d) 70.

59. **(FUNDAÇÃO AROEIRA – 2022 – SECRETARIA MUNICIPAL DE EDUCAÇÃO/GO – PROFESSOR I)** A média de um conjunto de números, contendo 20 números, é 40. A esse conjunto foi acrescido um número x, gerando uma nova média de 45. Nessas condições, qual foi o número acrescentado? Marque a alternativa correta.
   a) 130.
   b) 135.
   c) 140.
   d) 145.

60. **(NC-UFPR – 2022 – SMAP/PR – PROFESSOR EDUCAÇÃO INFANTIL)** Robson comprou 7 camisetas pagando o mesmo valor por cada uma. Se o valor total gasto por ele foi de R$ 279,30, então o valor de cada camiseta foi de:
   a) R$ 39,90.
   b) R$ 44,90.
   c) R$ 46,90.
   d) R$ 49,90.
   e) R$ 55,90.

61. **(NC-UFPR – 2022 – SMAP/PR – PROFESSOR EDUCAÇÃO INFANTIL)** Quantos números ímpares existem entre 2 e 2022?
   a) 1007.
   b) 1008.
   c) 1009.
   d) 1010.
   e) 1011.

62. **(NC-UFPR – 2022 – SMAP/PR – PROFESSOR EDUCAÇÃO INFANTIL)** Dada a igualdade $(24/5) - 2x = 14/3$, o valor de x é:
   a) 12/7.
   b) 1/15.
   c) 4/15.
   d) 2/5.
   e) 5/2.

63. **(NC-UFPR – 2022 – SMAP/PR – PROFESSOR EDUCAÇÃO INFANTIL)** O preço normal de um calçado é de R$ 288,00. Devido a uma promoção, esse calçado está com 25% de desconto. O preço do calçado após o desconto é de:
   a) R$ 203,00.
   b) R$ 208,00.
   c) R$ 213,00.
   d) R$ 216,00.
   e) R$ 218,00.

64. **(NC-UFPR – 2022 – SMAP/PR – PROFESSOR EDUCAÇÃO INFANTIL)** Gabriel tem uma coleção de 82 selos. Ele afirmou: "Eu tenho pelo menos um selo dourado em minha coleção." Sabendo que Gabriel mentiu, é possível afirmar que:
   a) todos os selos da coleção de Gabriel são dourados.
   b) Gabriel possui exatamente um selo dourado em sua coleção.

c) Gabriel possui exatamente um selo que não é dourado em sua coleção.
d) Gabriel possui no mínimo 2 e no máximo 80 selos dourados em sua coleção.
e) todos os selos da coleção de Gabriel não são dourados.

65. **(PREFEITURA MUNICIPAL DO RIO DE JANEIRO – 2019 – PREFEITURA MUNICIPAL/RJ – PROFESSOR DE ENSINO FUNDAMENTAL)** Leia com atenção a informação a seguir:

A população mundial no final de 2018 era de 7,598 bilhões de pessoas.

https://www.populationpyramid.net/pt/mundo/2018 (adaptado)

O número que representa a população mundial em 2018 possui **x** ordens e **y** classes. Os valores de **x** e **y** são respectivamente iguais a:
a) 10 e 2
b) 10 e 4
c) 8 e 2
d) 8 e 4

66. **(PREFEITURA MUNICIPAL DO RIO DE JANEIRO – 2019 – PREFEITURA MUNICIPAL/RJ – PROFESSOR DE ENSINO FUNDAMENTAL)** Leia com atenção a informação:

Mantido o ritmo atual de crescimento, a população brasileira no final de 2050 será de aproximadamente 238,4 milhões de pessoas.

https://www.populationpyramid.net/pt/mundo/2018 (adaptado)

O valor posicional do algarismo 4 no número que representa a população brasileira prevista para o final de 2050 é igual a:
a) 4.000.000
b) 400.000
c) 40.000
d) 4.000

67. **(PREFEITURA MUNICIPAL DO RIO DE JANEIRO – 2019 – PREFEITURA MUNICIPAL/RJ – PROFESSOR DE ENSINO FUNDAMENTAL)** Em uma aula de Ciências, um professor afirmou aos seus alunos que no Brasil cerca de 40% da água tratada é desperdiçada. Esse percentual corresponde à seguinte fração:
a) 3/8
b) 3/4
c) 2/5
d) 2/3

68. **(PREFEITURA MUNICIPAL DO RIO DE JANEIRO – 2019 – PREFEITURA MUNICIPAL/RJ – PROFESSOR DE ENSINO FUNDAMENTAL)** A idade de um idoso é um número natural **n** de três dígitos e múltiplo de 7. Se **n** é menor que 110 anos, a soma dos algarismos de **n** é igual a:
a) 5
b) 4
c) 7
d) 6

69. **(PREFEITURA MUNICIPAL DO RIO DE JANEIRO – 2019 – PREFEITURA MUNICIPAL/RJ – PROFESSOR DE ENSINO FUNDAMENTAL)** Para resolver a expressão $(12 \times 26 \times 38) \div 2$, um aluno dividiu todos os fatores por 2 e em seguida multiplicou os três resultados encontrados. A diferença entre o resultado correto e o resultado obtido pelo aluno é igual a:
a) 4.446
b) 4.342
c) 3.878
d) 3.684

70. **(PREFEITURA MUNICIPAL DO RIO DE JANEIRO – 2019 – PREFEITURA MUNICIPAL/RJ – PROFESSOR DE ENSINO FUNDAMENTAL)** Admita que a caçamba de um caminhão de mudanças tenha a forma de um paralelepípedo retângulo. Se a base desse paralelepípedo tem área 15 m² e a altura 2 m, o volume, em m³, dessa caçamba é igual a:
a) 15
b) 17
c) 30
d) 60

71. **(PREFEITURA MUNICIPAL DO RIO DE JANEIRO – 2019 – PREFEITURA MUNICIPAL/RJ – PROFESSOR DE ENSINO FUNDAMENTAL)** Na tabela a seguir estão representados os tempos, em horas, em que 3 maratonistas completaram uma determinada prova.

Maratonistas	Tempos (em horas)
1	2,001
2	2,002
3	2,004

Com base nas informações dessa tabela, pode-se afirmar que o maratonista 3 completou a prova exatamente **n** segundos após a chegada do maratonista 1. O valor de **n** é igual a:
a) 30,0
b) 18,0
c) 10,8
d) 3,0

72. **(PREFEITURA MUNICIPAL DO RIO DE JANEIRO – 2019 – PREFEITURA MUNICIPAL/RJ – PROFESSOR DE ENSINO FUNDAMENTAL)** Uma agência de turismo perguntou a um grupo de estudantes se cada um deles já tinha viajado para fora do Brasil. Exatamente 25% deles responderam que sim e os demais responderam que não. O gráfico que melhor representa o resultado dessa pesquisa está indicado na seguinte opção:

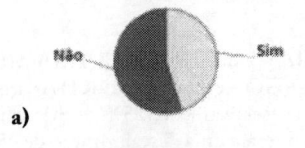

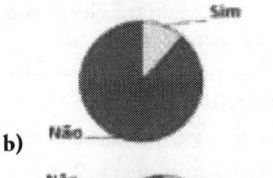

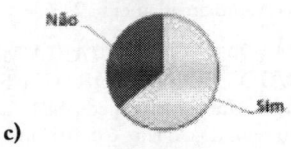

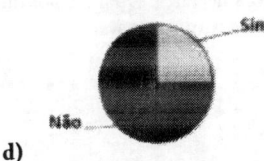

a)
b)
c)
d)

MATEMÁTICA

73. (PREFEITURA MUNICIPAL DO RIO DE JANEIRO – 2019 – PREFEITURA MUNICIPAL/RJ – PROFESSOR DE ENSINO FUNDAMENTAL) Sobre uma malha quadriculada, formada por quadrados congruentes, um professor desenhou um retângulo R e os triângulos A, B, C e D.

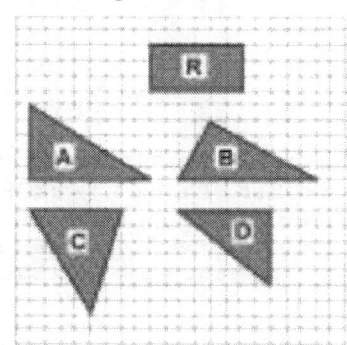

O triângulo que tem área igual a área do retângulo R está indicado pela letra:
a) C
b) D
c) A
d) B

74. (PREFEITURA MUNICIPAL DO RIO DE JANEIRO – 2019 – PREFEITURA MUNICIPAL/RJ – PROFESSOR DE ENSINO FUNDAMENTAL) Observe com atenção os produtos a seguir:

9 x 9 = 81
9 x 99 = 891
9 x 999 = 8991
9 x 9999 = 89991
9 x 99999 = 899991
:
9 x 99999999 = **n**

Admita que o padrão apresentado nesses produtos se mantenha até 9 x 99999999. Se **n** é o resultado deste produto, a soma dos algarismos de **n** é igual a:
a) 72
b) 81
c) 90
d) 93

75. (PREFEITURA MUNICIPAL DO RIO DE JANEIRO – 2019 – PREFEITURA MUNICIPAL/RJ – PROFESSOR DE ENSINO FUNDAMENTAL) Em uma pescaria, é utilizada uma peça de chumbo para arremessar os anzóis. A figura a seguir representa essa peça, que possui a forma de uma pirâmide quadrangular.

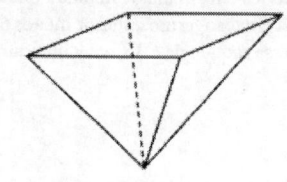

Se V e F representam respectivamente os números de vértices e faces dessa pirâmide, o valor de V + F é igual a:
a) 9
b) 10
c) 12
d) 13

76. (PREFEITURA MUNICIPAL DO RIO DE JANEIRO – 2019 – PREFEITURA MUNICIPAL/RJ – PROFESSOR DE ENSINO FUNDAMENTAL) Um terreno retangular ABCD, de comprimento AB igual ao dobro da largura BC, foi dividido pelo segmento EF em duas partes também retangulares, como indicado na figura a seguir.

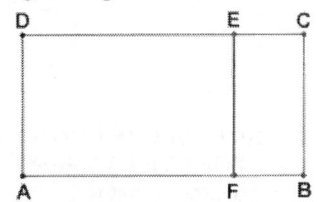

Se $\overline{AB} = 4 \cdot \overline{FB}$ e P_1 e P_2 representam respectivamente os perímetros dos retângulos AFED e FBCE, a razão P_1 / P_2 é
a) 5/3
b) 2
c) 4
d) 8/3

77. (PREFEITURA MUNICIPAL DO RIO DE JANEIRO – 2019 – PREFEITURA MUNICIPAL/RJ – PROFESSOR DE ENSINO FUNDAMENTAL) A tabela a seguir mostra informações nutricionais de um determinado tipo de alimento.

Informação nutricional Porção de 20g (1 colher de sopa) Quantidade por porção	
Valor energético	64 kcal
Carboidratos	11 g
Proteínas	1,5 g
Gorduras totais	1,6 g
Gorduras saturadas	1,0 g
Gorduras trans	0
Fibra alimentar	0
Sódio	23 mg
Cálcio	54 mg

Uma pessoa que consumir 0,16 kg desse alimento, estará ingerindo, em gramas, a seguinte quantidade de Cálcio:
a) 5,16
b) 4,32
c) 0,516
d) 0,432

78. (PREFEITURA MUNICIPAL DO RIO DE JANEIRO – 2019 – PREFEITURA MUNICIPAL/RJ – PROFESSOR DE ENSINO FUNDAMENTAL) Utilizando apenas os algarismos 2, 3, 4, 5 e 7 um aluno pode escrever no máximo **n** números distintos com dois algarismos diferentes. O valor de **n** é:
a) 25
b) 20
c) 15
d) 12

79. **(PREFEITURA MUNICIPAL DO RIO DE JANEIRO – 2019 – PREFEITURA MUNICIPAL/RJ – PROFESSOR DE ENSINO FUNDAMENTAL)** Admita que 1/5 da capacidade de água de um garrafão seja igual a 2 litros. A quantidade de litros de água que corresponde a 3/4 do total desse garrafão é igual a:
    a) 10,0
    b) 8,5
    c) 7,5
    d) 6,0

80. **(SELECON – 2021 – SECRETARIA DE ESTADO DA EDUCAÇÃO ESPORTE E LAZER/MT – PROFESSOR)** Considere-se os seguintes conjuntos:
    A= {pessoas que nasceram no Mato Grosso}
    B = {pessoas empreendedoras}
    Se João pertence ao conjunto (A ∪ B) ∩ (A – B), então, necessariamente, João:
    a) nasceu no Mato Grosso e é empreendedor
    b) nasceu no Mato Grosso e não é empreendedor
    c) não nasceu no Mato Grosso, porém é empreendedor
    d) não nasceu no Mato Grosso, tampouco é empreendedor

81. **(SELECON – 2021 – SECRETARIA DE ESTADO DA EDUCAÇÃO ESPORTE E LAZER/MT – PROFESSOR)** Um posto de saúde recebeu uma certa quantidade de vacinas, algumas do tipo A e as demais do tipo B. Sabe-se que 1/4 da quantidade de vacinas do tipo A corresponde a 2/3 do número de vacinas do tipo B. A fração correspondente ao número de vacinas do tipo A em relação ao número total de vacinas é igual a:
    a) 8/11
    b) 8/13
    c) 9/11
    d) 9/13

82. **(SELECON – 2021 – SECRETARIA DE ESTADO DA EDUCAÇÃO ESPORTE E LAZER/MT – PROFESSOR)** Uma proposição equivalente a "Se Júlia é casada, então Júlia tem filhos" está corretamente indicada na seguinte opção:
    a) Se Júlia tem filhos, então Júlia é casada.
    b) Se Júlia não é casada, então Júlia não tem filhos.
    c) Se Júlia não tem filhos, então Júlia é casada.
    d) Se Júlia não tem filhos, então Júlia não é casada.

83. **(SELECON – 2021 – SECRETARIA DE ESTADO DA EDUCAÇÃO ESPORTE E LAZER/MT – PROFESSOR)** Considere a função f definida por $f(x) = 13x^2 – 19x + 5$. O seu valor mínimo é atingido quando o valor de **x** é igual a:
    a) -19/13
    b) -19/26
    c) -5/26
    d) 19/26

84. **(SELECON – 2021 – SECRETARIA DE ESTADO DA EDUCAÇÃO ESPORTE E LAZER/MT – PROFESSOR)** A sequência $(\sqrt{3}, \sqrt{2}, \sqrt{p}, ...)$ é uma progressão geométrica. O valor de p é igual a:
    a) 1
    b) 4/3
    c) 3/2
    d) $\sqrt{2/3}$

85. **(SELECON – 2021 – SECRETARIA DE ESTADO DA EDUCAÇÃO ESPORTE E LAZER/MT – PROFESSOR)** Em um triângulo retângulo, o cosseno do ângulo β vale 15/23. Se o cateto adjacente ao ângulo β mede 45 mm, a medida da hipotenusa, em mm, desse triângulo é:
    a) 38
    b) 53
    c) 69
    d) 76

86. **(SELECON – 2021 – SECRETARIA DE ESTADO DA EDUCAÇÃO ESPORTE E LAZER/MT – PROFESSOR)** Maria possui, em sua estante, 60 livros de matemática, entre os quais 9 são de geometria. Ao se escolher um desses livros ao acaso, a probabilidade de que ele não seja de geometria é igual a:
    a) 9%
    b) 15%
    c) 51%
    d) 85%

87. **(SELECON – 2021 – SECRETARIA DE ESTADO DA EDUCAÇÃO ESPORTE E LAZER/MT – PROFESSOR)** Na inequação $7x – 5 \geq 4 + 9x$, o maior valor inteiro que **x** pode assumir corresponde a:
    a) -6
    b) -5
    c) -4
    d) 4

88. **(SELECON – 2021 – SECRETARIA DE ESTADO DA EDUCAÇÃO ESPORTE E LAZER/MT – PROFESSOR)** Considere um ponto P de coordenadas cartesianas P(m – 3, -m – 1). Assim, P é um ponto que pertence ao terceiro quadrante para todo **m** real tal que:
    a) -1 < m < 3
    b) -3 < m < -1
    c) -3 < m < 1
    d) -1 < m < 4

89. **(SELECON – 2021 – SECRETARIA DE ESTADO DA EDUCAÇÃO ESPORTE E LAZER/MT – PROFESSOR)** O conjunto imagem da função quadrática definida por $f(x) = -x^2 + 2x + 3$ é o intervalo real] -∞, t]. O valor de t é igual a:
    a) 4
    b) 3
    c) 2
    d) -4

90. **(SELECON – 2021 – SECRETARIA DE ESTADO DA EDUCAÇÃO ESPORTE E LAZER/MT – PROFESSOR)** Uma sequência numérica é formada de maneira que cada termo, a partir do segundo, seja igual ao termo anterior menos 6 unidades. Se o primeiro termo dessa sequência é 35, o décimo quinto termo é igual a:
    a) -49
    b) -55
    c) -61
    d) -67

91. **(SELECON – 2021 – SECRETARIA DE ESTADO DA EDUCAÇÃO ESPORTE E LAZER/MT – PROFESSOR)** O número 1,5% é igual a uma fração irredutível $\frac{a}{b}$. O valor de (a + b) é:
    a) 1215
    b) 1015

c) 750

d) 203

92. (SELECON – 2021 – SECRETARIA DE ESTADO DA EDUCAÇÃO ESPORTE E LAZER/MT – PROFESSOR) Numa sacola há apenas bolas brancas e pretas, num total de **x** bolas, todas do mesmo tamanho. Sabe-se que (x – 2) bolas são pretas e (x – 4) bolas são brancas. Retirando-se uma bola dessa sacola, a probabilidade de a bola ser branca é de:

a) 1/2

b) 1/3

c) 1/4

d) 1/5

93. (AVANÇASP – 2023 – PREFEITURA MUNICIPAL/SP – PROFESSOR EDUCAÇÃO INFANTIL) Uma panela de pressão custa R$ 469,90 na loja de Carla. Caso uma pessoa a compre e ganhe 10% de desconto, o valor pago, será de, aproximadamente:

a) R$ 459,35.

b) R$ 446,70.

c) R$ 438,20.

d) R$ 422,90.

e) R$ 398,50.

94. (AVANÇASP – 2023 – PREFEITURA MUNICIPAL/SP – PROFESSOR EDUCAÇÃO INFANTIL) Judas realizou cinco testes para ser aprovado em um concurso. As notas que ele obteve em cada teste, estão apresentadas a seguir. Observando essas notas, é correto afirmar que a média de Judas, foi de, aproximadamente: 8,6 / 9,4 / 10,0 / 7,8 / 6,5

a) 5,6.

b) 6,9.

c) 7,4.

d) 8,5.

e) 9,2.

95. (AVANÇASP – 2023 – PREFEITURA MUNICIPAL/SP – PROFESSOR EDUCAÇÃO INFANTIL) Por quanto tempo, um capital de R$ 1.780,00 deverá ser aplicado no regime de juros simples, a uma taxa de 1,5% ao mês, a fim de render R$ 186,90 de juro:

a) 7 meses.

b) 8 meses.

c) 9 meses.

d) 10 meses.

e) 11 meses.

96. (AVANÇASP – 2023 – PREFEITURA MUNICIPAL/SP – PROFESSOR EDUCAÇÃO INFANTIL) Simony planta 4 mudinhas de abacate por dia. Seguindo essa proporção, durante quantos dias ela irá plantar 76 mudinhas, no total:

a) 18.

b) 19.

c) 20.

d) 21.

e) 22.

97. (AVANÇASP – 2023 – PREFEITURA MUNICIPAL/SP – PROFESSOR EDUCAÇÃO INFANTIL) O Máximo Divisor Comum entre os números 80 – 75 – 60, é:

a) 6.

b) 5.

c) 4.

d) 3.

e) 2.

98. (AVANÇASP – 2023 – PREFEITURA MUNICIPAL/SP – PROFESSOR ENSINO FUNDAMENTAL) Um pãozinho de queijo, na padaria de Juliano, possui peso de 25 g. O peso total, de duzentos pãezinhos do mesmo tamanho desse, em kg, é:

a) 5.000 kg.

b) 500 kg.

c) 50 kg.

d) 5 kg.

e) 0,5 kg.

99. (AVANÇASP – 2023 – PREFEITURA MUNICIPAL/SP – PROFESSOR ENSINO FUNDAMENTAL) A área que uma cama retangular ocupa em cm², tendo 2,8 m de comprimento e 1,8 m de largura, é de:

a) 5,04 cm².

b) 50,004 cm².

c) 5.004 cm².

d) 5.040 cm².

e) 50.400 cm².

100. (AVANÇASP – 2023 – PREFEITURA MUNICIPAL/SP – PROFESSOR ENSINO FUNDAMENTAL) Uma área de lazer quadrada de lado 8,6 m, foi cercada com tela. O total de tela utilizada, foi de:

a) 73,96 m.

b) 58 m.

c) 34,4 m.

d) 28,6 m.

e) 18,2 m.

101. (AVANÇASP – 2023 – PREFEITURA MUNICIPAL/SP – PROFESSOR ENSINO FUNDAMENTAL) Em uma cestinha, há 20 rosas. Destas, sabe-se que 3 são azuis, 5 são vermelhas, 10 são brancas e o restante é lilás. A razão entre o número de rosas lilás, pelo número total de rosas, é:

a) 5,6.

b) 2.

c) 1,2.

d) 0,5.

e) 0,1.

102. (AVANÇASP – 2023 – PREFEITURA MUNICIPAL/SP – PROFESSOR ENSINO FUNDAMENTAL) Ângulos complementares, são aqueles que:

a) possuem medidas iguais à 120°.

b) separados medem 180° cada um.

c) juntos medem 90°.

d) separados medem 90° cada um.

e) juntos medem 180°.

GABARITO

#		#		#		#		#	
1	C	2	D	3	A	4	E	5	B
6	D	7	A	8	E	9	B	10	C
11	E	12	B	13	C	14	D	15	D
16	A	17	B	18	C	19	A	20	E
21	A	22	C	23	D	24	B	25	E
26	D	27	B	28	E	29	B	30	A
31	C	32	C	33	A	34	B	35	C
36	D	37	A	38	A	39	E	40	B
41	D	42	E	43	E	44	C	45	A
46	D	47	B	48	B	49	C	50	A
51	B	52	D	53	C	54	D	55	D
56	A	57	C	58	A	59	D	60	A
61	D	62	B	63	D	64	E	65	B
66	B	67	C	68	D	69	A	70	C
71	C	72	D	73	D	74	A	75	B
76	A	77	D	78	B	79	C	80	B
81	A	82	D	83	D	84	B	85	C
86	D	87	B	88	A	89	A	90	A
91	D	92	B	93	D	94	D	95	A
96	B	97	B	98	D	99	E	100	C
101	E	102	C						

INFORMÁTICA

01. **(FCC – 2022 – SECRETARIA DE ESTADO DA EDUCAÇÃO/ES – PROFESSOR EDUCAÇÃO BÁSICA)** Quando se cria uma sala de aula no Google Sala de Aula, no Google Drive aparecerá uma pasta chamada *Classroom* e dentro dela uma pasta com o nome da turma criada. Ao selecionar essa pasta, ficará disponível na tela uma opção para compartilhá-la. Ao clicar nessa opção, aparecerá uma janela onde será possível indicar com quem se deseja compartilhar, se o compartilhamento será feito somente para leitura, se será permitido alteração na pasta etc. Com relação ao tipo de compartilhamento do *link* que será gerado, estarão disponíveis a partir dessa janela as opções:
    a) Somente eu, Todos da turma e Selecionar alunos da turma.
    b) Privado, Público e Selecionar alunos.
    c) Membros da instituição, Todas as turmas, Todos os alunos e Selecionar alunos.
    d) Membros da sua instituição e Pessoas externas.
    e) Restrito e Qualquer pessoa com o Link.

02. **(FCC – 2022 – SECRETARIA DE ESTADO DA EDUCAÇÃO/ES – PROFESSOR EDUCAÇÃO BÁSICA)** Ao tentar abrir um documento recebido, um professor percebeu que apareceu uma mensagem perguntando se queria Ativar Macro. Como medida de segurança, optou por
    a) não ativar, pois sabe que pode conter vírus de macro, um tipo de vírus que pode ser armazenado em macros dentro de arquivos criados com Microsoft Office.
    b) ativar, pois sabe que macros são complementos de segurança associados ao antivírus que impedem a entrada de vírus em documentos criados com Microsoft Office.
    c) não ativar, pois macros são *malwares* incluídos em documentos compactados que, quando expandidos, infectam o computador enviando cópias para outros computadores da rede.
    d) ativar, pois macros são complementos inofensivos para otimizar documentos criados com ferramentas que fazem parte do pacote Office.
    e) não ativar, pois sabe que pode conter um vírus de macro, um tipo de vírus que pode ser armazenado em qualquer tipo de documento.

03. **(FCC – 2022 – SECRETARIA DE ESTADO DA EDUCAÇÃO/ES – PROFESSOR EDUCAÇÃO BÁSICA)** Considere a planilha a seguir, digitada no Google Planilhas.

	A	B	C	D
1	Controle de Notas - Turma A			
2	RA	Nome	Nota	Faltas
3	00178654	Marcos	10	10
4	08976547	Pedro	6,5	7
5	00976543	Paulo	5,5	8
6	06543239	Maria	9,5	4
7				
8				
9	Procurar	5.5		

    Na célula B9 foi digitada uma fórmula que retornou a nota do aluno Paulo. A fórmula correta utilizada foi
    a) =HLOOKUP(B5;A3:D6;2;FALSE)
    b) =LCOL(B5;B3:D6;2;FALSE)
    c) =VLOOKUP(B5;B3:D6;2;FALSE)
    d) =PROCH(B5;A3:D6;2;FALSE)
    e) =VLOOKUP(B5;A3:D6;2;FALSE)

04. **(FGV – 2023 – SECRETARIA MUNICIPAL DE EDUCAÇÃO/SP – PROFESSOR - EDUCAÇÃO INFANTIL)** Segundo Christensen, Horn e Staker, autores que se dedicaram a estudar inovação nas organizações educacionais, assinale a opção que indica os modelos que podem ser considerados como Ensino Híbrido, por somar características tanto da sala de aula tradicional quanto do ensino *on-line*.
    a) Modelo STEAM e Laboratório Rotacional.
    b) Currículo flexível e Educação Democrática.
    c) Laboratório Rotacional e Sala de Aula Invertida.
    d) Educação Democrática e Sala de Aula Invertida.
    e) Sala de Aula Invertida e Educação Democrática.

05. **(FGV – 2023 – SECRETARIA MUNICIPAL DE EDUCAÇÃO/SP – PROFESSOR - EDUCAÇÃO INFANTIL)** Segundo as Diretrizes Curriculares Nacionais da Educação Básica (BRASIL, 2013), as propostas pedagógicas de Educação Infantil devem garantir que as crianças tenham a *"oportunidade para manusear gravadores, projetores, computador e outros recursos tecnológicos e midiáticos"*, sendo protagonistas nesse processo.
    De acordo com o fragmento apresentado, assinale a afirmativa correta.
    a) A utilização de equipamentos tecnológicos na Educação Infantil é opcional, sendo recomendado apenas para atividades pedagógicas específicas.
    b) As propostas pedagógicas de Educação Infantil devem garantir que as crianças tenham acesso a equipamentos tecnológicos apenas em salas de informática.
    c) A utilização de computadores em sala de aula é imprescindível para o desenvolvimento dos alunos da Educação Infantil e devem ser orientados por um professor específico.
    d) As escolas devem ter uma sala de informática para que os alunos da Educação Infantil tenham a possibilidade de conhecer recursos tecnológicos, independentemente do contexto pedagógico, tendo como protagonista o professor.
    e) O trabalho com a linguagem midiática na Educação Infantil deve promover o diálogo do bebê e da criança com as diferentes linguagens, não reduzindo a interação com os equipamentos como meros instrumentos técnicos, descontextualizados e desvinculados das experiências individuais e coletivas.

06. **(FGV – 2023 – SECRETARIA MUNICIPAL DE EDUCAÇÃO/SP – PROFESSOR - EDUCAÇÃO INFANTIL)** A respeito das diretrizes das ações pedagógicas desenvolvidas no Laboratório de Educação Digital, presentes no Art. 3º do documento de Instrução Normativa SME nº 52, de 10/12/2021, analise as afirmativas a seguir.
    I. A Tecnologia de Informação e Comunicação - TIC, a Programação e o Letramento Digital são eixos de organização do trabalho pedagógico para a promoção do pensamento computacional em uma abordagem contracionista.
    II. O registro das práticas pedagógicas é um instrumento de acompanhamento dos estudantes na avaliação do seu processo de aprendizagem.
    III. A valorização dos saberes e desenvolvimento das potencialidades dos estudantes tem, como princípios, apenas o protagonismo.
    IV. A criação de ambientes com computadores para atividades técnicas, sem embasamento pedagógico.
    V. O espaço físico da Unidade Educacional, como ambiente, serve apenas para os docentes criarem conteúdos ligados às tecnologias educacionais.

    Está correto o que se afirma em
    a) I e II, apenas.
    b) III e IV, apenas.

c) II e III, apenas.
d) II e IV, apenas.
e) I e V, apenas.

07. (FGV – 2023 – SECRETARIA MUNICIPAL DE EDUCAÇÃO/SP – PROFESSOR) A Secretaria Municipal de Educação da cidade de São Paulo afirma, em documento oficial, a importância de um documento que preveja e potencialize o uso de tecnologias em todas as áreas do conhecimento, onde seja apresentando um currículo específico de trabalho com as tecnologias educacionais. A esse respeito, assinale a opção que apresenta os princípios para o trabalho com as tecnologias educacionais.

a) Autonomia, inventividade, ordem e colaboração.
b) Programação, pensamento crítico e foco no aluno.
c) Cultura digital, protagonismo, autonomia e equilíbrio.
d) Pensamento reflexivo, informação + construção do Conhecimento, cultura digital, protagonismo, autonomia, inventividade e colaboração.
e) Programação, pensamento crítico, integridade, foco no aluno, engajamento, organização, informação + construção do conhecimento e empatia.

08. (FGV – 2023 – SECRETARIA MUNICIPAL DE EDUCAÇÃO/SP – PROFESSOR) Os documentos Elementos Conceituais e Metodológicos para Definição dos Direitos de Aprendizagem e Desenvolvimento do Ciclo de Alfabetização (BRASIL, 2012) e Direitos de Aprendizagem dos Ciclos Interdisciplinar e Autoral (SÃO PAULO, 2016), apresentam os Direitos de Aprendizagem para os Ciclos de Alfabetização, Interdisciplinar e Autoral, no que se refere ao trabalho com Tecnologias.

Avalie se os Direitos de Aprendizagem para os Ciclos de Alfabetização, Interdisciplinar e Autoral, no que se refere ao trabalho com Tecnologias, incluem:

I. apreender tecnologias com equidade, utilizando diferentes linguagens/mídias;
II. explorar e experimentar diferentes tecnologias;
III. conhecer e apropriar-se das tecnologias para refletir e buscar soluções para desafios, com liberdade de escolha, tendo respeitadas as suas estratégias pessoais de aprendizado;
IV. utilizar as tecnologias como linguagens e modos de interação para pesquisar, selecionar, compartilhar, criar para interagir socialmente e tomar decisões éticas no cotidiano;
V. exercitar o diálogo, argumentar, analisar posições divergentes e respeitar decisões comuns, procurando ler o mundo e suas transformações.

Estão corretos os itens

a) I, II e III, apenas.
b) II, III e IV, apenas.
c) I, II, IV e V, apenas.
d) I, II, III e IV, apenas.
e) I, II, III, IV e V.

09. (FGV – 2023 – SECRETARIA MUNICIPAL DE EDUCAÇÃO/SP – PROFESSOR) As ideias de Papert (1980) com a linguagem de programação focavam na apropriação da linguagem de programação básica pelos estudantes. Desde então, algumas novas linguagens de programação surgiram, como é o exemplo do *Scratch*, adotado em algumas das práticas de Tecnologias para Aprendizagem e de forma interdisciplinar. O *Scratch* é um *software* desenvolvido em um dos espaços do Instituto de Tecnologia de Massachusetts por um grupo de pesquisadores.

Nesse sentido, o *Scratch* permite que os professores trabalhem com

a) o acompanhamento dos alunos no sistema acadêmico.
b) a gestão de ambientes virtuais de aprendizagem (AVA).
c) cartões animados contendo narrativas a partir do uso de linguagem de programação.
d) o pensamento reflexivo e construção do conhecimento dos alunos por meio da "*gamificação*" de trabalhos.
e) o processo de ensino e de aprendizagem das Tecnologias para Aprendizagem nas escolas, por intermédio dos ambientes virtuais de aprendizagem (AVA).

10. (FGV – 2023 – SECRETARIA MUNICIPAL DE EDUCAÇÃO/SP – PROFESSOR) As metodologias ativas se encontram com as tecnologias para aprendizagem, pois ambas incrementam a interação dos estudantes com muitas informações e mudanças ágeis de paradigmas, as quais demonstram o que foi aprendido em diversas disciplinas na escola.

Diante do exposto, na obra "Pedagogia da Autonomia", Freire (1996) define a autonomia como

a) aprendizagem pelo fazer/refazer (*maker/ tinkering*).
b) algo que vai se construindo na experiência de várias decisões a serem tomadas.
c) algo em que o professor é o sujeito autônomo para aplicar atividades utilizando as metodologias ativas.
d) aprendizagem baseada na investigação, tendo o professor como protagonista no processo de ensino aprendizagem.
e) uma sistemática para o desenvolvimento e garantia dos objetivos de aprendizagem e desenvolvimento do Currículo de tecnologias para Aprendizagem.

11. (FGV – 2023 – SECRETARIA MUNICIPAL DE EDUCAÇÃO/SP – PROFESSOR) O currículo para o Ensino Fundamental da Cidade de São Paulo adota objetos de conhecimento, objetivos de aprendizagem e desenvolvimento que apresentam algumas das estratégias pedagógicas propostas pelo pensamento computacional. Assinale a opção que apresenta as estratégias pedagógicas estruturantes do pensamento computacional adotada pela Cidade de São Paulo para o currículo do Ensino Fundamental.

a) Algoritmo, abstração, descrição, reflexão e depuração.
b) Logaritmo, acesso, segurança e veracidade da informação.
c) Logaritmo, mensuração, Letramento digital e programação.
d) Algoritmo, Capacidade analítica e linguagem de programação.
e) Algoritmo, linguagens midiáticas, investigação e pensamento científico.

12. (CESPE/CEBRASPE – 2022 – SECRETARIA DA EDUCAÇÃO E ESPORTES DO ESTADO/PE – PROFESSOR EDUCAÇÃO BÁSICA) Com relação às ferramentas disponíveis na plataforma Google Sala de Aula, julgue o item a seguir.

Para checar potenciais plágios ou encontrar fontes bibliográficas utilizadas em trabalhos de alunos, pode-se utilizar a ferramenta **Relatórios de originalidade**.

Certo ( )   Errado ( )

13. (CESPE/CEBRASPE – 2022 – SECRETARIA DA EDUCAÇÃO E ESPORTES DO ESTADO/PE – PROFESSOR EDUCAÇÃO BÁSICA) Com relação às ferramentas disponíveis na plataforma Google Sala de Aula, julgue o item a seguir.

O compartilhamento de uma planilha do Google com os alunos só pode ser feito caso eles possuam um *email* do domínio **@gmail.com**.

Certo ( )   Errado ( )

14. **(CESPE/CEBRASPE – 2022 – SECRETARIA DA EDUCAÇÃO E ESPORTES DO ESTADO/PE – PROFESSOR EDUCAÇÃO BÁSICA)** Com relação às ferramentas disponíveis na plataforma Google Sala de Aula, julgue o item a seguir.

    Para o envio de arquivos com atividades escolares pelo Google Sala de Aula, é necessário selecionar o arquivo que se deseja enviar, o qual deve estar disponível na pasta do aluno no Google Drive, e em seguida inseri-lo na plataforma por meio do recurso **Anexar**.

    Certo ( )   Errado ( )

15. **(CESPE/CEBRASPE – 2022 – SECRETARIA DA EDUCAÇÃO E ESPORTES DO ESTADO/PE – PROFESSOR EDUCAÇÃO BÁSICA)** Com relação às ferramentas disponíveis na plataforma Google Sala de Aula, julgue o item a seguir.

    O progresso da realização de uma atividade atribuída a um aluno em um documento no Google Sala de Aula poderá ser acompanhado mesmo antes de sua entrega.

    Certo ( )   Errado ( )

16. **(CESPE/CEBRASPE – 2022 – SECRETARIA DA EDUCAÇÃO E ESPORTES DO ESTADO/PE – PROFESSOR EDUCAÇÃO BÁSICA)** Considerando conceitos gerais de informática básica, julgue o item subsequente.

    Pelo Google Chrome, é possível baixar, instalar localmente e acessar todas as ferramentas Google no computador do usuário, como o Google Meet, o Google Drive e o Gmail.

    Certo ( )   Errado ( )

17. **(CESPE/CEBRASPE – 2022 – SECRETARIA DA EDUCAÇÃO E ESPORTES DO ESTADO/PE – PROFESSOR EDUCAÇÃO BÁSICA)** Considerando conceitos gerais de informática básica, julgue o item subsequente.

    No Windows Explorer, para selecionar aleatoriamente vários arquivos contidos em uma pasta, é necessário clicar sobre cada arquivo, mantendo-se pressionada a tecla CTRL.

    Certo ( )   Errado ( )

18. **(CESPE/CEBRASPE – 2022 – SECRETARIA DA EDUCAÇÃO E ESPORTES DO ESTADO/PE – PROFESSOR EDUCAÇÃO BÁSICA)** Considerando conceitos gerais de informática básica, julgue o item subsequente.

    No MS Word, é possível inserir um *link* que direcione o usuário para um documento na Internet; nesse caso, o *link* permanecerá ativo mesmo se o arquivo for salvo em formato PDF.

    Certo ( )   Errado ( )

19. **(CESPE/CEBRASPE – 2022 – SECRETARIA DA EDUCAÇÃO E ESPORTES DO ESTADO/PE – PROFESSOR EDUCAÇÃO BÁSICA)** Considerando conceitos gerais de informática básica, julgue o item subsequente.

    No MS Word, o recurso **Tabela** da aba **Inserir** oferece a opção de o usuário criar uma planilha Excel para edição no próprio documento em Word.

    Certo ( )   Errado ( )

20. **(CESPE/CEBRASPE – 2022 – SECRETARIA DA EDUCAÇÃO E ESPORTES DO ESTADO/PE – PROFESSOR EDUCAÇÃO BÁSICA)** Considerando conceitos gerais de informática básica, julgue o item subsequente.

    Os arquivos do computador podem ser protegidos contra vírus do tipo *ransomware* por meio da realização de *backup* na nuvem ou em outras mídias diferentes do HD do computador.

    Certo ( )   Errado ( )

21. **(CONSULPAM – 2019 – SECRETARIA MUNICIPAL DE EDUCAÇÃO/ES – PROFESSOR EDUCAÇÃO INFANTIL)** Consagrado como a melhor e mais eficiente ferramenta de motor de busca na Internet, o Google possui uma série de características e recursos exclusivos que tornam suas buscas ainda mais precisas e práticas online. Existem símbolos e palavras específicas que fazem o buscador acionar pesquisas mais sofisticadas, enriquecendo seus resultados.

    Fonte: Disponível em https://www.techtudo.com.br/dicas-etutoriais/noticia/2014/10/guia-de-dicas-google-aproveite-aomaximo-ferramenta-de-busca.html. Acessado em 21 nov de 2018.

    Indique o item que possui o exemplo da forma correta para pesquisar uma palavra ou frase exata no Google.

    a) Related: consulpam.com.br.
    b) Link: consulpam.com.br.
    c) "Portal de tecnologia".
    d) Games – IOS.

22. **(CONSULPAM – 2019 – SECRETARIA MUNICIPAL DE EDUCAÇÃO/ES – PROFESSOR EDUCAÇÃO INFANTIL)**

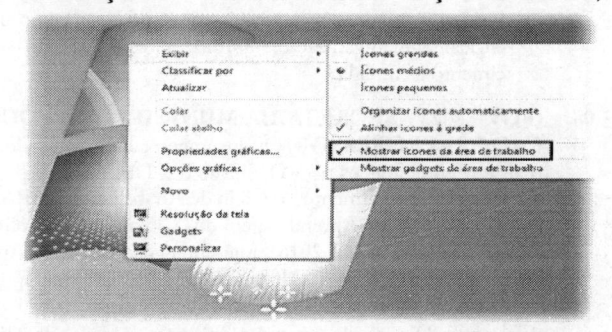

    DESMARCA: MOSTRAR ÍCONES NA ÁREA DE TRABALHO.

    Fonte: Disponível em https://www.tecmundo.com.br/windows-7/9677-dicasdo-windows-7-conhecendo-a-area-de-trabalho-video-.htm.

    Na área de trabalho do Windows 7 quando se clica com o botão direito sobre a tela, depois em exibir e desmarca o item destacado na imagem. O desktop:

    a) Organizará os ícones por tipo e tamanho.
    b) Não exibirá os ícones e os gadgets.
    c) Substituirá os ícones padrão.
    d) Não exibirá os ícones.

23. **(NC-UFPR – 2022 – SMAP/PR – PROFESSOR EDUCAÇÃO INFANTIL)** No Windows 10, versão em português, ao se abrir o Explorador de arquivos, a área exibida e que contém as pastas acessadas com frequência é chamada de:

    a) documentos.
    b) acesso rápido.
    c) trabalho.
    d) este computador.
    e) downloads.

24. **(NC-UFPR – 2022 – SMAP/PR – PROFESSOR EDUCAÇÃO INFANTIL)** Sobre o Microsoft Word 2007, versão português, é correto afirmar:

    a) O recurso "Marcadores" permite criar uma lista numerada de tópicos.
    b) "Mostrar tudo" é um botão que controla as alterações feitas em um documento.
    c) A orientação da página pode ser definida como "Retrato" ou "Paisagem".
    d) "Equação" e "Macros" são recursos indisponíveis no Word.
    e) Para formatar o texto com a função marca-texto, utiliza-se o botão "Cor da fonte".

INFORMÁTICA

25. **(NC-UFPR – 2022 – SMAP/PR – PROFESSOR EDUCAÇÃO INFANTIL)** Em relação ao funcionamento de computadores e periféricos, são itens exclusivamente de hardware:
    a) Discos e placa de rede.
    b) Editor de textos e editor de planilhas.
    c) Memória e calculadora.
    d) Windows e pendrive.
    e) Internet e placa de vídeo.

Texto para as próximas 9 questões:

Nos itens que avaliem conhecimentos de informática, a menos que seja explicitamente informado o contrário, considere que: todos os programas mencionados estejam em configuração-padrão, em português; o *mouse* esteja configurado para pessoas destras; expressões como **clicar, clique simples** e **clique duplo** refiram-se a cliques com o botão esquerdo do *mouse*; e **teclar** corresponda à operação de pressionar uma tecla e, rapidamente, liberá-la, acionando-a apenas uma vez. Considere também que não haja restrições de proteção, de funcionamento e de uso em relação aos programas, arquivos, diretórios, recursos e equipamentos mencionados.

Acerca dos conceitos de sistema operacional, do Windows 10 e dos conceitos de organização e de gerenciamento de arquivos, pastas e programas, julgue os itens.

26. **(QUADRIX – 2022 – SECRETARIA DE ESTADO DA EDUCAÇÃO/DF – PROFESSOR)** A principal função de um *ransomware* é apagar apenas os dados armazenados na Lixeira do Windows.
    Certo ( )   Errado ( )

27. **(QUADRIX – 2022 – SECRETARIA DE ESTADO DA EDUCAÇÃO/DF – PROFESSOR)** Um código malicioso pode realizar diversas ações no computador de uma vítima, como, por exemplo, apagar arquivos e enviar mensagens; entretanto, ele não possui capacidade para criptografar dados ou instalar outros códigos maliciosos.
    Certo ( )   Errado ( )

28. **(QUADRIX – 2022 – SECRETARIA DE ESTADO DA EDUCAÇÃO/DF – PROFESSOR)** Turmas, Agenda e Configurações são exemplos de seções disponíveis no Menu ≡ do Google Sala de Aula.
    Certo ( )   Errado ( )

29. **(QUADRIX – 2022 – SECRETARIA DE ESTADO DA EDUCAÇÃO/DF – PROFESSOR)** No Google Documentos, caso um usuário exclua um arquivo compartilhado, sem transferir a propriedade para outra pessoa, esse arquivo será removido do Drive apenas para o usuário que efetuou a exclusão; assim, os demais colaboradores com os quais o arquivo esteja sendo compartilhado ainda terão acesso ao arquivo.
    Certo ( )   Errado ( )

30. **(QUADRIX – 2022 – SECRETARIA DE ESTADO DA EDUCAÇÃO/DF – PROFESSOR)** O Google Planilha é compatível com fórmulas geralmente encontradas na maioria dos pacotes de planilhas; **DATA** e **CORREL** são exemplos de funções que poderão ser usadas no Google Planilha.
    Certo ( )   Errado ( )

31. **(QUADRIX – 2022 – SECRETARIA DE ESTADO DA EDUCAÇÃO/DF – PROFESSOR)** Uma das funções do sistema operacional é gerenciar a organização de arquivos em disco e os usuários.
    Certo ( )   Errado ( )

32. **(QUADRIX – 2022 – SECRETARIA DE ESTADO DA EDUCAÇÃO/DF – PROFESSOR)** Por ser um sistema proprietário, o Windows 10 não permite que o usuário desabilite programas iniciados automaticamente ao se ligar o computador.
    Certo ( )   Errado ( )

33. **(QUADRIX – 2022 – SECRETARIA DE ESTADO DA EDUCAÇÃO/DF – PROFESSOR)** Caso o usuário selecione o arquivo **c:\backup\SEEDF.pdf**, utilizando o Explorador de Arquivos do Windows 10, e clique o botão [Nova pasta], será criada uma pasta com o mesmo nome do arquivo selecionado, ou seja, **SEEDF**.
    Certo ( )   Errado ( )

34. **(QUADRIX – 2022 – SECRETARIA DE ESTADO DA EDUCAÇÃO/DF – PROFESSOR)** Uma das opções disponíveis no Explorador de Arquivos do Windows 10 para executar um arquivo com privilégios de administrador é clicar, com o botão direito do mouse, o arquivo desejado e selecionar a opção [Executar como administrador].
    Certo ( )   Errado ( )

35. **(SELECON – 2021 – SECRETARIA DE ESTADO DA EDUCAÇÃO ESPORTE E LAZER/MT – PROFESSOR)** Um professor da SEDUC/MT está navegando na internet por meio do *browser* Google Chrome e, nesta atividade, realizou dois procedimentos, listados a seguir.
    I. Baixou diversos arquivos da área da educação de sites disponíveis na internet e, ao final, para verificar detalhes relacionados aos arquivos, executou um atalho de teclado que abriu a janela identificada pela palavra Downloads, localizada no canto superior esquerdo.
    II. Em seguida, abriu a janela *WebMail* do provedor de correio Gmail e acessou uma pasta padrão, que armazena os e-mails entrantes, provenientes da internet.
    O atalho de teclado em I e a pasta padrão em II são, respectivamente:
    a) Ctrl + D e Mensagens
    b) Ctrl + J e Mensagens
    c) Ctrl + D e Entrada
    d) Ctrl + J e Entrada

36. **(SELECON – 2021 – SECRETARIA DE ESTADO DA EDUCAÇÃO ESPORTE E LAZER/MT – PROFESSOR)** Um funcionário da SEDUC/MT está digitando um texto no Word 2019 BR e, nesta atividade, executou os procedimentos listados a seguir.
    I. Selecionou todo o texto digitado e aplicou alinhamento justificado, por meio do acionamento de um ícone existente na Faixa de Opções – guia [Página Inicial] da Barra de Menus.
    II. No título do documento, inseriu a sigla **SEDUC - MT**, resultado do uso de um recurso do editor que possibilita adicionar um toque artístico ao documento usando uma Caixa de Texto.
    Nesse contexto, o ícone acionado em I e o recurso usado em II são, respectivamente:
    a) [≡] e WordArt
    b) [≡] e WordArt
    c) [≡] e SmartArt
    d) [≡] .e SmartArt

37. **(SELECON – 2021 – SECRETARIA DE ESTADO DA EDUCAÇÃO ESPORTE E LAZER/MT – PROFESSOR)** A planilha da figura a seguir foi criada no Excel 2019 BR. Nela, foram realizados os procedimentos descritos a seguir.

   I. Em C14 foi inserida uma expressão que adiciona, exclusivamente, os números mostrados nas células B8 e B12.

   II. Em F14 foi inserida uma expressão que determina a média aritmética entre todos os números mostrados nas células E8, E9, E10, E11 e E12.

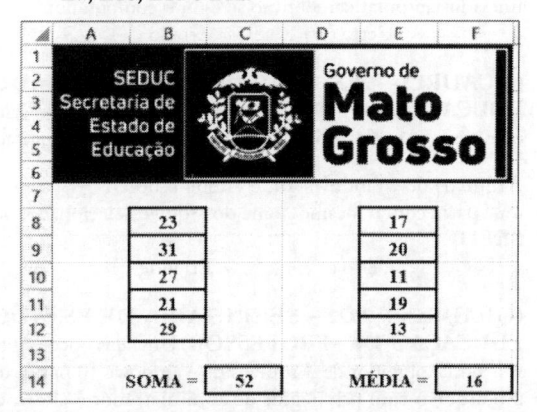

   Nessas condições, as expressões inseridas em C14 e F14 são, respectivamente:
   a) =SOMA(B8:B12) e =MED(E8:E12)
   b) =SOMA(B8;B12) e =MED(E8;E12)
   c) =SOMA(B8;B12) e =MÉDIA(E8:E12)
   d) =SOMA(B8:B12) e =MÉDIA(E8;E12)

38. **(AVANÇASP – 2023 – PREFEITURA MUNICIPAL/SP – PROFESSOR EDUCAÇÃO INFANTIL)** Complete a lacuna do texto:
   Estando no Windows Explorer do Windows 7 ao usar o atalho para abrir uma nova janela o usuário usou a combinação de teclas _____.
   a) Ctrl + N.
   b) Ctrl + B.
   c) Alt + T
   d) Shift + N.
   e) Ctrl + A.

39. **(AVANÇASP – 2023 – PREFEITURA MUNICIPAL/SP – PROFESSOR EDUCAÇÃO INFANTIL)** Assinale a função do atalho Ctrl + W, no Windows Explorer do Windows 7.
   a) Mostrar a pasta anterior.
   b) Mostrar o painel de visualização.
   c) Feche a janela atual.
   d) Mostrar a parte inferior da janela ativa.
   e) Mostrar todas as subpastas da pasta selecionada.

40. **(AVANÇASP – 2023 – PREFEITURA MUNICIPAL/SP – PROFESSOR EDUCAÇÃO INFANTIL)** Assinale o atalho que cumpre a função de mostrar as propriedades do item selecionado.
   a) Ctrl + F4.
   b) Alt + Enter.
   c) Alt + Tab.
   d) Ctrl + Alt + Tab.
   e) Ctrl + A.

41. **(AVANÇASP – 2023 – PREFEITURA MUNICIPAL/SP – PROFESSOR EDUCAÇÃO INFANTIL)** Complete a lacuna com a opção correta.
   "Para aplicar rapidamente a mesma formatação no Word, clique no Pincel de Formatação e selecione o texto para o qual deseja _____."
   a) Formatar texto.
   b) Criar uma lista.
   c) Marcadores.
   d) Numeração.
   e) Copiar a formatação.

42. **(AVANÇASP – 2023 – PREFEITURA MUNICIPAL/SP – PROFESSOR EDUCAÇÃO INFANTIL)** Complete a lacuna com opção correta.
   "Para substituir as _____ que o Excel insere, é possível inserir suas próprias quebras de página manuais, mover as quebras de página manuais existentes ou excluir quaisquer quebras de página inseridas manualmente. Também é possível removê-las de maneira rápida. Depois de concluir o trabalho com as quebras de página, você pode retornar ao modo de exibição Normal."
   a) Quebra de célula manual.
   b) Quebra de célula automática.
   c) Número de células para quebra de página.
   d) Quebras de página automáticas.
   e) Quebra de página manual.

43. **(AVANÇASP – 2023 – PREFEITURA MUNICIPAL/SP – PROFESSOR ENSINO FUNDAMENTAL)** Assinale V para verdadeiro e F para falso sobre as sentenças:
   I. Freeware: é o mesmo que gratuito. Você pode usar todas as funções do programa sem restrições. Mas o tempo de uso pelo usuário é limitado.
   II. Shareware: o programa possui algumas limitações em relação ao acesso das funções ou limite de tempo de utilização, geralmente, contado em dias, a partir do momento que o software é instalado. Para ter acesso a essas ferramentas bloqueadas ou usar por tempo indeterminado, o usuário é obrigado a comprar ele.
   III. Adware: É gratuito porem o programa tem publicidade nele de forma que o usuário é obrigado a ter contato com aquele anúncio todas as vezes que utilizá-lo. A propaganda só é retirada mediante a um pagamento por parte do cliente.
   IV. Open Soure: os programas open source, são, totalmente, gratuitos e sem restrições aos usuários e possuem o código fonte de programação acoplada a eles. Isso significa que qualquer pessoa pode alterar as funções do programa sem a necessidade de nenhum tipo de pagamento aos criadores.
   a) F – V – V – V.
   b) V – F – F – F.
   c) F – V – V – F.
   d) V – F – V – F.
   e) F – V – F – V.

INFORMÁTICA

44. **(AVANÇASP – 2023 – PREFEITURA MUNICIPAL/SP – PROFESSOR ENSINO FUNDAMENTAL)** Assinale o nome do menu em destaque na imagem com um círculo.

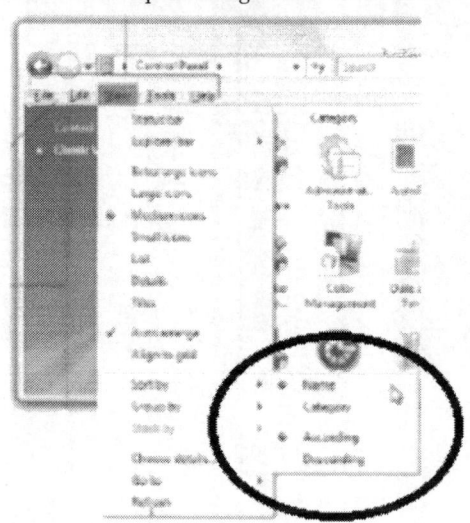

   a) Barra de menu.
   b) Menu de contexto.
   c) Submenu.
   d) Menu suspenso.
   e) Menu Iniciar.

45. **(AVANÇASP – 2023 – PREFEITURA MUNICIPAL/SP – PROFESSOR ENSINO FUNDAMENTAL)** Complete a lacuna do texto com a informação correta.
   Os documentos do Excel são chamados de_____.
   Cada pasta de trabalho contém folhas que, normalmente, são chamadas de planilhas. Você pode adicionar quantas planilhas desejar a uma pasta de trabalho ou pode criar novas pastas de trabalho para guardar seus dados separadamente.

   a) Mostra de planilhas.
   b) Apresentação de planilhas.
   c) Células.
   d) Pastas de trabalho.
   e) Planilhas.

46. **(AVANÇASP – 2023 – PREFEITURA MUNICIPAL/SP – PROFESSOR ENSINO FUNDAMENTAL)** Complete a lacuna do texto com a opção correta.
   "Abra seu documento no _____ para ocultar a maioria dos botões e das ferramentas, assim você pode se concentrar em sua leitura sem distrações."

   a) Guia anônima.
   b) Modo de Leitura.
   c) Controlar alterações.
   d) Modo Layout.
   e) Modo Cabeçalho e Rodapé.

47. **(AVANÇASP – 2023 – PREFEITURA MUNICIPAL/SP – PROFESSOR ENSINO FUNDAMENTAL)** Complete a lacuna do texto com a informação correta.
   "Se você precisar fazer uma apresentação para pessoas que não estão no local onde você está, clique em _____ para configurar uma apresentação pela Web e escolher uma das seguintes opções:"

   a) Apresentação em modo Eletivo.
   b) Apresentação em modo Simples.
   c) Apresentação em modo Janela.
   d) Apresentação em modo Slides.
   e) Apresentar Online.

GABARITO

1	E	2	A	3	C	4	C	5	E
6	A	7	D	8	E	9	C	10	B
11	A	12	Certo	13	Errado	14	Errado	15	Certo
16	Errado	17	Certo	18	Certo	19	Certo	20	Certo
21	C	22	D	23	B	24	C	25	A
26	Errado	27	Errado	28	Certo	29	Errado	30	Certo
31	Certo	32	Errado	33	Errado	34	Certo	35	D
36	B	37	C	38	A	39	C	40	B
41	E	42	D	43	A	44	C	45	D
46	B	47	E						

ESTATUTO DA CRIANÇA E DO ADOLESCENTE

01. **(FCC – 2022 – SECRETARIA DE ESTADO DA EDUCAÇÃO/ES – PROFESSOR EDUCAÇÃO BÁSICA)** Murilo é um adolescente de 15 anos que cursa o 1o ano do Ensino Médio. Ele é um aluno que participa muito das aulas, realizando perguntas aos professores e trazendo experiências de seu cotidiano com a intenção de exemplificar sua compreensão sobre o que está sendo estudado. De acordo com o Estatuto da Criança e do Adolescente (Lei nº 8.069/1990), a escola e seus profissionais devem
    a) desconsiderar os exemplos de Murilo, pois não tratam do currículo formal.
    b) ouvir os exemplos de Murilo e colocá-los em conversa com os assuntos tratados na escola.
    c) explicar para Murilo que o conteúdo tratado na escola se diferencia de sua experiência na vida pessoal.
    d) solicitar que Murilo leia mais e realize pesquisas para problematizar suas opiniões.
    e) convocar a família de Murilo para entender a origem de suas experiências.

02. **(FGV – 2022 – SECRETARIA DE ESTADO DE ADMINISTRAÇÃO/AM – PROFESSOR)** Avalie, com base no Estatuto da Criança e do Adolescente – ECA – Lei nº 8.069/90, se as afirmativas a seguir são falsas (F) ou verdadeiras (V).
    ( ) A Lei nº 8.069/90 dispõe sobre a proteção integral à criança e parcial ao adolescente.
    ( ) Considera-se criança, para os efeitos da Lei nº 8.069/90, a pessoa até doze anos de idade incompletos, e adolescente aquela entre doze e dezoito anos de idade.
    ( ) A criança e o adolescente gozam de todos os direitos fundamentais inerentes à pessoa humana.
    As afirmativas são, respectivamente,
    a) V, V e V.
    b) F, V e V.
    c) V, F e F.
    d) F, V e F.
    e) F, F e F.

03. **(FGV – 2022 – SECRETARIA DE ESTADO DE ADMINISTRAÇÃO/AM – PROFESSOR)** "Art. 15. A criança e o adolescente têm direito à liberdade, ao respeito e à dignidade como pessoas humanas em processo de desenvolvimento e como sujeitos de direitos civis, humanos e sociais garantidos na Constituição e nas leis".
    (Estatuto da Criança e do Adolescente)
    Avalie se o direito à liberdade compreende, entre outros, os seguintes aspectos:
    I. Ir, vir e estar, sem restrições legais ou impostas, nos logradouros públicos e espaços comunitários.
    II. Opinião e expressão.
    III. Brincar, praticar esportes e divertir-se.
    IV. Buscar refúgio, auxílio e orientação.
    Estão corretos os itens:
    a) I e II, apenas.
    b) III e IV, apenas.
    c) II, III e IV, apenas.
    d) I, II e III, apenas.
    e) I, II, III e IV.

04. **(AOCP – 2019 – SECRETARIA DE ESTADO DA EDUCAÇÃO/PB – PROFESSOR)** Conforme prevê o Estatuto da Criança e do Adolescente (ECA), a criança e o adolescente têm direito à educação, visando ao pleno desenvolvimento de sua pessoa, preparo para o exercício da cidadania e qualificação para o trabalho. Com fundamento nas disposições do ECA, assinale a alternativa correta.
    a) É dever do Estado assegurar à criança e ao adolescente atendimento no ensino fundamental, através de programas suplementares de material didático-escolar, transporte, alimentação e assistência à saúde.
    b) É direito assegurado à criança e ao adolescente contestar critérios avaliativos em única instância.
    c) Os dirigentes de estabelecimentos de ensino fundamental comunicarão ao Conselho Tutelar, mesmo antes de esgotados os recursos escolares, os casos de reiteração de faltas injustificadas e de evasão escolar.
    d) Ao adolescente, até dezesseis anos de idade, é assegurada bolsa de aprendizagem.

05. **(AOCP – 2019 – SECRETARIA DE ESTADO DA EDUCAÇÃO/PB – PROFESSOR)** Considerando as disposições do Estatuto da Criança e do Adolescente (ECA), é correto afirmar que
    a) toda criança ou adolescente terá acesso às diversões e espetáculos públicos classificados como adequados à sua faixa etária, sendo que as crianças menores de doze anos somente poderão ingressar e permanecer nos locais de apresentação ou exibição quando acompanhadas dos pais ou do responsável.
    b) é dever do Estado assegurar à criança e ao adolescente ensino fundamental, obrigatório e gratuito, salvo para os que a ele não tiveram acesso na idade própria.
    c) é direito dos pais ou responsáveis ter ciência do processo pedagógico da criança ou do adolescente, não tendo, contudo, direito de participar da definição das propostas educacionais.
    d) nenhuma criança ou adolescente menor de dezesseis anos poderá viajar para fora da comarca onde reside desacompanhado dos pais ou dos responsáveis sem expressa autorização judicial.

Texto para as próximas 2 questões:
O Estatuto da Criança e do adolescente (ECA) garante a esse público o direito à educação, com vistas ao pleno desenvolvimento de sua pessoa, preparo para o exercício da cidadania e qualificação para o trabalho. A esse respeito, julgue os itens subsequentes.

06. **(CESPE/CEBRASPE – 2021 – SECRETARIA DE ESTADO DA EDUCAÇÃO/AL – PROFESSOR DE ENSINO FUNDAMENTAL)** O ECA garante aos pais o direito de participarem da proposta pedagógica da escola de seus filhos.
    Certo ( )   Errado ( )

07. **(CESPE/CEBRASPE – 2021 – SECRETARIA DE ESTADO DA EDUCAÇÃO/AL – PROFESSOR DE ENSINO FUNDAMENTAL)** Compete aos dirigentes de estabelecimentos escolares comunicar ao conselho tutelar somente os casos de excesso de faltas injustificadas e elevados níveis de repetência.
    Certo ( )   Errado ( )

08. **(CESPE/CEBRASPE – 2022 – SECRETARIA DA EDUCAÇÃO E ESPORTES DO ESTADO/PE – PROFESSOR EDUCAÇÃO BÁSICA)** À luz do Estatuto da Criança e do Adolescente, julgue o item a seguir.
    As crianças e os adolescentes têm o direito de serem respeitados pelos seus educadores, bem como o de contestarem critérios avaliativos adotados por estes.
    Certo ( )   Errado ( )

ESTATUTO DA CRIANÇA E DO ADOLESCENTE

09. (CESPE/CEBRASPE – 2022 – SECRETARIA DA EDUCAÇÃO E ESPORTES DO ESTADO/PE – PROFESSOR EDUCAÇÃO BÁSICA) À luz do Estatuto da Criança e do Adolescente, julgue o item a seguir.

A humilhação é uma forma de tratamento cruel ou degradante e seu uso contra crianças e adolescentes pelas pessoas encarregadas do seu cuidado, do seu trato, da sua educação ou da sua proteção é proibido por lei.

Certo ( )   Errado ( )

10. (FUNDAÇÃO AROEIRA – 2022 – SECRETARIA MUNICIPAL DE EDUCAÇÃO/GO – PROFESSOR I) A violência física é uma das formas de violação dos direitos de crianças e adolescentes mais arraigada e tolerada pela cultura, que, sob alegação de propósitos pedagógicos, aceita o uso da violência. O Estatuto da Criança e do Adolescente – ECA abre o debate sobre essa questão e, em 2011, é alterado com a aprovação do Projeto de Lei que estabelece o direito da criança e do adolescente a não serem submetidos a qualquer forma de punição corporal. Vários estudos sobre essa temática são realizados. Observe os dados da pesquisa apresentados na tabela.

Resumo das conclusões da meta-análise de pesquisa sobre consequências do castigo corporal para o desenvolvimento (Gershoff, 2018).

Consequência	Nº de estudos que examinam essa relação	Nº de estudos que confirmam essa relação
Criança vítima de maus-tratos físicos	10	10
Menos saúde mental	12	12
Menos saúde mental quando adulto	8	8
Deterioração da relação mãe/pai-filho	13	13
Menos internalização moral	15	13
Agressão à criança	27	27
Agressão ao adulto	4	4
Criança delinquente e comportamento antissocial	13	13
Comportamento antissocial adulto	5	5
Maus-tratos a filho ou cônjuge na idade adulta	5	5
Obediência imediata da criança	5	5

Fonte: Durrant (2016)

Analise as assertivas, de acordo com esse quadro.

I. Os estudos confirmam que a maioria das crianças que são punidas fisicamente tem menos chance de aprender valores morais que as crianças que não sofrem castigos corporais.

II. O castigo corporal é um modo eficaz de educar a criança.

III. As descobertas das pesquisas demonstraram que o castigo corporal não está relacionado à questão da saúde mental da criança.

IV. O castigo corporal expõe as crianças ao risco de uma série de resultados negativos.

V. O estudo aponta que o aprendizado de respostas agressivas, na resolução de conflitos, acontece, sendo a punição física um indicador de níveis mais elevados de agressividade nas crianças e nos adolescentes.

Marque a alternativa que apresenta todos os itens corretos.

a) I, II e V.
b) I, IV e V.
c) II e IV.
d) I e III.

11. (NC-UFPR – 2022 – SMAP/PR – PROFESSOR EDUCAÇÃO INFANTIL) A Lei Federal nº 8.069/1990, Estatuto da Criança e do Adolescente (ECA), é reconhecida por estabelecer princípios fundamentais à garantia dos direitos das crianças, entre eles o da prioridade absoluta. Considerando a informação apresentada, assinale a alternativa correta.

a) O princípio da prioridade absoluta está condicionado ao princípio do superior interesse das crianças e dos adolescentes, ou seja, a priorização da proteção das crianças implica a consideração da sua opinião sobre as situações que ferem seus direitos.

b) A prioridade absoluta perpassa processos de judicialização das causas de não cumprimento dos direitos das crianças e dos adolescentes, para que se definam quais situações exigem prioridade.

c) O princípio da prioridade absoluta implica a priorização das crianças e dos adolescentes na efetivação dos direitos referentes à vida, à saúde, à alimentação, à educação, ao esporte, ao lazer, à profissionalização, à cultura, à dignidade, ao respeito, à liberdade e à convivência familiar e comunitária.

d) A responsabilidade pela garantia do princípio da prioridade absoluta, previsto no artigo 4.º do ECA, dependerá do contexto em que se fizer necessário e dos agentes públicos implicados na situação.

e) O princípio da prioridade absoluta refere-se à identificação das condições de vulnerabilidade, de exposição a riscos, de situações de constrangimento, de discriminação e de exclusão de crianças e adolescentes, que deverão ser priorizados nos processos de proteção aos seus direitos.

12. (SELECON – 2021 – SECRETARIA DE ESTADO DA EDUCAÇÃO ESPORTE E LAZER/MT – PROFESSOR) De acordo com o Inciso III do Art. 54 do Estatuto da Criança e do Adolescente – ECA(1990), é dever do Estado dar atendimento educacional especializado aos portadores de deficiências preferencialmente:

a) na rede privada de ensino
b) em classes hospitalares
c) na rede regular de ensino
d) em escolas experimentais

13. (AVANÇASP – 2023 – PREFEITURA MUNICIPAL/SP – PROFESSOR EDUCAÇÃO INFANTIL) A Lei 8.069/90, popularmente conhecida como ECA (Estatuto da Criança e do Adolescente) dispõe sobre a proteção integral à criança e ao adolescente. Considera-se criança, para os efeitos desta Lei:

a) sujeito moldável, adaptável e que se constrói a partir das suas interações.

b) fase da vida em que o indivíduo começa a sentir, a pensar, a agir e a se relacionar. Pode-se dizer que é a fase da vida quando iniciam os aprendizados e as descobertas.

- c) um indivíduo divertido, agradável ingênuo, gentil e gracioso a quem o adulto dedica atenção e cuidados.
- d) a pessoa até doze anos de idade incompletos.
- e) sujeito sócio-histórico dotado de peculiaridades e que, em contato com o meio, é impulsionada à aprendizagem.

14. **(AVANÇASP – 2023 – PREFEITURA MUNICIPAL/SP – PROFESSOR EDUCAÇÃO INFANTIL)** Segundo o ECA (Brasil, 1990) a efetivação dos direitos referentes à vida, à saúde, à alimentação, à educação, ao esporte, ao lazer, à profissionalização, à cultura, à dignidade, ao respeito, à liberdade e à convivência familiar e comunitária é um dever:
    - a) tão somente dos órgãos de proteção aos direitos da criança e do adolescente.
    - b) da família, da comunidade, da sociedade em geral e do poder público.
    - c) delimitado à família parental, a quem se destinam as atribuições legais referentes ao menor.
    - d) da Unidade Escolar a qual a criança e o adolescente estabelece vínculos legais após regularmente matriculado.
    - e) dos governos em suas esferas municipal, estadual e federal.

15. **(AVANÇASP – 2023 – PREFEITURA MUNICIPAL/SP – PROFESSOR EDUCAÇÃO INFANTIL)** No Art. 6º lê-se: "Na interpretação desta Lei levar-se-ão em conta os fins sociais a que ela se dirige, as exigências do bem comum, os direitos e deveres individuais e coletivos, e a condição peculiar da criança e do adolescente como _____." (Brasil, 1990). Complete corretamente:
    - a) menores de idade.
    - b) pessoas em desenvolvimento.
    - c) indivíduos vulneráveis.
    - d) sujeitos sociais.
    - e) protagonistas de sua própria história.

GABARITO

1	B	2	B	3	C	4	A	5	D
6	Certo	7	Errado	8	Certo	9	Certo	10	B
11	C	12	C	13	D	14	B	15	B

CONHECIMENTOS PEDAGÓGICOS

CONHECIMENTOS PEDAGÓGICOS

01. **(VUNESP – 2019 – SECRETARIA MUNICIPAL DA EDUCAÇÃO/SP – PROFESSOR EDUCAÇÃO BÁSICA)** As Diretrizes Curriculares Nacionais para a Educação Infantil (publicadas em 2009 e inseridas nas Diretrizes Curriculares Nacionais para a Educação Básica, de 2013) estabelecem que, na transição para o Ensino Fundamental, a proposta pedagógica deve prever formas de garantir a continuidade no processo de aprendizagem e desenvolvimento das crianças. Deve, além disso,
   a) acolher as especificidades etárias, com antecipação de conteúdos que serão trabalhados no Ensino Fundamental.
   b) respeitar as especificidades etárias, sem antecipação de conteúdos que serão trabalhados no Ensino Fundamental.
   c) equiparar as especificidades etárias, promovendo a permanência da criança na Educação Infantil quando a correspondência idade-desenvolvimento ainda não for adequada.
   d) considerar as especificidades etárias e os requisitos de seleção necessários ao ingresso no Ensino Fundamental.
   e) minimizar as especificidades etárias, preferencialmente por meio de jornada em tempo integral, com duração igual ou superior a sete horas diárias.

02. **(VUNESP – 2019 – SECRETARIA MUNICIPAL DA EDUCAÇÃO/SP – PROFESSOR EDUCAÇÃO BÁSICA)** De acordo com o texto do documento *Parâmetros Nacionais de Qualidade para a Educação Infantil*, o fato de em muitas creches predominar um modelo de atendimento voltado principalmente à alimentação, à higiene e ao controle das crianças evidencia
   a) I – tenham experiência comprovada no nível de atuação, apresentando indicadores adequados nas avaliações externas; II – cumpram os requisitos estabelecidos pelas normas gerais da educação nacional.
   b) I – tenham atuação aprovada pela comunidade em consulta pública; II – garantam atendimento educacional especializado aos portadores de deficiência, preferencialmente na rede regular de ensino.
   c) I – comprovem finalidade não lucrativa e apliquem seus excedentes financeiros em educação; II – assegurem a destinação de seu patrimônio a outra escola comunitária, filantrópica ou confessional, ou ao Poder Público, no caso de encerramento de suas atividades.
   d) I – assegurem a oferta gratuita de ensino a pelo menos 80% dos alunos matriculados; II – gozem de autonomia didático-científica, administrativa e de gestão financeira e patrimonial.
   e) I – comprovadamente prestem serviços à sociedade, não tendo como finalidade a obtenção de lucro; II – assegurem atendimento ao educando por meio de programas suplementares de material didático-escolar, transporte, alimentação e assistência à saúde.

03. **(VUNESP – 2019 – SECRETARIA MUNICIPAL DA EDUCAÇÃO/SP – PROFESSOR EDUCAÇÃO BÁSICA)** Leia o excerto a seguir:

    "Partimos de que os profissionais da educação infantil, fundamental, média, de EJA, da educação especial vêm se constituindo 'outros' como profissionais. Sua identidade profissional tem sido redefinida, o que os leva a ter uma postura crítica sobre sua prática e sobre as concepções que orientam suas escolhas. Essa postura os leva a indagar o currículo desde sua identidade."

    (M. Arroyo. *Educandos e educadores: seus direitos e o currículo*. In: Brasil. Indagações sobre o currículo. Caderno 2)

    Segundo o autor do texto, tais transformações da identidade do professor e a postura crítica delas derivada ocasionam
    a) aumento de autonomia e, consequentemente, maior distanciamento das exigências do currículo.
    b) maior sensibilidade para com o currículo nas escolas, associada à percepção de que ele condiciona o trabalho docente.
    c) perda de centralidade do currículo nos debates da academia, da teoria pedagógica e da formação docente.
    d) atenção ao currículo como artefato essencialmente produtor de rigidez, disciplina, normatização, segmentação e hierarquia.
    e) individualização do trabalho docente como forma de trazer o currículo para o cotidiano profissional, em um caráter mais identitário.

04. **(VUNESP – 2019 – SECRETARIA MUNICIPAL DA EDUCAÇÃO/SP – PROFESSOR EDUCAÇÃO BÁSICA)** Conforme Terezinha A. Rios, considerando a discussão proposta pela autora no livro Ética e competência, a especificidade do processo educativo que se desenvolve na escola tem como objetivo
    a) ser alavanca da mudança social, nos termos do seguinte *slogan*: "Deem-nos uma boa escola e teremos a sociedade desejada".
    b) algo que infelizmente é irrealizável no contexto social em que se insere, uma vez que não há o que efetivamente fazer na escola enquanto a sociedade se apresentar com tantas limitações.
    c) evitar configurar-se como um conjunto de práticas capazes de, ao mesmo tempo, manter e transformar a estrutura do social, uma vez que a escola deve ter autonomia.
    d) garantir o cumprimento de uma função política e de uma função ética, esquivando-se do que seria da ordem de uma função caracterizada como técnica.
    e) a socialização do conhecimento elaborado, ou seja, a transmissão do saber historicamente acumulado pela sociedade, levando à criação de novos saberes.

05. **(VUNESP – 2019 – SECRETARIA MUNICIPAL DA EDUCAÇÃO/SP – PROFESSOR EDUCAÇÃO BÁSICA)** No que diz respeito à relação entre os profissionais da Educação Infantil e as famílias, os documentos oficiais nacionais definem que o atendimento aos direitos da criança em sua integralidade depende, entre outros aspectos, do respeito e da valorização das diferentes formas em que as famílias se organizam. Tendo isso em vista, o Parecer CNE/CEB nº 20/2009 determina que eventuais preocupações dos professores sobre a forma como algumas crianças parecem ser tratadas em casa (descuido, violência, discriminação, superproteção e outras) devem ser
    a) mantidas em sigilo absoluto, obedecendo aos deveres éticos do professor perante o compromisso de acolher as diferentes formas de organização familiar e respeitar as opiniões dos pais sobre seus filhos.
    b) comunicadas, pelos professores, diretamente aos familiares envolvidos, a fim de conduzir a situação de forma discreta e respeitosa.
    c) discutidas diretamente com a criança envolvida, a fim de conduzir a situação de forma pedagógica e didática, respeitando o escopo estritamente escolar.
    d) discutidas com a direção de cada instituição, para que formas produtivas de esclarecimento e eventuais encaminhamentos possam ser pensados.
    e) documentadas em diário de classe a fim de ser apresentado apenas em caso de o Conselho Tutelar recorrer à escola para colher testemunhos.

06. **(VUNESP – 2019 – SECRETARIA MUNICIPAL DA EDUCAÇÃO/SP – PROFESSOR EDUCAÇÃO BÁSICA)** No livro *Planejamento: projeto de ensino-aprendizagem e projeto político-pedagógico*, Celso dos S. Vasconcellos refere-se a diferentes níveis de abrangência do planejamento no contexto educacional.
    Assinale a alternativa que apresenta uma definição correta, de acordo com a perspectiva do autor.
    a) O *planejamento da escola* é o planejamento mais próximo da prática do professor e da sala de aula. Diz respeito mais ao aspecto didático.

b) O *planejamento curricular* é a proposta geral das experiências de aprendizagem que serão oferecidas pela escola, incorporada nos diversos componentes curriculares.

c) O *planejamento do sistema de educação* consiste no que chamamos de Projeto Político-Pedagógico, que se compõe de marco referencial, diagnóstico e programação.

d) O *projeto de ensino-aprendizagem* é o planejamento da ação educativa baseado no trabalho por projeto. Trata-se, muitas vezes, mais de uma metodologia de trabalho que incorpora a concepção de projeto.

e) O *planejamento setorial* é o de maior abrangência, correspondendo ao planejamento que é feito em nível nacional, estadual ou municipal. Enfrenta os problemas de atendimento à demanda, alocação e gerenciamento de recursos etc.

07. **(VUNESP – 2019 – SECRETARIA MUNICIPAL DA EDUCAÇÃO/SP – PROFESSOR EDUCAÇÃO BÁSICA)** Ao discutir princípios norteadores do Projeto Político-Pedagógico, Ilma Passos A. Veiga, em seu livro *Projeto Político-Pedagógico da escola: uma construção possível*, aborda o princípio da liberdade. Para a autora, tal princípio está sempre associado à ideia de

a) subversão.
b) independência.
c) autonomia.
d) arbítrio.
e) individualidade.

08. **(VUNESP – 2019 – SECRETARIA MUNICIPAL DA EDUCAÇÃO/SP – PROFESSOR EDUCAÇÃO BÁSICA)** Leia o excerto a seguir:

"Nas profissões do humano há uma ligação forte entre as dimensões pessoais e as dimensões profissionais. No caso da docência, entre aquilo que somos e a maneira como ensinamos. Aprender a ser professor exige um trabalho metódico, sistemático, de aprofundamento de três dimensões centrais."

(A. Nóvoa. Firmar a posição como professor, afirmar a profissão docente. *Cadernos de Pesquisa*, v. 47, no 16, 2017)

As três dimensões a que se refere o autor são:

a) o desenvolvimento de uma vida cultural e científica; a dimensão técnica; a compreensão de que um professor tem que se preparar para agir num ambiente de objetividade.

b) o desenvolvimento de uma vida cultural e científica; a dimensão ética; a compreensão de que um professor tem que se preparar para agir num ambiente de incerteza e imprevisibilidade.

c) o desenvolvimento de uma vida acadêmica e institucional; a dimensão moral; a compreensão de que um professor tem que se preparar para agir num ambiente de isenção e prudência.

d) o desenvolvimento de uma vida acadêmica e institucional; a dimensão ética; a compreensão de que um professor tem que se preparar para agir num ambiente de previsibilidade.

e) o desenvolvimento de uma vida coerente e planejada; a dimensão técnica; a compreensão de que um professor tem que se preparar para agir num ambiente de presteza e celeridade.

09. **(VUNESP – 2019 – SECRETARIA MUNICIPAL DA EDUCAÇÃO/SP – PROFESSOR EDUCAÇÃO BÁSICA)** Leia o excerto a seguir:

"Para não ser autoritária e conservadora, a avaliação terá de ser _____, ou seja, deverá ser o instrumento dialético do avanço, terá de ser o instrumento da identificação de novos rumos. [...] A avaliação educacional escolar como instrumento de _____ [...] não serve em nada para a transformação; contudo, é extremamente eficiente para a conservação da sociedade, pela domesticação dos educandos."

(C. Luckesi. *Avaliação da aprendizagem escolar*)

Considerando a perspectiva do autor, assinale a alternativa que completa adequadamente as lacunas, na sequência correta.

a) classificatória ... julgamento
b) objetiva ... diagnóstico
c) diagnóstica ... classificação
d) meritocrática ... quantificação
e) idealista ... verificação

10. **(VUNESP – 2019 – SECRETARIA MUNICIPAL DA EDUCAÇÃO/SP – PROFESSOR EDUCAÇÃO BÁSICA)** Assinale a alternativa que contém uma prática coerente com uma ação avaliativa mediadora, conforme a perspectiva de Jussara Hoffmann em seu livro *Avaliação mediadora: uma prática em construção da pré-escola à universidade*.

a) Realizar várias tarefas individuais, menores e sucessivas, investigando teoricamente e procurando entender razões para as respostas apresentadas pelos estudantes.

b) Reduzir a exigência de realização de tarefas pelos alunos, em qualquer grau de ensino, pois estas não são elementos adequados para a observação das hipóteses construídas pelos alunos.

c) Fazer comentários significativos sobre as tarefas dos alunos, com o intuito de evidenciar as ocorrências de certo/errado e atribuir pontuação compatível.

d) Utilizar os trabalhos em grupo como elementos de avaliação individual, atribuindo notas e/ou conceitos individuais conforme a organização das ideias do grupo.

e) Reduzir a interferência da espontaneidade do aluno na realização das tarefas escolares, bem como a proposição de atividades para serem feitas em casa.

11. **(VUNESP – 2019 – SECRETARIA MUNICIPAL DA EDUCAÇÃO/SP – PROFESSOR EDUCAÇÃO BÁSICA)** As autoras do texto *Projeto didático e interdisciplinaridade no ciclo de alfabetização*, Rosimeire A. M. P. Ferreira e Telma F. Leal, defendem que um dos modos de garantir a proposta interdisciplinar é

a) o uso de textos e materiais cartilhados e adaptados.
b) a supressão das especificidades dos componentes curriculares.
c) a substituição da perspectiva do letramento pela da alfabetização.
d) o trabalho pedagógico com projetos didáticos.
e) o foco em temáticas mais globais, em detrimento das questões regionais.

12. **(VUNESP – 2019 – SECRETARIA MUNICIPAL DA EDUCAÇÃO/SP – PROFESSOR EDUCAÇÃO BÁSICA)** A Política Nacional de Educação Especial na Perspectiva da Educação Inclusiva define como público-alvo da educação especial os alunos

a) com deficiência, transtornos globais de desenvolvimento e altas habilidades/superdotação.

b) com deficiência física, mental, intelectual ou sensorial, seja de curto ou de longo prazo.

c) com defasagem na correspondência idade-ano, com dificuldade de aprendizagem comprovada e com deficiência física, mental, intelectual ou sensorial de longo prazo.

d) com qualquer tipo de deficiência, com defasagem na correspondência idade-ano e com prejuízos educacionais decorrentes de *bullying* comprovado pelo Conselho Tutelar.

e) com necessidades educacionais especiais, sejam elas decorrentes de deficiência, de abandono familiar (ou por responsável) ou de defasagem na correspondência idade-ano.

CONHECIMENTOS PEDAGÓGICOS

13. (VUNESP – 2019 – SECRETARIA MUNICIPAL DA EDUCAÇÃO/SP – PROFESSOR EDUCAÇÃO BÁSICA) Conforme Nilma Lino Gomes, autora de *Diversidade e currículo* (In: BRASIL. *Indagações sobre o currículo*. Caderno 4), falar sobre diversidade e diferença implica posicionar-se contra processos

a) de ordem mais biológica do que cultural.
b) pessoais e abstratos.
c) de colonização e dominação.
d) a-históricos e extra-escolares.
e) da juventude e da vida adulta.

14. (VUNESP – 2019 – SECRETARIA MUNICIPAL DA EDUCAÇÃO/SP – PROFESSOR EDUCAÇÃO BÁSICA) De acordo com Maria Carmem Barbosa, autora do texto *Especificidades da ação pedagógica com os bebês*, as propostas pedagógicas dirigidas a bebês devem ter como propósito garantir

a) o cumprimento de objetivos de curto prazo, pois a formação humana ocorre em tempo presente.
b) o acesso aos processos de apropriação, renovação e articulação de diferentes linguagens.
c) o acesso às ferramentas necessárias para compreensão do mundo, independentemente das especificidades dos mundos sociais e familiares de onde cada criança provém.
d) a variedade e a pluralidade de atividades e experiências com o tempo e com o espaço, evitando a repetição e a rotina.
e) o atendimento em uma perspectiva individualizada, e não coletivizada, a fim de evitar rupturas com as dinâmicas familiares que os bebês têm em seus lares.

15. (VUNESP – 2019 – SECRETARIA MUNICIPAL DA EDUCAÇÃO/SP – PROFESSOR EDUCAÇÃO BÁSICA) Pode-se dizer que a perspectiva vygotskyana dedica-se, entre outros temas, a compreender o desenvolvimento da linguagem como instrumento de pensamento e de comunicação. Em outros termos, tais usos podem ser descritos como *intercâmbio social* e *discurso interior*. A esse respeito, assinale a alternativa correta.

a) A trajetória do desenvolvimento da linguagem na criança não segue uma sequência identificável quanto ao seu uso para o pensamento ou para a comunicação interpessoal. A antecedência de um desses usos varia conforme a estimulação recebida pela criança.
b) Independentemente da sequência em que aparecem no desenvolvimento, tanto o uso interpessoal da linguagem quanto o uso intrapsíquico avançam conforme a criança supera os níveis de generalização e abstração, tornando-se capaz de um uso concreto dos signos.
c) A criança primeiramente utiliza a linguagem como instrumento de pensamento, com a função de adaptação pessoal. Com o desenvolvimento é que ela passa a ser capaz de utilizar a fala socializada, com a função de comunicar, de manter contato social.
d) A criança primeiramente utiliza a fala socializada, com a função de comunicar, de manter contato social. Com o desenvolvimento é que ela passa a ser capaz de utilizar a linguagem como instrumento de pensamento, com a função de adaptação pessoal.
e) A criança desenvolve, concomitantemente, o uso da linguagem tanto como instrumento de pensamento, com a função de adaptação pessoal, quanto como instrumento de comunicação, com a função de manter contato social.

16. (VUNESP – 2019 – SECRETARIA MUNICIPAL DA EDUCAÇÃO/SP – PROFESSOR EDUCAÇÃO BÁSICA) De acordo com Solange Jobim e Souza, em *Infância e linguagem: Bakhtin, Vygotsky e Benjamin*, uma premissa coerente com o pensamento de Vygotsky acerca da relação entre desenvolvimento, pensamento e palavra é:

a) Há uma imutabilidade do significado das palavras, o que influencia no percurso do desenvolvimento.
b) Ao longo do desenvolvimento, pensamento e palavra tornam-se independentes um do outro.
c) A relação entre pensamento e palavra não se modifica à medida que a criança se aproxima da idade adulta.
d) O pensamento e a palavra são ligados por um elo primário, genético.
e) O significado das palavras evolui e se modifica ao longo do desenvolvimento.

17. (VUNESP – 2019 – SECRETARIA MUNICIPAL DA EDUCAÇÃO/SP – PROFESSOR EDUCAÇÃO BÁSICA) Ao investigar o papel da brincadeira de faz-de-conta no desenvolvimento psicológico de crianças entre 2 e 3 anos de idade, Maria Teresa F. Coelho e Maria Isabel Pedrosa (In: OLIVEIRA, Z. M. R. *A criança e seu desenvolvimento: perspectivas para se discutir a Educação Infantil*), referenciadas no pensamento de Henri Wallon, consideram que a importância de tal dimensão lúdica nessa fase da infância está relacionada ao fato de que

a) a criança, logo no início de sua vida, já tem habilidade para agir sobre as coisas que a cercam.
b) uma particularidade biológica da espécie humana é a relação imediata entre indivíduo e meio.
c) no faz-de-conta, a criança está em um mundo só seu, em um mundo de fantasia.
d) o faz-de-conta serve como um meio pelo qual a criança experimenta as diferentes representações que tem das coisas e dos outros que a cercam.
e) o faz-de-conta auxilia a criança a não se dissociar das situações de que participa e da identidade das pessoas ao seu redor.

18. (VUNESP – 2019 – SECRETARIA MUNICIPAL DA EDUCAÇÃO/SP – PROFESSOR EDUCAÇÃO BÁSICA) Tizuko M. Kishimoto, em seu texto *Brinquedos e brincadeiras na Educação Infantil*, tematiza a relação entre o brincar livre e o brincar dirigido. Assinale a alternativa que contém uma asserção correta, de acordo com a autora.

a) A oposição entre eles é equivocada, afinal a criança aproveita tanto a liberdade para escolher um brinquedo, quanto a mediação adulta para aprender novas brincadeiras.
b) Há uma oposição evidente entre eles, sendo que o brincar livre deve ser privilegiado em toda a Educação Infantil.
c) Há uma oposição evidente entre eles, sendo que o brincar dirigido deve ser privilegiado em toda a Educação Infantil.
d) Há uma oposição evidente entre eles, sendo que o brincar livre deve ser privilegiado na educação da criança de 0 a 3 anos, e o brincar dirigidos na educação da criança de 4 a 6 anos.
e) A oposição entre eles apenas existe na perspectiva do adulto, e não da criança, uma vez que esta nasce sabendo brincar.

19. (VUNESP – 2019 – SECRETARIA MUNICIPAL DA EDUCAÇÃO/SP – PROFESSOR EDUCAÇÃO BÁSICA) Os jogos de regras atualmente comercializados, assim como os demais brinquedos, costumam indicar uma classificação etária. Se seguirmos as teorizações piagetianas, também é possível depreender uma classificação dos jogos conforme o desenvolvimento do juízo moral. Segundo Yves de La Taille (em *Piaget, Vygotsky, Wallon: teorias psicogenéticas em discussão*), as pesquisas de Piaget sobre os jogos de regras indicam que a evolução da prática e da consciência da regra pode ser dividida em três etapas, na seguinte sequência:

a) assimilação, acomodação e adaptação.
b) pré-operatória, operatória-formal e operatória-concreta.
c) anomia, heteronomia e autonomia.
d) coletivização, simbolização e internalização.
e) inconsciência, pré-consciência e consciência.

20. **(VUNESP – 2019 – SECRETARIA MUNICIPAL DA EDUCAÇÃO/SP – PROFESSOR EDUCAÇÃO BÁSICA)** No livro *Sala de aula interativa*, o sociólogo Marco Silva aborda a relação entre as novas tecnologias e a educação, discutindo especialmente os desafios que a interatividade apresenta à prática pedagógica. Segundo o autor, considerando as mudanças produzidas pelos avanços tecnológicos, é correto afirmar que
    a) a aprendizagem estará cada vez mais dependente da sala de aula, mas a socialização prescindirá cada vez mais desse ambiente.
    b) a aprendizagem estará cada vez mais independente da sala de aula, mas a socialização necessitará cada vez mais desse ambiente.
    c) tanto a aprendizagem quanto a socialização estarão cada vez mais independentes da sala de aula.
    d) tanto a aprendizagem quanto a socialização estarão cada vez mais dependentes da sala de aula.
    e) a aprendizagem e a socialização, enquanto funções tradicionalmente atribuídas à escola, não devem ser afetadas pela interatividade.

21. **(FCC – 2022 – SECRETARIA DE ESTADO DA EDUCAÇÃO/ES – PROFESSOR EDUCAÇÃO BÁSICA)** Para encorajar a autonomia em crianças frequentando a pré-escola, os professores devem
    a) sugerir jogos competitivos, incentivando-as a darem o melhor de si mesmas para vencer os colegas.
    b) favorecer situações em que elas possam selecionar sua própria atividade, incentivando-as a nelas se aterem.
    c) esclarecer os erros cometidos por elas, para que possam, depois, refazer os problemas apontados sozinhas.
    d) evitar o uso de fantasias e adereços no jogo simbólico, já que estes impõem um enredo fixo, que as prende no aqui e agora.
    e) promover o envolvimento no que estão fazendo, mas sem deixar que continuem na atividade por mais tempo, caso o queiram.

22. **(FCC – 2022 – SECRETARIA DE ESTADO DA EDUCAÇÃO/ES – PROFESSOR EDUCAÇÃO BÁSICA)** Segundo Vygotsky, o desenvolvimento dos alunos ocorre, em seus vários aspectos (como o afetivo e o cognitivo, por exemplo), sobretudo em razão
    a) das interações sociais das crianças com alguém, adultos ou crianças, mais experiente da cultura.
    b) da exposição a aulas bem estruturadas, nas quais as ideias centrais são bem ilustradas.
    c) da ação da escola, porque as famílias são muito desiguais em termos de escolaridade formal.
    d) da família, que assiste e dá apoio à criança para se desenvolver integralmente.
    e) do enfrentamento dos desajustes emocionais encontrados em cada estádio de desenvolvimento.

23. **(FCC – 2022 – SECRETARIA DE ESTADO DA EDUCAÇÃO/ES – PROFESSOR EDUCAÇÃO BÁSICA)** O cérebro e a aprendizagem estão intimamente relacionados, de modo que é necessário ao professor entender que
    a) o cérebro é plástico, de modo que diversificar e enriquecer o ambiente não significa promover o desenvolvimento cognitivo: diante de um meio material e socialmente carente, o cérebro ajusta-se às circunstâncias e assegura o adequado desenvolvimento intelectual.
    b) as dificuldades de aprendizagem têm origem neurológica, de modo que testes neurológicos são sempre recomendados, ao passo que se mostra contraproducente centrar-se na observação da conduta infantil para impulsionar o desenvolvimento cognitivo.
    c) o cérebro, por si só, determina o desenvolvimento da cognição, de modo que o processo de refletir e pensar sobre o real precisa se embasar mais nele do que no ambiente físico e social em que se vive, para que a escola cumpra sua função de promover a aprendizagem.
    d) muitas das funções cognitivas são diferenciadas por se associarem a diferentes partes do cérebro, levando os alunos a terem preferência por certos modos de processamento cognitivo (visual ou verbal, por exemplo) e a tirarem deles diferentes proveitos.
    e) o cérebro, muito valorizado atualmente, tem sido considerado como o principal fator que leva situações complexas a serem tomadas como simples, como as que inspiram preconceitos e discriminação, ensejando condutas incompatíveis com o desenvolvimento cognitivo.

24. **(FCC – 2022 – SECRETARIA DE ESTADO DA EDUCAÇÃO/ES – PROFESSOR EDUCAÇÃO BÁSICA)** Boaventura de Souza Santos (2003, p. 56) afirma que [...] *temos o direito a ser iguais quando a nossa diferença nos inferioriza; e temos o direito a ser diferentes quando a nossa igualdade nos descaracteriza. Daí a necessidade de uma igualdade que reconheça as diferenças e uma diferença que não produza, alimente ou reproduza as desigualdades.* Tendo em vista que esta afirmação ratifica os fundamentos de uma educação inclusiva,
    a) a igualdade de tratamento na escola assegura a aprendizagem a todos os alunos.
    b) as oportunidades educacionais mais significativas devem ser oferecidas àqueles que são realmente merecedores.
    c) é justo atribuir notas mais altas aos alunos que alcançarem um melhor desempenho em decorrência de seus méritos próprios.
    d) a prioridade deve ser a remoção de barreiras à aprendizagem oferecendo o apoio adequado às características e necessidades da diversidade do alunado.
    e) currículos e planejamentos comuns para turmas do mesmo ano/segmento favorecem a igualdade de tratamento.

25. **(FCC – 2022 – SECRETARIA DE ESTADO DA EDUCAÇÃO/ES – PROFESSOR EDUCAÇÃO BÁSICA)** *A professora organiza o espaço da sala de aula conforme sua ação e intenção pedagógica. Durante as aulas acompanhadas percebemos a preferência pela disposição das mesas em forma de U, privilegiando, por um lado, o trabalho coletivo em grande grupo, mas também possibilitando a realização de intervenções individuais. Também houve o agrupamento dos alunos em duplas, trios ou quartetos, para motivar a interação e o auxílio mútuo entre eles [...]. Outra forma recorrente de organização do espaço, na prática pedagógica examinada, são as rodas para conversa ou para leitura.*
    (Extraído do estudo de Piccoli, 2009)

    Esse relato retrata diferentes formas de organização do espaço da classe e das interações que podem favorecer:
    I. O controle da indisciplina evitando conversas paralelas que não estejam relacionadas à aula e a má conduta.
    II. O desenvolvimento de habilidades para atuar em equipe (colaboração, conversação, diálogo, autonomia, corresponsabilidade etc.).
    III. O atendimento aos alunos e grupos que mais necessitam de apoio tendo em vista garantir aprendizagens equitativas.

    Está correto o que se afirma apenas em
    a) I.
    b) II.
    c) III.
    d) I e III.
    e) II e III.

CONHECIMENTOS PEDAGÓGICOS

26. **(FCC – 2022 – SECRETARIA DE ESTADO DA EDUCAÇÃO/ES – PROFESSOR EDUCAÇÃO BÁSICA)** Pesquisas sobre o processo de ensino aprendizagem mostram que o fato de o professor avaliar os alunos frequentemente e por meio de estratégias variadas favorece o aprendizado. Ressaltam o valor de se aplicar instrumentos de avaliação com regularidade, inclusive em forma de tarefas, brincadeiras, pois eles têm o potencial de estimular o aprendizado dos alunos na medida em que exige deles um esforço. Há também evidências de que quando o professor fornece feedbacks frequentes e específicos relacionados aos objetivos de aprendizagem, indicando aos alunos o que devem fazer para melhorar, influencia positivamente no desempenho dos estudantes. Logo, a função básica da avaliação é

   a) aferir o conhecimento de conteúdos conceituais, procedimentais e atitudinais por meio de instrumentos como provas, tarefas, trabalhos etc.
   b) decidir sobre aprovação e reprovação do aluno com base no desempenho obtido nos instrumentos de avaliação, definindo assim a sua progressão vertical.
   c) impulsionar a aprendizagem do aluno na medida em que tem o potencial de propiciar a autocompreensão, motivar o crescimento e aprofundar a aprendizagem.
   d) verificar os níveis de motivação, interesse, iniciativa e atitudes do aluno com relação às tarefas, trabalhos e provas e às situações de *feedback* promovidas pelo professor.
   e) fazer um diagnóstico, a partir da aplicação de instrumentos de avaliação, sobre as possibilidades de o aluno progredir ou não na disciplina.

27. **(FCC – 2022 – SECRETARIA DE ESTADO DA EDUCAÇÃO/ES – PROFESSOR EDUCAÇÃO BÁSICA)** Nos projetos pedagógicos escolares a ideia de trabalho como um princípio educativo aparece frequentemente vinculada à preparação para o mundo do trabalho. É preciso muito cuidado para que essa aproximação de ideias não esvazie a noção formativa do conceito "trabalho" no Ensino Médio. Para tanto, é preciso ter clareza que a compreensão de trabalho como um princípio formativo implica

   a) entender as relações próprias do mundo do trabalho e fazer escolhas alinhadas ao exercício da cidadania e ao seu projeto de vida.
   b) reconhecer os contextos de diferentes formas de produção capitalista e sua cristalização nas sociedades contemporâneas.
   c) relacionar teoria e prática nas situações cotidianas, geralmente desvinculadas do conhecimento teórico de ensino médio.
   d) valorizar o emprego e compreender que vale sempre a pena distanciar-se de seu projeto de vida para garanti-lo.
   e) buscar uma profissionalização precoce dos jovens na atualidade para que não percam tempo ao ingressarem no mercado de trabalho.

28. **(FCC – 2022 – SECRETARIA DE ESTADO DA EDUCAÇÃO/ES – PROFESSOR EDUCAÇÃO BÁSICA)** O trabalho interdisciplinar só é possível a partir do domínio das áreas do conhecimento escolar. É a partir delas que se constrói a investigação de problemas complexos que exigem relacionar diversos conceitos, ir além da fragmentação das estruturas curriculares e propiciar a busca de respostas que fazem avançar o conhecimento específico em cada uma das disciplinas.
Descreve um verdadeiro trabalho interdisciplinar:

   a) No trabalho sobre separação de misturas os alunos devem passar por três estações com experimentos sobre o tema. Após esse circuito vão levantar hipóteses sobre como proceder com diferentes misturas e porque isso é uma prática relevante. Discutem suas hipóteses com os colegas e o professor complementa com a teoria.
   b) A partir do tema Crise, situações de alta complexidade, o grupo deve escolher um assunto dentro de "crise ambiental", "crise da democracia" ou "crise da saúde" e desenvolver pesquisas que envolvam questões e fontes de diferentes áreas, sob orientação dos professores das várias disciplinas da série, para elaboração de um site de divulgação sobre o tema.
   c) Para aprofundar os conceitos da Geometria Clássica, durante a aula de Educação Física sobre os fundamentos do Basquete, os alunos devem investigar as medidas da quadra, relacioná-las com a quantidade de jogadores em cada time e dividir o espaço do campo a partir de pelo menos duas figuras geométricas regulares.
   d) Aproveitando o conteúdo do período nazista em História, os alunos vão estudar as fronteiras do território alemão em Geografia, ler o diário de Anne Frank em Português, estudar o conceito de raça em Biologia, produzir gráficos sobre a população alemã em Matemática e encenar a peça "Terror e Misérias no III Reich" em Arte.
   e) A genética é de tal forma complexa que para entendê-la é preciso se apropriar de conceitos da Química e da Biologia. Aproveitando essa característica e ampliando o escopo do trabalho, os alunos devem ler um artigo científico publicado em um periódico americano e depois responder, em inglês, a um questionário sobre a importância do Projeto Genoma.

29. **(FCC – 2022 – SECRETARIA DE ESTADO DA EDUCAÇÃO/ES – PROFESSOR EDUCAÇÃO BÁSICA)** Uma prática pedagógica que cria oportunidades para o desenvolvimento do protagonismo juvenil em sala de aula é

   a) o trabalho em grupo com papéis previamente definidos, como relator ou organizador da discussão, para evitar que alguém fique sem ter o que fazer.
   b) o uso de tecnologias com liberdade, como, por exemplo, poder optar por recursos como *powerpoint* ou vídeos em apresentação de seminários.
   c) a votação, no início das aulas, com todos os alunos da classe, para decidir que estratégias didáticas serão adotadas durante o dia de aula.
   d) o trabalho por projetos nos quais os alunos participam da definição do tema, desenvolvimento e avaliação dos produtos e processos.
   e) a participação na limpeza da sala de aula ao término das aulas para deixar a classe em ordem para a turma que assistirá aula no próximo turno.

30. **(FCC – 2022 – SECRETARIA DE ESTADO DA EDUCAÇÃO/ES – PROFESSOR EDUCAÇÃO BÁSICA)** *[...] um currículo para Educação Integral é comprometido com a elaboração intencional de processos educativos que visam o desenvolvimento humano em sua integralidade, superando uma visão disciplinar, e que para isso promovam a interligação dos saberes, o estímulo a sua aplicação na vida real, a importância do contexto para dar sentido ao que se aprende e o protagonismo do estudante em sua aprendizagem e na construção do seu projeto de vida e de sua atuação cidadã. Pressupõe ainda a articulação da escola com pais, comunidade e demais instituições e a melhoria qualitativa do tempo na escola para o atendimento à formação integral do sujeito.*

   (Currículo do Ensino Fundamental. Espírito Santo)

   De acordo com o Currículo do Ensino Fundamental do Estado do Espírito Santo, a Educação Integral pressupõe:

   I. A promoção do desenvolvimento intelectual, emocional, social, cultural, físico e político dos estudantes.
   II. O aumento do tempo de permanência dos estudantes na escola, de modo a contemplar a formação destes sujeitos em sua integralidade.

III. O comprometimento da escola e seus profissionais em planejar as ações e atividades pedagógicas.
IV. O desenvolvimento de ações e projetos interdisciplinares, contextualizados e condizentes com as vivências dos estudantes.
V. A realização de parcerias com outras instituições para o desenvolvimento de projetos e atividades escolares substanciais.

Está correto o que se afirma apenas em
a) I, II e IV.
b) II e V.
c) I, III e IV.
d) III, IV e V.
e) I, II e III.

31. (FCC – 2022 – SECRETARIA DE ESTADO DA EDUCAÇÃO/ES – PROFESSOR EDUCAÇÃO BÁSICA) A desigualdade educacional, no que concerne ao acesso, à permanência e à qualidade do processo de ensino e de aprendizagem, é uma situação existente em nosso país há muito tempo, apontando a necessidade de se promover a equidade para superação da exclusão histórica que atravessa a escolarização básica brasileira. Para superar essa desigualdade, os professores precisam
a) separar os estudantes que apresentam dificuldades para aprender daqueles que aprendem mais facilmente.
b) estimular os estudantes a organizarem seu tempo para participarem de projeto de reforço escolar.
c) organizar atividades pedagógicas em grupos que contem com alunos com bom desempenho.
d) conhecer os estudantes de modo a orientar o trabalho pedagógico para atender suas singularidades.
e) propor às famílias que auxiliem os estudantes nas atividades propostas.

32. (FCC – 2022 – SECRETARIA DE ESTADO DA EDUCAÇÃO/ES – PROFESSOR EDUCAÇÃO BÁSICA) *Projeto de Vida é, para o estudante, o caminho traçado entre "quem ele é" e "quem ele quer ser", partindo da apropriação da história de sua vida pessoal para projetar trajetórias sobre os próprios desejos, por meio do exercício contínuo de autoconhecimento, de reflexão sobre sua própria atuação no mundo, no mundo do trabalho, na família e na comunidade, construindo novas perspectivas das dimensões pessoal, cidadã e profissional.*

(Novo Ensino Médio Capixaba: plano de Implementação)

São objetivos das aulas do Projeto de Vida:
I. A construção e apropriação de conhecimentos e valores que permitam aos estudantes tomarem decisões.
II. O desenvolvimento da percepção dos estudantes sobre a importância dos estudos para planejar o futuro.
III. A escolha de metodologias que ajudem os estudantes a elaborar seu Projeto de Vida de forma clara e coerente.
IV. O vislumbre de diferentes cenários e possibilidades para a formação acadêmica e profissional dos estudantes.
V. O desenvolvimento do senso de responsabilidade nos estudantes, para se prepararem para o mercado de trabalho.

Está correto o que se afirma apenas em
a) I, III e IV.
b) II e V.
c) II, III e IV.
d) I, III e V.
e) I, II e IV.

33. (FGV – 2022 – SECRETARIA DE ESTADO DE ADMINISTRAÇÃO/AM – PROFESSOR) De acordo com o Plano Nacional da Educação em Direitos Humanos, a educação em direitos humanos é compreendida como um processo sistemático e multidimensional que orienta a formação do sujeito de direitos, articulando as seguintes dimensões, *à exceção de uma*, que está errada. Assinale-a.
a) Apreensão de conhecimentos historicamente construídos sobre direitos humanos e a sua relação com os contextos internacional, nacional e local.
b) Afirmação de valores, atitudes e práticas sociais que expressem a cultura dos direitos humanos em todos os espaços da sociedade.
c) Formação de uma consciência cidadã capaz de se fazer presente em níveis cognitivo, social, ético e político.
d) Desenvolvimento de processos metodológicos exclusivistas e de construção individualizada, que usam linguagens e materiais didáticos descontextualizados.
e) Fortalecimento de práticas individuais e sociais que gerem ações e instrumentos em favor da promoção, da proteção e da defesa dos direitos humanos, bem como da reparação das violações.

34. (FGV – 2022 – SECRETARIA DE ESTADO DE ADMINISTRAÇÃO/AM – PROFESSOR) *A avaliação formativa vem ganhando espaço nas discussões pedagógicas, impulsionada pelo uso da tecnologia no cenário de pandemia, e pela necessidade de contribuir de modo equânime para a aprendizagem de cada aluno. Na avaliação formativa, o professor busca promover momentos de maior proximidade com cada estudante, entendendo suas necessidades específicas, seus avanços e refletindo junto com ele sobre estratégias para seguir se desenvolvendo, de acordo com o desejado. Trata-se de uma modalidade avaliativa para acolher e atender os estudantes que mais precisam, sendo fundamental para combater as desigualdades de aprendizagem que afetam, principalmente, estudantes em situações de maior vulnerabilidade.*

Adaptado de https://observatoriodeeducacao.institutounibanco.org.br/

Com base no texto, assinale a afirmativa que identifica corretamente objetivos da avaliação formativa.
a) Motivar o aprendizado e premiar a eficiência.
b) Lidar com o erro e acelerar a assimilação de conteúdos.
c) Identificar e corrigir as principais falhas de conhecimento.
d) Classificar os rendimentos e destacar talentos individuais.
e) Personalizar a aprendizagem e reduzir as desigualdades.

35. (FGV – 2022 – SECRETARIA DE ESTADO DE ADMINISTRAÇÃO/AM – PROFESSOR) Observe a charge "Justiça Injusta"

Adaptado de http://observacoeseducacionais.blogspot.com

É correto afirmar que a situação ironizada na charge pode ser corrigida com base no princípio de

a) respeito à diversidade, pelo que entende-se justiça como distribuição uniforme de ferramentas e assistência para os mais variados tipos de pessoas.

b) equidade, pelo que entende-se justiça como fomento de oportunidades iguais, considerando as diferenças entre os indivíduos e suas características e necessidades.

c) igualdade de oportunidades, pelo que entende-se justiça como estímulo à superação das incapacidades de cada indivíduo para que todos alcancem a mesma meta.

d) meritocracia, pelo que entende-se justiça como oferecimento de acesso igualitário às oportunidades, de modo a corrigir as desigualdades sociais.

e) personalização do ensino, pelo que entende-se justiça como reconhecimento das capacidades individuais de aprendizado para selecionar os mais capazes.

36. (FGV – 2022 – SECRETARIA DE ESTADO DE ADMINISTRAÇÃO/AM – PROFESSOR) A seleção de atividades no planejamento didático é baseada em princípios teóricos no campo da educação.

A esse respeito, leia os exemplos a seguir.

I. Pré-avaliação dos alunos para estabelecer o ponto de partida do processo de aprendizagem e o uso de reforços/recompensas tangíveis para aumentar o rendimento.

II. Ênfase na participação ativa dos alunos nos processos de aprendizagem e na conscientização do ato de aprender, mediante estratégias de autoavaliação, conceituação e revisão.

III. Valorização da identificação do contexto significativo em que a competência deve ser adquirida e sucessivamente aplicada para que os alunos possam ir além das informações fornecidas.

Assinale a afirmativa que identifica corretamente os fundamentos teóricos das atividades de planejamento descritas em I, II e III, respectivamente.

a) Behaviorismo – Construtivismo – Cognitivismo.
b) Construtivismo – Cognitivismo – Behaviorismo.
c) Cognitivismo – Construtivismo – Behaviorismo.
d) Cognitivismo – Behaviorismo – Construtivismo.
e) Behaviorismo – Cognitivismo – Construtivismo.

37. (FGV – 2022 – SECRETARIA DE ESTADO DE ADMINISTRAÇÃO/AM – PROFESSOR) Leia o trecho a seguir, que descreve uma tendência pedagógica e seu impacto para fundamentar o currículo escolar.

O fundamento desse currículo é a seleção e redefinição dos conteúdos de ensino, de modo a atribuir-lhes um sentido prático. Ele pretende superar a preeminência dos saberes das disciplinas escolares, ao privilegiar o "como ensinar". Nele abre-se espaço para atividades e situações concretas, a partir das quais os alunos devem desenvolver habilidades específicas.

No entender de alguns educadores, esse currículo promove o encontro entre formação e emprego, mantendo-se afinado com as necessidades do mercado de trabalho.

Assinale a opção que identifica corretamente a concepção de currículo descrita.

a) Currículo idealista.
b) Currículo por competência.
c) Currículo sociocrítico.
d) Currículo como produção cultural.
e) Currículo globalizado.

38. (FGV – 2022 – SECRETARIA DE ESTADO DE ADMINISTRAÇÃO/AM – PROFESSOR) O diagrama a seguir ilustra a relação entre experiência, inteligência e conhecimento.

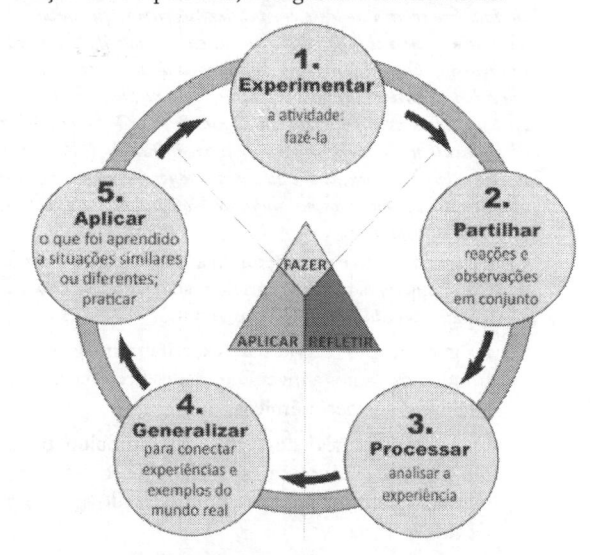

Adaptado de https://www.pedagogy4change.org/

A respeito dessa relação, assinale a afirmativa que indica a visão pedagógica coerente com o diagrama.

a) A reconstrução e reorganização da experiência levam a uma maior percepção do seu sentido, habilitando as pessoas a dirigir melhor o curso das suas experiências futuras.

b) A capacidade de aprender depende do ensino formal e, sobretudo, do nível de competência cognitiva de que se predispõe para executar as atividades propostas.

c) A experiência serve para identificar os condicionamentos próprios do processo universal de aprendizagem e permite substituir respostas inadequadas por outras adequadas.

d) A aquisição de habilidades para fortalecer e disciplinar a mente pode ser obtida pelo uso das faculdades mentais de conceituar e esquematizar relações espaço-temporais.

e) A aprendizagem ocorre quando a informação é armazenada e organizada de modo significativo na memória, em um processo sequenciado de reconhecimento e assimilação.

39. (FGV – 2022 – SECRETARIA DE ESTADO DE ADMINISTRAÇÃO/AM – PROFESSOR) *Trata-se de um conceito formulado originalmente por Lev Vygotsky, na década de 1920, e serve para explicar como a aprendizagem da criança se desenvolve com a ajuda dos outros. Com esse conceito, indica-se a distância entre o nível de performance atual, determinado pela capacidade de resolver tarefas de forma independente, e o nível de performance potencial, determinado por desempenhos possíveis, com ajuda de adultos ou de colegas mais avançados ou mais experientes.*

O texto refere-se ao conceito de

a) escrita coletiva.
b) situação comunicativa.
c) acomodação e assimilação.
d) estágio operatório-concreto.
e) zona de desenvolvimento proximal.

40. (FGV – 2022 – SECRETARIA DE ESTADO DE ADMINISTRAÇÃO/AM – PROFESSOR) *Um professor adota a metodologia da "gamificação", usando um aplicativo que simula a vida em uma cidade. Ele separa a classe em pequenos grupos, que devem escolher o cenário – uma cidade rural, litorânea ou metrópole – e três áreas prioritárias. Os estudantes são desafiados a decidir o que é melhor para sua cidade, face aos indicadores financeiros, à média da satisfação popular e à eficácia da infraestrutura do município. Cada decisão impacta diretamente nos indicadores e abre a possibilidade de debater impostos, transportes, educação e saúde, dentre outros temas, tendo em vista os conteúdos trabalhados nas aulas de biologia, filosofia, matemática, geografia e história.*

Com base no relato e considerando a "gamificação" como estratégia com objetivos pedagógicos no caso citado, assinale (V) para a afirmativa verdadeira e (F) para a falsa.

( ) A "gamificação" serviu para exercitar a imaginação e estimulou os alunos a inventar cidades ficcionais, sem desigualdades socioeconômicas.

( ) O uso de "games" de simulação estimulou o raciocínio lógico e exercitou a capacidade de se posicionar em relação a políticas públicas, considerando seus impactos na vida coletiva.

( ) A atividade desenvolveu competências socioemocionais e ligadas ao pensamento estratégico, ao engajar os alunos em uma ação de modo interativo e com responsabilidade social.

As afirmativas são, respectivamente,

a) V – V – F.
b) V – F – V.
c) F – V – V.
d) F – V – F.
e) V – V – V.

41. (FGV – 2022 – SECRETARIA DE ESTADO DE ADMINISTRAÇÃO/AM – PROFESSOR) *A gestão escolar, comprometida com uma educação de qualidade, exige o envolvimento e a participação da comunidade nos processos de planejamento e avaliação dos resultados alcançados, ao mesmo tempo que descentraliza as tomadas de decisão e divide responsabilidades, com intuito de envolver todos os segmentos interessados na construção coletiva das propostas de educação.*

A partir do texto, analise as afirmativas a seguir a respeito da relação entre gestão escolar e compromisso com a qualidade de ensino.

I. A verticalização da gestão escolar é uma medida administrativa que agiliza a tomada de decisão para atender com eficiência todos os envolvidos na escola.

II. O engajamento de todos os setores na elaboração do projeto político-pedagógico, fortalece a autonomia da escola e o compromisso com a qualidade do aprendizado.

III. A gestão democrática da escola favorece a socialização de saberes e a interação comunitária fomentando a participação coletiva para a definição da identidade da escola.

Está correto o que se afirma em:

a) II, apenas.
b) I e II, apenas
c) II e III, apenas
d) I e III, apenas
e) I, II e III.

42. (FGV – 2022 – SECRETARIA DE ESTADO DE ADMINISTRAÇÃO/AM – PROFESSOR)

Como chamar as pessoas que têm deficiência?

Pessoas com capacidades especiais", "pessoas com eficiências diferentes", "pessoas com habilidades diferenciadas", "pessoas portadoras de deficiência", "pessoas com disfunção funcional"... Na primeira década do século XXI, a Declaração de Salamanca preconizou a expressão "pessoas com deficiência", com a qual o valor agregado às pessoas com deficiência passou a ser o do empoderamento e o da responsabilidade de contribuir com seus talentos para mudar a sociedade rumo à inclusão de todas as pessoas, com ou sem deficiência. Os movimentos mundiais de pessoas com deficiência, incluindo os do Brasil, já fecharam a questão: querem ser chamados de "pessoas com deficiência", em todos os idiomas. Esse termo faz parte do texto da convenção sobre os direitos das pessoas com deficiência, adotado pela ONU em 2006, e promulgado por decreto no Brasil em 2009.

Adaptado de SASSAKI, Romeu Kazumi. Como chamar as pessoas que têm deficiência? (2014)

As afirmativas a seguir descrevem corretamente os princípios básicos que levaram à defesa da terminologia "pessoas com deficiência", à exceção de uma. Assinale-a.

a) Valorizar as diferenças e necessidades decorrentes da deficiência.

b) Combater eufemismos que tentam diluir ou camuflar as diferenças.

c) Defender a igualdade entre pessoas com deficiência e sem deficiência.

d) Responsabilizar a sociedade pela invalidez de uma parte de seus membros.

e) Reivindicar a eliminação das restrições à participação das pessoas com deficiência na vida social.

43. (FGV – 2023 – SECRETARIA MUNICIPAL DE EDUCAÇÃO/SP – PROFESSOR - EDUCAÇÃO INFANTIL) Para a implementação da Política de Educação Especial na Perspectiva da Educação Inclusiva, é necessário que todos os profissionais da educação atuantes nas escolas se responsabilizem pelo atendimento de cada estudante público-alvo da Educação Especial.

As opções a seguir apresentam recomendações do Conselho Municipal de Educação para as Unidades de Ensino sobre a implementação da Política de Educação Especial, à exceção de uma. Assinale-a.

a) Promover espaços de troca sobre Educação Inclusiva, bem como a articulação entre professores, profissionais de apoio e famílias.

b) Especificar no Projeto Político-Pedagógico as ações para a garantia do acesso, permanência, participação plena, desenvolvimento e aprendizagem do público-alvo da educação especial.

c) Propiciar momentos e espaços de formação da equipe e dos colegiados de participação, oportunizando a reflexão sobre os direitos humanos e o respeito às diferenças.

d) Solicitar que os professores acompanhem pessoalmente seus estudantes com deficiência ao Atendimento Educacional Especializado.

e) Assegurar a matrícula de todos os estudantes, como direito inalienável, sendo vedadas quaisquer formas de discriminação ou cobranças indevidas para sua efetivação.

44. (FGV – 2023 – SECRETARIA MUNICIPAL DE EDUCAÇÃO/SP – PROFESSOR - EDUCAÇÃO INFANTIL) Leia o fragmento a seguir.

"Até o ano de 2017, o Brasil contava com uma legislação migratória, o _____, aprovada em 1980, em meio a um regime de _____, que _____ a entrada e permanência de migrantes no país e _____ o seu acesso a direitos fundamentais, excluindo a população migrante indocumentada do sistema de ensino brasileiro."

Secretaria Municipal de Educação. Coordenadoria Pedagógica. Currículo da cidade: povos migrantes: orientações pedagógicas. São Paulo: SME / COPED, 2021, p. 28.

Assinale a opção cujos itens completam corretamente as lacunas do fragmento apresentado.

a) Estatuto do Imigrante – concessão – autorizava – garantia.
b) Estatuto do Estrangeiro – exceção – restringia – cerceava.
c) Estatuto da População em Deslocamento – inovação – ampliava – aprovava.
d) Estatuto da Pessoa em Trânsito – liberdade – discutia sobre – ampliava.
e) Estatuto do Migrante – exclusão – restringia – proibia.

45. (FGV – 2023 – SECRETARIA MUNICIPAL DE EDUCAÇÃO/SP – PROFESSOR - EDUCAÇÃO INFANTIL) Leia o trecho a seguir.

Os projetos abrem para a possibilidade de aprender os diferentes conhecimentos construídos na história da humanidade de modo relacional e não-linear, propiciando às crianças aprender através de múltiplas linguagens, ao mesmo tempo em que lhes proporcionam a reconstrução do que já foi aprendido.

BARBOSA e HORN. *Projetos Pedagógicos na educação infantil*. Porto Alegre: Artmed, 2008, p. 35.

Com base no trecho citado, é correto afirmar que o trabalho com projetos

a) enfatiza as experiências motoras e sensoriais, apresentadas na teoria de Montessori, possibilitando que as crianças aprendam sozinha e se desenvolvam naturalmente a partir do seu ambiente.
b) corrobora a teoria de Vygotsky, que considera o meio social como preponderante no desenvolvimento cognitivo dos sujeitos: as crianças aprendem ao interagirem com o meio e com outros seres.
c) possibilita a organização das atividades, de acordo com os centros de interesse descritos por Decroly, a partir de conteúdos divididos por matérias.
d) baseia-se nas ideias de Dewey, pautando-se na premissa que a assimilação de conhecimentos ocorre de forma linear e formal, mediante a qual o aluno aprende o que o professor transmite.
e) está pautado na teoria de Freinet dos estágios de desenvolvimento no processo de aprendizagem, mediante os quais os alunos aprendem os conteúdos para se relacionarem com o meio por etapas.

46. (FGV – 2023 – SECRETARIA MUNICIPAL DE EDUCAÇÃO/SP – PROFESSOR - EDUCAÇÃO INFANTIL) Leia o fragmento a seguir.

É necessário criar na escola uma cultura avaliativa. Não basta somente aplicar o instrumento e mensurar as aprendizagens com um conceito ou nota. O processo avaliativo é muito mais que isso. Precisamos, então, cuidar do planejamento de dois aspectos importantes: o tipo de avaliação a ser utilizada e a diversidade de instrumentos avaliativos.

Secretaria Municipal de Educação. Coordenadoria Pedagógica. Currículo da cidade: Ensino Fundamental: componente curricular: Língua Portuguesa. São Paulo: SME / COPED, 2019, p. 55.

Um dos tipos de avaliação proposto no referido documento é a *avaliação formativa*. Assinale a opção que descreve corretamente as características dessa avaliação.

a) Ajusta as atividades de ensino e o processo de aprendizagem durante o desenvolvimento do estudo, acompanhando as aprendizagens dos estudantes.
b) Levanta dados para o planejamento do ensino, antes de iniciar um novo estudo, durante o processo de ensino aprendizagem.
c) Propicia a autoavaliação, pela qual o aluno percebe os próprios avanços e dificuldades, com objetivo de comparar o seu nível intelectual em relação ao de seus pares.
d) Verifica se há necessidade de repetir ou não os conteúdos ministrados, ao final do trabalho realizado, constatando o quanto os estudantes aprenderam.
e) Tem a função de classificar os alunos, em âmbito institucional, para averiguar se há a necessidade de realizar, internamente, a formação de professores.

47. (FGV – 2023 – SECRETARIA MUNICIPAL DE EDUCAÇÃO/SP – PROFESSOR - EDUCAÇÃO INFANTIL) Leia o trecho a seguir.

As tarefas investigativas são importantes de serem trabalhadas desde os anos iniciais do Ensino Fundamental, pois desafiam os estudantes a vivenciar experiências que podem instigar os conhecimentos matemáticos, quando trabalhadas em aulas problematizadoras.

Secretaria Municipal de Educação. Coordenadoria Pedagógica. Currículo da cidade: Ensino Fundamental: componente curricular: Matemática. – 2.ed. – São Paulo: SME / COPED, 2019, p. 72.

Esse tipo de tarefa apresenta quatro momentos principais, que o professor deve considerar ao fazer seu planejamento.

Assinale a opção que indica tais momentos.

a) Reconhecimento, formulação de conjecturas, realização de testes e argumentação.
b) Desenvolvimento descritivo, formulação de conjecturas, argumentação e generalização.
c) Reconhecimento, problematização, realização de testes e resolução.
d) Desenvolvimento descritivo, problematização, generalização e resolução.
e) Reconhecimento, formulação de conjecturas, problematização e resolução.

48. (FGV – 2023 – SECRETARIA MUNICIPAL DE EDUCAÇÃO/SP – PROFESSOR - EDUCAÇÃO INFANTIL) Com relação à proposição de uma assembleia por um(a) docente de Educação Infantil, levando em conta os princípios teóricos de Paulo Freire e as orientações estabelecidas pelo Currículo da Cidade, analise as afirmativas a seguir.

I. É um espaço de troca, em que alunos e alunas aprendem a expor seus pontos de vista, a ouvir a crítica do outro e a refletir coletivamente.
II. É um momento no qual o professor explica as atividades do dia, seguindo seu planejamento semanal, relembrando regras e combinados da escola.
III. É uma oportunidade para as crianças, juntamente com seu (sua) professor(a), avaliarem as atividades do dia ou algum conflito que tenha surgido na escola ou no próprio grupo.

Está correto o que se afirma em

a) I, apenas.
b) II, apenas.
c) I e II, apenas.
d) I e III, apenas.
e) I, II e III.

49. (FGV – 2023 – SECRETARIA MUNICIPAL DE EDUCAÇÃO/SP – PROFESSOR - EDUCAÇÃO INFANTIL)

Ensinamos as crianças a traçar as letras e a formar palavras com elas, mas não ensinamos a linguagem escrita.

Essa visão crítica de Lev Vygotsky sobre o processo inicial de aquisição da escrita permanece atual, uma vez que ainda há equívocos no modo como, em geral, é apresentada a escrita para as crianças: mais focando em um ensino do mecanismo do que na utilização racional, funcional e social da escrita.

Adaptado de FARIA & MELLO (orgs.). *Linguagens infantis: outras formas de leitura*. Campinas, SP: Autores Associados, 2009.

Assinale a opção que descreve corretamente a perspectiva da educadora Suely Amaral Mello a respeito do processo de aquisição da escrita na Educação Infantil.

a) A aprendizagem da lecto-escritura deve ser entendida como construção de um conhecimento específico a respeito da função e do valor desse objeto cultural que é a língua escrita.

b) A escrita produzida pelas crianças é parte de seu esquema de assimilação da aprendizagem, isto é, conforme o seu desenvolvimento manifestado pela linguagem oral.

c) No processo de alfabetização e letramento, o professor deve se configurar como um modelo, ou seja, um professor-leitor, um incentivador da leitura/escrita para as crianças.

d) A alfabetização e o letramento devem acontecer simultaneamente desde a Educação Infantil e durante todo o processo de aprendizagem da língua escrita.

e) Atividades de expressão, como o desenho e a brincadeira de faz-de-conta, constituem as bases para a aquisição da escrita como um instrumento cultural complexo.

50. **(FGV – 2023 – SECRETARIA MUNICIPAL DE EDUCAÇÃO/SP – PROFESSOR - EDUCAÇÃO INFANTIL)** De acordo com a Orientação Normativa para Registro na Educação Infantil SME/COPED - 2020, o registro escrito da(o) professora(or) e a devolutiva por escrito da equipe gestora garantem

a) a reflexão crítica sobre a prática e a excelência do trabalho docente e a documentação pedagógica.

b) a formação contínua, a excelência do trabalho docente e o controle da documentação exigida pelas Diretorias de Ensino.

c) a reflexão crítica sobre a prática, a formação permanente e a documentação pedagógica

d) os cursos de formação, o avanço no desenvolvimento das crianças e a documentação pedagógica

e) a reflexão crítica sobre a prática, a formação permanente e o controle da documentação exigida pelas Diretorias de Ensino.

51. **(FGV – 2023 – SECRETARIA MUNICIPAL DE EDUCAÇÃO/SP – PROFESSOR)** A respeito dos princípios constitucionais da educação, leia a lista a seguir.

I. Garantia do direito à educação ao longo da vida.
II. Igualdade de condições para o acesso à escola.
III. Uniformização pedagógica para manter um padrão de qualidade.

Os princípios constitucionais da educação estão corretamente identificados em

a) I, apenas.
b) I e II, apenas.
c) I e III, apenas.
d) II e III, apenas.
e) I, II e III.

52. **(FGV – 2023 – SECRETARIA MUNICIPAL DE EDUCAÇÃO/SP – PROFESSOR)** Relacione os conceitos relativos ao Estatuto da Pessoa com Deficiência com suas respectivas definições.

1. Adaptações razoáveis
2. Acessibilidade
3. Barreiras
4. Tecnologia assistiva

( ) Produtos, equipamentos e dispositivos que promovam a participação autônoma, independente e qualitativa da pessoa com deficiência ou com mobilidade reduzida.

( ) Modificações e ajustes que assegurem à pessoa com deficiência o exercício, com igualdade de condições com os demais, de seus direitos e liberdades fundamentais.

( ) Disponibilidade de espaços, equipamentos, transportes e informações que permitam uma utilização segura e autônoma por pessoa com deficiência ou com mobilidade reduzida.

( ) Formas de entrave que limitem ou impeçam a participação social da pessoa com deficiência, seu gozo, sua liberdade de expressão, de comunicação, sua segurança, entre outros.

Assinale a opção que mostra a relação correta, de cima para baixo.

a) 1 – 4 – 3 – 2.
b) 1 – 4 – 2 – 3.
c) 4 – 1 – 2 – 3.
d) 4 – 3 – 2 – 1.
e) 2 – 4 – 1 – 3.

53. **(FGV – 2023 – SECRETARIA MUNICIPAL DE EDUCAÇÃO/SP – PROFESSOR)** Cipriano Luckesi é um crítico dos modos de avaliação da aprendizagem, os quais, segundo ele, são *"expressões de visões de mundo determinadas"*.

Analise as assertivas a seguir e, de acordo com a concepção do autor, assinale V para a afirmativa verdadeira e F para falsa.

( ) As avaliações de aprendizagem devem se guiar por um ideal de neutralidade que garanta rigor e eficácia.

( ) Os processos educacionais têm como finalidade a avaliação, responsável por quantificar seus resultados.

( ) Uma educação que almeja conservar a forma da sociedade utiliza métodos autoritários de avaliação.

As afirmativas são, respectivamente,

a) F – V – F.
b) F – V – V.
c) V – F – F.
d) V – V – F.
e) F – F – V.

54. **(FGV – 2023 – SECRETARIA MUNICIPAL DE EDUCAÇÃO/SP – PROFESSOR)**

"A atividade de ensino é permeada pela atividade social coletiva e pela atividade de aprendizagem individual. Os processos psicológicos superiores estão enraizados no desenvolvimento social e cultural. O processo de ensino e aprendizagem consiste na apropriação da experiência social humana histórica por meio de uma atividade psicológica interna."

LIBÂNEO, José Carlos. "Antinomias na formação de professores e a busca de integração entre o conhecimento pedagógico-didático e o conhecimento disciplinar". In: Didática: teoria e pesquisa. Araraquara: Junqueira&Marin/ Ceará: UECE, 2018.

No trecho apresentado, o autor faz referência à teoria da aprendizagem de

a) Ausubel.
b) Vygotsky.
c) Skinner.
d) Watson.
e) Piaget.

CONHECIMENTOS PEDAGÓGICOS

55. (FGV – 2023 – SECRETARIA MUNICIPAL DE EDUCAÇÃO/SP – PROFESSOR)

"O professor que desrespeita a curiosidade do educando, o seu gosto estético, a sua inquietude, a sua linguagem, mais precisamente, a sua sintaxe e a sua prosódia; o professor que ironiza o aluno, que o minimiza, que manda que 'ele se ponha em seu lugar' ao mais tênue sinal de sua rebeldia legítima, tanto quanto o professor que se exime do cumprimento de seu dever de propor limites à liberdade do aluno, que se furta ao dever de ensinar, de estar respeitosamente presente à experiência formadora do educando, transgride os princípios fundamentalmente éticos de nossa existência."

FREIRE, Paulo. Pedagogia da autonomia. São Paulo: Paz e Terra, 2011.

Com base no trecho apresentado, é correto afirmar que o professor deve

a) incentivar a curiosidade epistemológica dos alunos para que possam memorizar significativamente os conteúdos.
b) padronizar o uso da linguagem pelos alunos, construindo com eles o domínio da lógica e da sintaxe.
c) incentivar uma educação emancipadora, que respeita as particularidades e diferenças de cada aluno.
d) manter intocados os conhecimentos prévios trazidos pelos alunos, pois constituem sua memória e identidade sociais.
e) acompanhar o aprendizado espontâneo dos alunos, sem impor novos métodos e conteúdos de caráter instrucional.

56. (FGV – 2023 – SECRETARIA MUNICIPAL DE EDUCAÇÃO/SP – PROFESSOR)

"Pensar em práticas educacionais inclusivas implica na compreensão da garantia de direito de todos às condições materiais concretas para a efetivação das aprendizagens e desenvolvimento, de modo que a organização do espaço escolar as ofereça a todos os estudantes, indiferente de sua condição física, social, emocional, cognitiva, étnica, cultural, de gênero, religiosa ou econômica."

São Paulo (SP). Secretaria Municipal de Educação. Coordenadoria Pedagógica. Vulnerabilidade e educação. São Paulo: SME/COPED, 2021.

Com base no trecho, assinale a opção que apresenta corretamente uma perspectiva educacional inclusiva.

a) Reconhecer que um contexto social vulnerável impossibilita a aprendizagem dos estudantes.
b) Estabelecer objetivos possíveis de serem alcançados e pautados na observação contínua.
c) Usar a avaliação como estratégia de ranqueamento para acelerar a aprendizagem quando possível.
d) Estimular a competição entre os estudantes como forma de promover um crescimento generalizado.
e) Identificar as fragilidades dos estudantes para classificar os níveis de desenvolvimento cognitivo.

57. (FGV – 2023 – SECRETARIA MUNICIPAL DE EDUCAÇÃO/SP – PROFESSOR)

Fonte: Ana Maria Saul e Alexandre Saul, 2017 (adaptado).

Segundo o infográfico, é correto afirmar que o saber/fazer docente na obra freireana

a) requer do professor a assunção de uma postura permanente de aprendiz.
b) tem como objetivo a subordinação do professor aos interesses dos alunos.
c) exige a transmissão sistemática de conteúdos do professor para os alunos.
d) descarta o saber do senso comum que os alunos trazem consigo.
e) fundamenta a hierarquia do professor sobre os alunos com base no conhecimento.

58. (AOCP – 2019 – SECRETARIA DE ESTADO DA EDUCAÇÃO/PB – PROFESSOR) O Índice de Desenvolvimento da Educação Básica (IDEB) foi criado em 2007 e reúne, em um só indicador, os resultados de dois conceitos igualmente importantes para a qualidade da educação: o fluxo escolar e as médias de desempenho nas avaliações. A respeito do IDEB, assinale a alternativa INCORRETA.

a) O cálculo do IDEB obedece a uma fórmula que leva em consideração as notas das provas de língua portuguesa, matemática e ciências.
b) O IDEB agrega ao enfoque pedagógico dos resultados das avaliações em larga escala do INEP a possibilidade de resultados sintéticos, facilmente assimiláveis e que permitem traçar metas de qualidade educacional para os sistemas.
c) O IDEB é calculado a partir dos dados sobre aprovação escolar, obtidos no Censo Escolar, e das médias de desempenho nas avaliações do INEP.
d) O IDEB é um importante condutor de políticas públicas em prol da qualidade da educação, servindo como ferramenta para acompanhamento das metas de qualidade do Plano de Desenvolvimento da Educação (PDE) para a educação básica.

59. (AOCP – 2019 – SECRETARIA DE ESTADO DA EDUCAÇÃO/PB – PROFESSOR) A respeito do ENEM – Exame Nacional do Ensino Médio –, assinale a alternativa correta.

a) O ENEM será realizado anualmente, com aplicação centralizada das provas, observando-se as disposições contidas na Portaria que o regulamenta e em editais publicados pelo INEP para as suas correspondentes edições.
b) Constitui objetivo primordial do ENEM aferir se aqueles que dele participam demonstram, ao final do ensino fundamental, individualmente, domínio dos princípios científicos e tecnológicos que presidem a produção moderna e se detêm conhecimento das formas contemporâneas de linguagem.
c) Os resultados do ENEM deverão possibilitar a sua utilização como instrumento de seleção para ingresso nos diferentes setores do mundo do trabalho.
d) A inscrição no ENEM é obrigatória, devendo dele participar o estudante que preencha os requisitos dispostos em edital.

60. (AOCP – 2019 – SECRETARIA DE ESTADO DA EDUCAÇÃO/PB – PROFESSOR) A Gestão Escolar foi marcada por um paradigma baseado no autoritarismo, na centralização, na fragmentação, entre outras características. Nessa perspectiva, assinale a alternativa que corresponde ao pressuposto que emerge desse enfoque da realidade.

a) A realidade é dinâmica, sendo construída socialmente pela forma como as pessoas pensam, agem e interagem.
b) O ambiente social e comportamento humano são dinâmicos e por isso imprevisíveis, podendo ser coordenados e orientados e não plenamente controlados. O controle cerceia, a orientação impulsiona.

c) Incerteza, ambiguidade, contradições, tensão, conflito e crise são vistos como elementos naturais de qualquer processo social e como condições e oportunidades de crescimento e transformação.

d) A objetividade garante bons resultados, sendo a técnica o elemento fundamental para a melhoria do trabalho.

61. **(AOCP – 2019 – SECRETARIA DE ESTADO DA EDUCAÇÃO/PB – PROFESSOR)** A efetivação da autonomia escolar está associada a uma série de características, umas ocorrendo como desdobramentos de outras. Dentre essas características, não se inclui que

    a) autonomia é construção.
    b) autonomia é ampliação das bases do processo decisório.
    c) autonomia e heteronomia são incongruentes.
    d) autonomia pressupõe um processo de mediação.

62. **(AOCP – 2019 – SECRETARIA DE ESTADO DA EDUCAÇÃO/PB – PROFESSOR)** Em relação ao papel do Grêmio Estudantil em uma perspectiva democrática de gestão, assinale a alternativa incorreta.

    a) Favorece o amadurecimento dos educandos perante seus problemas e a experiência democrática.
    b) Os alunos se constituem como consumidores de um saber compartimentado e descontextualizado.
    c) Um grêmio participativo e dinâmico pode promover campeonatos, excursões, bailes; organizar debates para discussões de temas interessantes; confeccionar o jornal do Grêmio; eleger Grêmio Júnior, dentre outras atividades.
    d) Como entidade representativa, é capaz de garantir ao aluno a participação no processo de construção do Projeto Político-Pedagógico.

63. **(AOCP – 2019 – SECRETARIA DE ESTADO DA EDUCAÇÃO/PB – PROFESSOR)** Considere as dimensões ou elementos constitutivos de um projeto pedagógico listados a seguir:

    I. Visão do contexto macro da sociedade em seus aspectos econômicos, políticos e sociais.
    II. Exclusão social e educacional; desemprego; desvalorização do trabalho humano; bolsões de riqueza e miséria existindo simultaneamente; ausência de políticas públicas sociais; falta de recursos materiais e profissionais para a gestão da escola.
    III. Formação da cidadania a partir de uma preocupação com os outros e se opondo ao individualismo da postura liberal.
    IV. Esferas espaciais, temporais e culturais que toda instituição desenvolve em sua existência, formando assim sua identidade.

    Em relação a essas dimensões ou elementos constitutivos, assinale a alternativa correta.

    a) I e II relacionam-se à dimensão Estrutural e Conjuntural.
    b) IV relaciona-se à dimensão Ética Valorativa.
    c) III relaciona-se à Historicidade da Instituição ou realidade interna.
    d) III relaciona-se ao Processo do Conhecimento.

64. **(AOCP – 2019 – SECRETARIA DE ESTADO DA EDUCAÇÃO/PB – PROFESSOR)** Sobre a Educação inclusiva, é correto afirmar que

    a) os profissionais da escola que atuam individualmente nas salas de aula possuem respostas para a maior parte das dificuldades apresentadas pelos estudantes.
    b) se trata de um desafio considerável construir uma escola inclusiva em um país com tamanha desigualdade.
    c) os profissionais da escola são capazes de realizar processos reais de ensino para alunos com deficiência quando trabalham individualmente.
    d) uma escola inclusiva já possui uma equipe escolar capacitada para tomar decisões de forma colaborativa.

65. **(AOCP – 2019 – SECRETARIA DE ESTADO DA EDUCAÇÃO/PB – PROFESSOR)** No planejamento de ensino, os recursos didáticos devem ser considerados como

    a) um elemento que trará ao aluno a aprendizagem do conteúdo.
    b) algo que independe da relação com o ensino, por estar voltado à aprendizagem do aluno.
    c) algo que deve proporcionar ao aluno o estímulo à pesquisa e a busca de novos conhecimentos.
    d) o elemento mais importante de intermediação do processo de ensino e de aprendizagem.

66. **(AOCP – 2019 – SECRETARIA DE ESTADO DA EDUCAÇÃO/PB – PROFESSOR)** Sobre os paradigmas conservadores na abordagem do ensino, informe se é verdadeiro (V) ou falso (F) o que se afirma a seguir e assinale a alternativa com a sequência correta.

    ( ) Têm uma visão quântica e reconhecem que todos os seres são interdependentes.
    ( ) Caracterizam uma prática pedagógica que se preocupa com a reprodução do conhecimento.
    ( ) Superam a visão cartesiana de mundo.

    a) F – V – F.
    b) V – F – V.
    c) F – V – V.
    d) V – F – F.

67. **(AOCP – 2019 – SECRETARIA DE ESTADO DA EDUCAÇÃO/PB – PROFESSOR)** Os conteúdos escolares são um dos itens mais importantes na elaboração dos planos de ensino. Sobre esse tema, é correto afirmar que

    a) os conteúdos programáticos devem ser elaborados a partir dos objetivos.
    b) os conteúdos programáticos devem ser elaborados de acordo com a organização do livro didático a ser utilizado pela escola.
    c) os conteúdos programáticos são considerados significativos quando deles partem os objetivos.
    d) a seleção dos conteúdos programáticos deve considerar sua significação para o professor e os recursos que têm disponível para o ensino.

68. **(AOCP – 2019 – SECRETARIA DE ESTADO DA EDUCAÇÃO/PB – PROFESSOR)** A participação ativa do aluno em sala de aula se dá por meio de diferentes técnicas. Sobre as técnicas e seus objetivos, assinale a alternativa correta.

    a) A técnica Phillips 66 desenvolve a capacidade analítica e prepara o aluno para saber enfrentar situações complexas.
    b) O seminário aumenta a flexibilidade mental mediante o reconhecimento da diversidade de interpretações sobre um mesmo assunto.
    c) O simpósio apresenta diversos aspectos de um mesmo tema ou problema para fornecer informações e esclarecer conceitos.
    d) Os grupos de verbalização e observação produzem grande quantidade de ideias em prazo curto, com alto grau de originalidade e desinibição.

CONHECIMENTOS PEDAGÓGICOS

Texto para as próximas 4 questões:

Com nove anos de duração, o ensino fundamental é a etapa mais longa da educação básica, atendendo estudantes entre 6 e 14 anos de idade. Há, portanto, crianças e adolescentes que, ao longo desse período, passam por uma série de mudanças relacionadas a aspectos físicos, cognitivos, afetivos, sociais, emocionais, entre outros.

Brasil. **BNCC**: Ensino Fundamental no Contexto da Educação Básica. 2019 (com adaptações).

Considerando o texto apresentado e os múltiplos aspectos a ele relacionados, julgue os itens a seguir.

69. **(CESPE/CEBRASPE – 2021 – SECRETARIA DE ESTADO DA EDUCAÇÃO/AL – PROFESSOR DE ENSINO FUNDAMENTAL)** Os anos iniciais caracterizam-se pelo rompimento com a educação infantil e a sistematização imediata de novas formas de construção de conhecimentos.

Certo ( )   Errado ( )

70. **(CESPE/CEBRASPE – 2021 – SECRETARIA DE ESTADO DA EDUCAÇÃO/AL – PROFESSOR DE ENSINO FUNDAMENTAL)** A escola assume um importante papel na construção do pensamento lógico quando incentiva os estudantes a utilizar tecnologias da informação e comunicação, para que eles ampliem a compreensão de si mesmos, do mundo e das relações entre os seres humanos.

Certo ( )   Errado ( )

71. **(CESPE/CEBRASPE – 2021 – SECRETARIA DE ESTADO DA EDUCAÇÃO/AL – PROFESSOR DE ENSINO FUNDAMENTAL)** Embora seja papel da educação básica desnaturalizar a violência nas diferentes sociedades, é necessário naturalizar a violência simbólica que ocorre entre diversos grupos sociais, para dialogar com essa diversidade.

Certo ( )   Errado ( )

72. **(CESPE/CEBRASPE – 2021 – SECRETARIA DE ESTADO DA EDUCAÇÃO/AL – PROFESSOR DE ENSINO FUNDAMENTAL)** A organização do currículo e das propostas pedagógicas do ensino fundamental, em duas fases, requer a formação de um percurso contínuo de aprendizagens que garanta maior sucesso dos estudantes.

Certo ( )   Errado ( )

Texto para as próximas 4 questões:

No início da década de 60 do século XX, existiam, basicamente, três grupos que dirigiam a campanha de defesa da escola pública no Brasil: o primeiro defendia as ideias liberais-pragmatistas; o segundo, as ideias liberais-idealistas; e o terceiro, as ideias socialistas.

Paulo Guiraldelli Jr. **História da Educação**. Cortez, 2004, p. 114 (com adaptações).

Considerando o assunto do texto precedente, julgue os itens seguintes, acerca da defesa da escola pública no Brasil.

73. **(CESPE/CEBRASPE – 2021 – SECRETARIA DE ESTADO DA EDUCAÇÃO/AL – PROFESSOR DE ENSINO FUNDAMENTAL)** Anísio Teixeira representava o grupo que defendia as ideias liberais-pragmatistas, para o qual a escola era colocada acima da sociedade, como uma promotora da harmonia social.

Certo ( )   Errado ( )

74. **(CESPE/CEBRASPE – 2021 – SECRETARIA DE ESTADO DA EDUCAÇÃO/AL – PROFESSOR DE ENSINO FUNDAMENTAL)** A aprovação da Lei de Diretrizes e Bases da Educação Nacional, em 1961, foi comemorada pelos três grupos citados no texto, como uma vitória em favor da escola pública e das forças democráticas populares.

Certo ( )   Errado ( )

75. **(CESPE/CEBRASPE – 2021 – SECRETARIA DE ESTADO DA EDUCAÇÃO/AL – PROFESSOR DE ENSINO FUNDAMENTAL)** Roque Spencer Maciel de Barros era um dos representantes do grupo que defendia as ideias liberais-idealistas, para o qual a educação é um direito do ser humano, independentemente das possibilidades históricas da sociedade.

Certo ( )   Errado ( )

76. **(CESPE/CEBRASPE – 2021 – SECRETARIA DE ESTADO DA EDUCAÇÃO/AL – PROFESSOR DE ENSINO FUNDAMENTAL)** O grupo que defendia as ideias socialistas almejava instituir uma escola que fosse capaz de socializar a cultura para as classes trabalhadoras.

Certo ( )   Errado ( )

Texto para as próximas 4 questões:

Com relação à tendência pedagógica libertadora, cujo maior representante foi Paulo Freire, julgue os seguintes itens.

77. **(CESPE/CEBRASPE – 2021 – SECRETARIA DE ESTADO DA EDUCAÇÃO/AL – PROFESSOR DE ENSINO FUNDAMENTAL)** Paulo Freire criou um método de alfabetização que foi adotado em escolas de educação básica nas regiões Norte e Nordeste do Brasil durante o período do regime militar.

Certo ( )   Errado ( )

78. **(CESPE/CEBRASPE – 2021 – SECRETARIA DE ESTADO DA EDUCAÇÃO/AL – PROFESSOR DE ENSINO FUNDAMENTAL)** A educação libertadora questiona a realidade das relações do ser humano com a natureza e com os outros seres humanos, visando à transformação da sociedade.

Certo ( )   Errado ( )

79. **(CESPE/CEBRASPE – 2021 – SECRETARIA DE ESTADO DA EDUCAÇÃO/AL – PROFESSOR DE ENSINO FUNDAMENTAL)** Na perspectiva da pedagogia libertadora, o ensino consiste em repassar conhecimentos para o espírito da criança, com base no pressuposto de que a capacidade de assimilação da criança é idêntica à do adulto, embora menos desenvolvida.

Certo ( )   Errado ( )

80. **(CESPE/CEBRASPE – 2021 – SECRETARIA DE ESTADO DA EDUCAÇÃO/AL – PROFESSOR DE ENSINO FUNDAMENTAL)** O mais importante para a educação proposta por Paulo Freire são os conteúdos, predeterminados pelos currículos dos sistemas de ensino, pois eles enriquecem o saber popular.

Certo ( )   Errado ( )

Texto para as próximas 4 questões:

A tarefa principal do professor é garantir a unidade didática entre ensino e aprendizagem, por meio do processo de ensino.

José Carlos Libâneo. **Didática**. São Paulo: Cortez, 2005, p. 81 (com adaptações).

Tendo o fragmento de texto precedente como referência inicial, julgue os itens subsequentes.

81. **(CESPE/CEBRASPE – 2021 – SECRETARIA DE ESTADO DA EDUCAÇÃO/AL – PROFESSOR DE ENSINO FUNDAMENTAL)** A aprendizagem escolar é uma aprendizagem casual.

Certo ( )   Errado ( )

82. **(CESPE/CEBRASPE – 2021 – SECRETARIA DE ESTADO DA EDUCAÇÃO/AL – PROFESSOR DE ENSINO FUNDAMENTAL)** A relação entre o ensino e a aprendizagem é mecânica, resumindo-se à circunstância de o professor ensinar e o aluno aprender.

Certo ( )   Errado ( )

83. **(CESPE/CEBRASPE – 2021 – SECRETARIA DE ESTADO DA EDUCAÇÃO/AL – PROFESSOR DE ENSINO FUNDAMENTAL)** A aprendizagem escolar tem um vínculo direto com o meio social.
Certo ( )   Errado ( )

84. **(CESPE/CEBRASPE – 2021 – SECRETARIA DE ESTADO DA EDUCAÇÃO/AL – PROFESSOR DE ENSINO FUNDAMENTAL)** O ensino é uma atividade de mediação para a assimilação de conhecimentos.
Certo ( )   Errado ( )

Texto para as próximas 3 questões:

As tecnologias sempre estiveram presentes na educação escolar e, nos últimos tempos, as tecnologias digitais têm assumido um importante papel no processo educativo. Com relação a esse assunto, julgue os itens que se seguem.

85. **(CESPE/CEBRASPE – 2021 – SECRETARIA DE ESTADO DA EDUCAÇÃO/AL – PROFESSOR DE ENSINO FUNDAMENTAL)** As tecnologias digitais substituem todas as outras ferramentas pedagógicas utilizadas no processo de ensino e aprendizagem.
Certo ( )   Errado ( )

86. **(CESPE/CEBRASPE – 2021 – SECRETARIA DE ESTADO DA EDUCAÇÃO/AL – PROFESSOR DE ENSINO FUNDAMENTAL)** As tecnologias digitais proporcionam uma aprendizagem ativa.
Certo ( )   Errado ( )

87. **(CESPE/CEBRASPE – 2021 – SECRETARIA DE ESTADO DA EDUCAÇÃO/AL – PROFESSOR DE ENSINO FUNDAMENTAL)** A utilização das tecnologias digitais exige que o professor repense sua prática educativa.
Certo ( )   Errado ( )

Texto para as próximas 4 questões:

Acerca das concepções de aprendizagem e suas implicações sobre as práticas pedagógicas, julgue os itens a seguir.

88. **(CESPE/CEBRASPE – 2021 – SECRETARIA DE ESTADO DA EDUCAÇÃO/AL – PROFESSOR DE ENSINO FUNDAMENTAL)** Uma prática pedagógica de base cognitivista preza pela repetição de conteúdos por meio de exercícios de fixação.
Certo ( )   Errado ( )

89. **(CESPE/CEBRASPE – 2021 – SECRETARIA DE ESTADO DA EDUCAÇÃO/AL – PROFESSOR DE ENSINO FUNDAMENTAL)** O docente cuja prática pedagógica seja fundamentada no behaviorismo entende que boas notas em avaliações serão motivadoras de novas aprendizagens.
Certo ( )   Errado ( )

90. **(CESPE/CEBRASPE – 2021 – SECRETARIA DE ESTADO DA EDUCAÇÃO/AL – PROFESSOR DE ENSINO FUNDAMENTAL)** Para os professores que adotam a concepção construtivista de aprendizagem, as aptidões, habilidades e qualidades estão implícitas na hereditariedade e são as condições básicas para o conhecimento.
Certo ( )   Errado ( )

91. **(CESPE/CEBRASPE – 2021 – SECRETARIA DE ESTADO DA EDUCAÇÃO/AL – PROFESSOR DE ENSINO FUNDAMENTAL)** Os docentes que adotam as teorias inatistas partem do princípio de que o conhecimento não é passado de um indivíduo a outro, mas construído por meio das próprias experiências individuais.
Certo ( )   Errado ( )

Texto para as próximas 4 questões:

Com referência à teoria das inteligências múltiplas de Gardner, julgue os próximos itens.

92. **(CESPE/CEBRASPE – 2021 – SECRETARIA DE ESTADO DA EDUCAÇÃO/AL – PROFESSOR DE ENSINO FUNDAMENTAL)** A educação inclusiva tem suas raízes na teoria das inteligências múltiplas, pois ela parte do princípio de que nem todas as pessoas aprendem da mesma forma.
Certo ( )   Errado ( )

93. **(CESPE/CEBRASPE – 2021 – SECRETARIA DE ESTADO DA EDUCAÇÃO/AL – PROFESSOR DE ENSINO FUNDAMENTAL)** Para Gardner, as inteligências não podem ser medidas em graus superiores ou inferiores.
Certo ( )   Errado ( )

94. **(CESPE/CEBRASPE – 2021 – SECRETARIA DE ESTADO DA EDUCAÇÃO/AL – PROFESSOR DE ENSINO FUNDAMENTAL)** A inteligência pessoal é subdividida em intrapessoal, que se baseia na capacidade do indivíduo de perceber distinções entre os outros, e interpessoal, que possibilita ao indivíduo um modelo efetivo e viável de si.
Certo ( )   Errado ( )

95. **(CESPE/CEBRASPE – 2021 – SECRETARIA DE ESTADO DA EDUCAÇÃO/AL – PROFESSOR DE ENSINO FUNDAMENTAL)** Segundo Gardner, não compete à escola o desenvolvimento das inteligências múltiplas.
Certo ( )   Errado ( )

Texto para as próximas 6 questões:

Acerca do processo de desenvolvimento humano e dos aspectos históricos e biopsicossociais que o envolvem, julgue os itens a seguir.

96. **(CESPE/CEBRASPE – 2021 – SECRETARIA DE ESTADO DA EDUCAÇÃO/AL – PROFESSOR DE ENSINO FUNDAMENTAL)** Ao longo de toda a vida, os seres humanos passam por um processo de transformação contínuo, interativo e progressivo que envolve o organismo e o contexto sócio-histórico-cultural.
Certo ( )   Errado ( )

97. **(CESPE/CEBRASPE – 2021 – SECRETARIA DE ESTADO DA EDUCAÇÃO/AL – PROFESSOR DE ENSINO FUNDAMENTAL)** Entre os fatores biopsicossociais que impactam o desenvolvimento motor na infância, incluem-se as oportunidades de atividades físicas e lúdicas, a escolaridade da mãe, a idade gestacional da criança e o nível socioeconômico da família.
Certo ( )   Errado ( )

98. **(CESPE/CEBRASPE – 2021 – SECRETARIA DE ESTADO DA EDUCAÇÃO/AL – PROFESSOR DE ENSINO FUNDAMENTAL)** Vários aspectos do desenvolvimento humano se modificam ao longo do tempo, havendo períodos sensíveis no desenvolvimento, isto é, momentos em que a pessoa está mais suscetível a certos tipos de experiência.
Certo ( )   Errado ( )

CONHECIMENTOS PEDAGÓGICOS

99. **(CESPE/CEBRASPE – 2021 – SECRETARIA DE ESTADO DA EDUCAÇÃO/AL – PROFESSOR DE ENSINO FUNDAMENTAL)** Ainda na segunda infância, a criança se torna mais realista quanto ao seu valor social, por ter internalizado os padrões familiares e sociais.
Certo ( )   Errado ( )

100. **(CESPE/CEBRASPE – 2021 – SECRETARIA DE ESTADO DA EDUCAÇÃO/AL – PROFESSOR DE ENSINO FUNDAMENTAL)** As forças de coação que favorecem o desenvolvimento podem ser analisadas tanto no nível do funcionamento do organismo quanto no nível do ambiente físico, social e cultural.
Certo ( )   Errado ( )

101. **(CESPE/CEBRASPE – 2021 – SECRETARIA DE ESTADO DA EDUCAÇÃO/AL – PROFESSOR DE ENSINO FUNDAMENTAL)** Os surtos de crescimento do cérebro coincidem com mudanças no comportamento cognitivo, o que demonstra que a maturação biológica impacta o desenvolvimento cognitivo.
Certo ( )   Errado ( )

Texto para as próximas 4 questões:
A respeito do *bullying*, julgue os itens a seguir.

102. **(CESPE/CEBRASPE – 2021 – SECRETARIA DE ESTADO DA EDUCAÇÃO/AL – PROFESSOR DE ENSINO FUNDAMENTAL)** O *bullying* ocorre predominantemente em escolas públicas e envolve alunos de classes socioeconômicas mais desfavorecidas, tendo um impacto negativo no desenvolvimento e na aprendizagem tanto das vítimas quanto dos agressores.
Certo ( )   Errado ( )

103. **(CESPE/CEBRASPE – 2021 – SECRETARIA DE ESTADO DA EDUCAÇÃO/AL – PROFESSOR DE ENSINO FUNDAMENTAL)** Os praticantes de *bullying* costumam ter baixa autoestima e ser agressivos, impulsivos, ansiosos, corajosos e valorizados por inspirarem medo em suas vítimas.
Certo ( )   Errado ( )

104. **(CESPE/CEBRASPE – 2021 – SECRETARIA DE ESTADO DA EDUCAÇÃO/AL – PROFESSOR DE ENSINO FUNDAMENTAL)** Embora os estudos sobre o *bullying* sejam recentes, tendo o seu início vinculado ao suicídio de três adolescentes no norte da Noruega na década de 80 do século passado, essa é uma forma de violência tão antiga quanto a própria instituição escolar.
Certo ( )   Errado ( )

105. **(CESPE/CEBRASPE – 2021 – SECRETARIA DE ESTADO DA EDUCAÇÃO/AL – PROFESSOR DE ENSINO FUNDAMENTAL)** As vítimas de *bullying* podem ser classificadas em passivas ou provocadoras: as primeiras têm baixa autoestima e são frágeis, tímidas ou apáticas; as segundas são dispersivas, inquietas, e têm conduta ofensiva.
Certo ( )   Errado ( )

Texto para as próximas 3 questões:
Julgue os itens que se seguem, com relação à escolha profissional.

106. **(CESPE/CEBRASPE – 2021 – SECRETARIA DE ESTADO DA EDUCAÇÃO/AL – PROFESSOR DE ENSINO FUNDAMENTAL)** O excesso de atividades intelectuais e o desenvolvimento de habilidades técnicas são condições necessárias para o sucesso no mercado de trabalho.
Certo ( )   Errado ( )

107. **(CESPE/CEBRASPE – 2021 – SECRETARIA DE ESTADO DA EDUCAÇÃO/AL – PROFESSOR DE ENSINO FUNDAMENTAL)** A escolha profissional, além de ser um processo complexo que coincide com um período de intensas transformações biopsicossociais, demanda um conhecimento aprofundado de si mesmo e de áreas específicas de domínios humanos.
Certo ( )   Errado ( )

108. **(CESPE/CEBRASPE – 2021 – SECRETARIA DE ESTADO DA EDUCAÇÃO/AL – PROFESSOR DE ENSINO FUNDAMENTAL)** A cobrança familiar quanto ao sucesso profissional é um dos principais estressores a que os adolescentes são expostos.
Certo ( )   Errado ( )

Texto para as próximas 3 questões:
Com relação aos transtornos alimentares em adolescentes, julgue os próximos itens.

109. **(CESPE/CEBRASPE – 2021 – SECRETARIA DE ESTADO DA EDUCAÇÃO/AL – PROFESSOR DE ENSINO FUNDAMENTAL)** O ideal de beleza imposto pela sociedade tem impacto sobre a imagem corporal do adolescente sobre si, dado que ele idealiza o seu corpo por meio de suas experiências e emoções.
Certo ( )   Errado ( )

110. **(CESPE/CEBRASPE – 2021 – SECRETARIA DE ESTADO DA EDUCAÇÃO/AL – PROFESSOR DE ENSINO FUNDAMENTAL)** Os transtornos alimentares são considerados um problema de saúde pública e a sua prevalência é maior entre adolescentes do sexo feminino, em países industrializados.
Certo ( )   Errado ( )

111. **(CESPE/CEBRASPE – 2021 – SECRETARIA DE ESTADO DA EDUCAÇÃO/AL – PROFESSOR DE ENSINO FUNDAMENTAL)** O comportamento alimentar envolve um processo de causa e efeito relacionado, sobretudo, ao ato de comer e ao valor nutritivo dos alimentos.
Certo ( )   Errado ( )

Texto para as próximas 2 questões:
Considerando a importância da família para o desenvolvimento humano, julgue os itens seguintes.

112. **(CESPE/CEBRASPE – 2021 – SECRETARIA DE ESTADO DA EDUCAÇÃO/AL – PROFESSOR DE ENSINO FUNDAMENTAL)** A intrusividade parental manifesta-se, por exemplo, na falta de respeito à individualidade e na intromissão na privacidade dos filhos.
Certo ( )   Errado ( )

113. **(CESPE/CEBRASPE – 2021 – SECRETARIA DE ESTADO DA EDUCAÇÃO/AL – PROFESSOR DE ENSINO FUNDAMENTAL)** Mudar regras da casa para que o filho consiga estudar e ser aprovado no vestibular é um exemplo de comportamento dos pais que garante ao filho resistência ao estresse.
Certo ( )   Errado ( )

Texto para as próximas 2 questões:

Partindo do pressuposto de que a sexualidade é um processo simbólico e histórico, julgue os itens subsequentes, com relação às escolhas sexuais.

114. (CESPE/CEBRASPE – 2021 – SECRETARIA DE ESTADO DA EDUCAÇÃO/AL – PROFESSOR DE ENSINO FUNDAMENTAL) Na contemporaneidade, as técnicas de controle da sexualidade têm visado ao seu silenciamento, na tentativa de tornar visíveis as contradições entre o feminino e o masculino.
Certo ( )   Errado ( )

115. (CESPE/CEBRASPE – 2021 – SECRETARIA DE ESTADO DA EDUCAÇÃO/AL – PROFESSOR DE ENSINO FUNDAMENTAL) Os jovens precisam aprender a lidar com as contradições entre as suas necessidades pessoais e as possibilidades sociais de satisfação dessas necessidades, e isso requer o entendimento de normas e regras sociais, a tomada de decisão sobre a sua exposição pública e sua intimidade privada e as diversas possibilidades de satisfação e identidade sexuais.
Certo ( )   Errado ( )

116. (CESPE/CEBRASPE – 2021 – SECRETARIA DE ESTADO DA EDUCAÇÃO/AL – PROFESSOR DE ENSINO FUNDAMENTAL) Considerando as novas perspectivas emancipatórias e a dimensão formativa da escola, julgue o item a seguir.
A complexidade dos fenômenos vivenciados pelos sujeitos no mundo exige uma formação continuada que promova uma criticidade que os torne capazes de compreender o mundo social e natural e de propor melhorias esclarecidas, criativas e solidárias.
Certo ( )   Errado ( )

Texto para as próximas 2 questões:

Julgue os itens seguintes, acerca da dimensão sociopolítica da avaliação pedagógica.

117. (CESPE/CEBRASPE – 2021 – SECRETARIA DE ESTADO DA EDUCAÇÃO/AL – PROFESSOR DE ENSINO FUNDAMENTAL) A avaliação é determinada pelas concepções que fundamentam a proposta de ensino e a prática pedagógica.
Certo ( )   Errado ( )

118. (CESPE/CEBRASPE – 2021 – SECRETARIA DE ESTADO DA EDUCAÇÃO/AL – PROFESSOR DE ENSINO FUNDAMENTAL) A avaliação é um processo restrito e individualizado que visa à classificação meritocrática de alunos, cursos e instituições.
Certo ( )   Errado ( )

Texto para as próximas 2 questões:

A respeito do acesso, da permanência e do sucesso do aluno na escola, julgue os itens a seguir.

119. (CESPE/CEBRASPE – 2021 – SECRETARIA DE ESTADO DA EDUCAÇÃO/AL – PROFESSOR DE ENSINO FUNDAMENTAL) Para a manutenção do direito à educação, não basta apenas investimento no acesso à escola; é também necessário garantir que a forma como o ensino é ministrado se dê com base no princípio da liberdade de aprender, ensinar, pesquisar e divulgar a cultura, o pensamento, a arte e o saber.
Certo ( )   Errado ( )

120. (CESPE/CEBRASPE – 2021 – SECRETARIA DE ESTADO DA EDUCAÇÃO/AL – PROFESSOR DE ENSINO FUNDAMENTAL) A escola tem responsabilidade pelo fracasso escolar na medida em que possui um caráter reprodutor, sendo, assim, compreendida como aparelho ideológico do Estado.
Certo ( )   Errado ( )

Texto para as próximas 3 questões:

Considerando a gestão da aprendizagem, o planejamento e a gestão educacional, julgue os itens que se seguem.

121. (CESPE/CEBRASPE – 2021 – SECRETARIA DE ESTADO DA EDUCAÇÃO/AL – PROFESSOR DE ENSINO FUNDAMENTAL) A gestão democrática do ensino público, na forma legalmente estabelecida, é considerada uma orientação para as escolas e para o processo de ensino-aprendizagem.
Certo ( )   Errado ( )

122. (CESPE/CEBRASPE – 2021 – SECRETARIA DE ESTADO DA EDUCAÇÃO/AL – PROFESSOR DE ENSINO FUNDAMENTAL) O professor da educação infantil tem a prerrogativa de dispensar um planejamento específico para essa etapa, considerando que os alunos se constituem enquanto sujeitos espontâneos e lúdicos.
Certo ( )   Errado ( )

123. (CESPE/CEBRASPE – 2021 – SECRETARIA DE ESTADO DA EDUCAÇÃO/AL – PROFESSOR DE ENSINO FUNDAMENTAL) Na etapa de elaboração da proposta pedagógica da escola, também denominada de projeto político-pedagógico, é obrigatória a participação dos pais dos alunos.
Certo ( )   Errado ( )

Texto para as próximas 4 questões:

O trabalho do professor na escola exige dele conhecimentos específicos e pedagógicos, a fim de ele vincular-se à função social da educação. No que diz respeito a esse tema, julgue os próximos itens.

124. (CESPE/CEBRASPE – 2021 – SECRETARIA DE ESTADO DA EDUCAÇÃO/AL – PROFESSOR DE ENSINO FUNDAMENTAL) Os sistemas de ensino devem promover a valorização do trabalho docente, incluindo na carga horária de trabalho o tempo para planejamento das atividades pedagógicas.
Certo ( )   Errado ( )

125. (CESPE/CEBRASPE – 2021 – SECRETARIA DE ESTADO DA EDUCAÇÃO/AL – PROFESSOR DE ENSINO FUNDAMENTAL) É tarefa obrigatória do professor estabelecer estratégias de recuperação para os alunos de menor rendimento.
Certo ( )   Errado ( )

126. (CESPE/CEBRASPE – 2021 – SECRETARIA DE ESTADO DA EDUCAÇÃO/AL – PROFESSOR DE ENSINO FUNDAMENTAL) A profissão de professor é restrita à prática, por essa razão a ênfase na prática como atividade formativa é o aspecto central a ser considerado pelo professor, com consequências decisivas para a sua formação profissional.
Certo ( )   Errado ( )

127. (CESPE/CEBRASPE – 2021 – SECRETARIA DE ESTADO DA EDUCAÇÃO/AL – PROFESSOR DE ENSINO FUNDAMENTAL) A avaliação institucional caracteriza-se por ser necessariamente externa e em larga escala, ter como principal função corrigir aspectos negativos e, consequentemente, possibilitar a reestruturação do processo educacional e a introdução de mudanças na instituição de ensino.
Certo ( )   Errado ( )

CONHECIMENTOS PEDAGÓGICOS

Texto para as próximas 5 questões:

Creio que muito de nossa insistência, enquanto professoras e professores, em que os estudantes "leiam", num semestre, um sem-número de capítulos de livros, reside na compreensão errônea que às vezes temos do ato de ler. Em minha andarilhagem pelo mundo, não foram poucas as vezes em que jovens estudantes me falaram de sua luta às voltas com extensas bibliografias a serem muito mais "devoradas" do que realmente lidas ou estudadas. Verdadeiras "lições de leitura", no sentido mais tradicional desta expressão, a que se achavam submetidos em nome de sua formação científica e de que deviam prestar contas por meio do famoso controle de leitura. Em algumas vezes cheguei mesmo a ler, em relações bibliográficas, indicações em torno de que páginas deste ou daquele capítulo de tal ou qual livro deveriam ser lidas: "da página 15 à 37".

A insistência na quantidade de leituras sem o devido adentramento nos textos a serem compreendidos, e não mecanicamente memorizados, revela uma visão mágica da palavra escrita. Visão que urge ser superada. A mesma, ainda que encarnada desde outro ângulo, que se encontra, por exemplo, em quem escreve, quando identifica a possível qualidade de seu trabalho, ou não, com a quantidade de páginas escritas.

Paulo Freire. **A importância do ato de ler**: em três artigos que se completam. São Paulo: Autores Associados: Cortez, 1989, p. 12 (com adaptações).

Considerando a perspectiva de Paulo Freire sobre o ato de ler, apresentada no texto precedente, a dimensão didático-pedagógica do ensino de língua portuguesa, a formação para a cidadania e as disposições do Currículo de Pernambuco para o componente curricular de língua portuguesa nos ensinos fundamental e médio, julgue os itens a seguir.

128. (CESPE/CEBRASPE – 2022 – SECRETARIA DA EDUCAÇÃO E ESPORTES DO ESTADO/PE – PROFESSOR EDUCAÇÃO BÁSICA) As práticas de alfabetização devem privilegiar atividades de memorização e de reiteração de regras, a fim de que o estudante tenha acesso ao mundo mágico da leitura, conforme enuncia Paulo Freire.
Certo ( )   Errado ( )

129. (CESPE/CEBRASPE – 2022 – SECRETARIA DA EDUCAÇÃO E ESPORTES DO ESTADO/PE – PROFESSOR EDUCAÇÃO BÁSICA) Nos anos finais do ensino fundamental, o processo de ensino-aprendizagem da língua portuguesa deve amparar-se, para se coadunar com a perspectiva de leitura de Paulo Freire, no aumento progressivo da complexidade e da criticidade das situações comunicativas, sem se desconsiderarem a ludicidade e o aspecto pragmático da língua.
Certo ( )   Errado ( )

130. (CESPE/CEBRASPE – 2022 – SECRETARIA DA EDUCAÇÃO E ESPORTES DO ESTADO/PE – PROFESSOR EDUCAÇÃO BÁSICA) Para estar sintonizado com o que indica Paulo Freire no texto precedente, o ensino de língua portuguesa deve amparar-se em diversas práticas de leitura, especialmente naquelas relacionadas à cultura tradicional e contemporânea do estudante.
Certo ( )   Errado ( )

131. (CESPE/CEBRASPE – 2022 – SECRETARIA DA EDUCAÇÃO E ESPORTES DO ESTADO/PE – PROFESSOR EDUCAÇÃO BÁSICA) A concepção freireana de leitura está de acordo com a ideia de alfabetizar letrando, que consiste em orientar a criança a aprender a ler e a escrever, levando-a a conviver com práticas sociais de leitura e de escrita.
Certo ( )   Errado ( )

132. (CESPE/CEBRASPE – 2022 – SECRETARIA DA EDUCAÇÃO E ESPORTES DO ESTADO/PE – PROFESSOR EDUCAÇÃO BÁSICA) Segundo as ideias de Paulo Freire expressas no texto precedente, o letramento prescinde do conhecimento da diversidade de textos que percorrem a sociedade, de suas funções, intencionalidades e especificidades, bem como das ações necessárias para interpretá-los e produzi-los.
Certo ( )   Errado ( )

Texto para as próximas 5 questões:

As pesquisas sobre o multiletramento (*multliteracy* ou *multiliteracies*, em inglês) foram desenvolvidas por um grupo de estudiosos na cidade de New London, no estado de New Hampshire, Estados Unidos da América, em 1994.

Segundo os educadores, a pedagogia do multiletramento é capaz de incorporar e intensificar uma ampla gama de percepções e ferramentas linguísticas, culturais, comunicativas e tecnológicas que auxiliam crianças e jovens nos desafios de um mundo globalizado.

Além disso, na visão dos pesquisadores, o multiletramento é uma forma mais abrangente do letramento e da alfabetização, pois não é focado apenas nas habilidades de leitura, interpretação e escrita. Sua missão é preparar os alunos para as situações de uma sociedade cada vez mais dinâmica.

Yuri Marques. **Como surgiu o multiletramento**? Internet:<www.melhorescola.com.br> (com adaptações).

Considerando as informações presentes nesse texto e os conceitos de semiótica, multiletramento e multimodalidade, bem como as disposições do Currículo de Pernambuco para o componente curricular de língua portuguesa nos ensinos fundamental e médio, julgue os itens subsequentes.

133. (CESPE/CEBRASPE – 2022 – SECRETARIA DA EDUCAÇÃO E ESPORTES DO ESTADO/PE – PROFESSOR EDUCAÇÃO BÁSICA) No que diz respeito à intersemioticidade no ensino da língua portuguesa, exige-se, do ponto de vista docente, uma ação mediadora em relação às adequações discursivas, aos propósitos comunicativos e ao nível da linguagem em relação ao contexto e aos interlocutores.
Certo ( )   Errado ( )

134. (CESPE/CEBRASPE – 2022 – SECRETARIA DA EDUCAÇÃO E ESPORTES DO ESTADO/PE – PROFESSOR EDUCAÇÃO BÁSICA) Os recursos semióticos são elementos desvinculados dos eventos e textos multimodais.
Certo ( )   Errado ( )

135. (CESPE/CEBRASPE – 2022 – SECRETARIA DA EDUCAÇÃO E ESPORTES DO ESTADO/PE – PROFESSOR EDUCAÇÃO BÁSICA) Os multiletramentos caracterizam-se, entre outros aspectos, por serem colaborativos e híbridos, além de transgredirem as relações de poder estabelecidas.
Certo ( )   Errado ( )

136. (CESPE/CEBRASPE – 2022 – SECRETARIA DA EDUCAÇÃO E ESPORTES DO ESTADO/PE – PROFESSOR EDUCAÇÃO BÁSICA) Os multiletramentos e a multimodalidade ganham relevância no contexto do ensino de língua portuguesa, especialmente pela necessidade de uso e domínio das tecnologias para participação nas práticas sociais do mundo digital.
Certo ( )   Errado ( )

137. (CESPE/CEBRASPE – 2022 – SECRETARIA DA EDUCAÇÃO E ESPORTES DO ESTADO/PE – PROFESSOR EDUCAÇÃO BÁSICA) De acordo com a perspectiva dos multiletramentos, as práticas de ensino-aprendizagem em linguagens não implicam trabalho com gêneros textuais contemporâneos nem alteração dos processos de leitura e produção de textos.

Certo ( )   Errado ( )

Texto para as próximas 4 questões:
Acerca da educação especial inclusiva, julgue os itens seguintes.

138. (CESPE/CEBRASPE – 2022 – SECRETARIA DA EDUCAÇÃO E ESPORTES DO ESTADO/PE – PROFESSOR EDUCAÇÃO BÁSICA) A Política Nacional de Educação Especial na Perspectiva da Educação Inclusiva preconiza a transversalidade da educação inclusiva desde a educação básica até a superior.

Certo ( )   Errado ( )

139. (CESPE/CEBRASPE – 2022 – SECRETARIA DA EDUCAÇÃO E ESPORTES DO ESTADO/PE – PROFESSOR EDUCAÇÃO BÁSICA) Recomenda-se que os estudantes com altas habilidades tenham aulas separadamente dos demais, a fim de melhorar o seu desempenho.

Certo ( )   Errado ( )

140. (CESPE/CEBRASPE – 2022 – SECRETARIA DA EDUCAÇÃO E ESPORTES DO ESTADO/PE – PROFESSOR EDUCAÇÃO BÁSICA) A integração da educação inclusiva com as propostas da escola regular viabiliza o atendimento às necessidades dos estudantes com transtornos funcionais.

Certo ( )   Errado ( )

141. (CESPE/CEBRASPE – 2022 – SECRETARIA DA EDUCAÇÃO E ESPORTES DO ESTADO/PE – PROFESSOR EDUCAÇÃO BÁSICA) Educação precoce e educação profissional são realizadas em ambientes especializados, fora do âmbito escolar.

Certo ( )   Errado ( )

Texto para as próximas 3 questões:
Com relação à didática na formação do professor, julgue os itens a seguir.

142. (CESPE/CEBRASPE – 2022 – SECRETARIA DA EDUCAÇÃO E ESPORTES DO ESTADO/PE – PROFESSOR EDUCAÇÃO BÁSICA) A didática abrange a educação não formal.

Certo ( )   Errado ( )

143. (CESPE/CEBRASPE – 2022 – SECRETARIA DA EDUCAÇÃO E ESPORTES DO ESTADO/PE – PROFESSOR EDUCAÇÃO BÁSICA) A didática é uma disciplina prática, sem interseção com as disciplinas teóricas.

Certo ( )   Errado ( )

144. (CESPE/CEBRASPE – 2022 – SECRETARIA DA EDUCAÇÃO E ESPORTES DO ESTADO/PE – PROFESSOR EDUCAÇÃO BÁSICA) A dinâmica da relação professor-estudante é fundamental para a ação didática.

Certo ( )   Errado ( )

Texto para as próximas 2 questões:
No que diz respeito à relação professor-estudante no ambiente educativo, julgue os itens subsecutivos.

145. (CESPE/CEBRASPE – 2022 – SECRETARIA DA EDUCAÇÃO E ESPORTES DO ESTADO/PE – PROFESSOR EDUCAÇÃO BÁSICA) O docente tem a atribuição profissional de imprimir valores sociais hegemônicos no comportamento dos estudantes.

Certo ( )   Errado ( )

146. (CESPE/CEBRASPE – 2022 – SECRETARIA DA EDUCAÇÃO E ESPORTES DO ESTADO/PE – PROFESSOR EDUCAÇÃO BÁSICA) A função docente requer um distanciamento emocional que garanta a autoridade do professor no contexto da sala de aula.

Certo ( )   Errado ( )

147. (CONSULPAM – 2019 – SECRETARIA MUNICIPAL DE EDUCAÇÃO/ES – PROFESSOR EDUCAÇÃO INFANTIL) O planejamento é o instrumento orientador do trabalho do pedagogo ao longo do ano. Ele é considerado o fruto que rege todos os segmentos da escola. Com isso, o processo de planejamento participativo é definido como:
a) Uma atividade caracterizada pela inserção de todos os membros da comunidade escolar, em um processo global, para solução de problemas comuns.
b) Um processo único e mediador de solução de problemas, pois assim, mediará uma futura problemática, se houver.
c) Uma metodologia apropriada para ser questionadora e crítica, uma vez que, os educadores devem criar educandos para uma sociedade mais crítica.
d) Uma maneira eficaz de se ter uma aula adequada para alunos diferenciados, uma vez que a escola regular tende a receber todos os alunos, sem exclusão.

148. (CONSULPAM – 2019 – SECRETARIA MUNICIPAL DE EDUCAÇÃO/ES – PROFESSOR EDUCAÇÃO INFANTIL) O professor tem um papel fundamental na construção de novos saberes, sua responsabilidade aumenta, pois necessita adaptar-se às diferentes linguagens e criar oportunidades para além das situações educativas, transcendendo a sala de aula. Sobre o papel do professor, está CORRETO afirmar:
a) É necessário estar munido de muitos artefatos do conhecimento para ter uma bagagem educativa prazerosa e efetiva.
b) O conhecimento descentralizado flui havendo um encontro democrático, afetivo e efetivo, onde professor e aluno aprendem juntos.
c) O preparo e a metodologia são imprescindíveis para se ter uma boa afeição entre aluno e professor, fazendo assim, um bom trabalho dentro de sala de aula.
d) A didática precisa estar sempre atualizada com o planejamento.

149. (CONSULPAM – 2019 – SECRETARIA MUNICIPAL DE EDUCAÇÃO/ES – PROFESSOR EDUCAÇÃO INFANTIL) O direito a educação das crianças que apresentam necessidades educacionais especiais requer três princípios, que estão expressos CORRETAMENTE na opção:
a) Cidadania, Respeito e Dignidade humana.
b) Proteção, Cuidado e Orientação.
c) Acolhimento, Adaptação e Cuidado.
d) Preservação da dignidade humana, busca da identidade e exercício da cidadania.

CONHECIMENTOS PEDAGÓGICOS

150. (CONSULPAM – 2019 – SECRETARIA MUNICIPAL DE EDUCAÇÃO/ES – PROFESSOR EDUCAÇÃO INFANTIL) Para sintetizar a importância da didática na formação dos educadores, existem correntes de pensamento que definem quatro tendências pedagógicas liberais. De acordo com elas a tendência pedagógica Renovada Não - Diretiva possui como característica:
a) Existe a preocupação com o desenvolvimento da personalidade do aluno, com o autoconhecimento e com a realização pessoal.
b) Os conteúdos apresentados são indiretos onde as avaliações devem ser coletivas e iguais para todos.
c) Inexiste a possibilidade de atividades com comunicação interpessoal.
d) Por ser não-diretiva, a relação entre aluno e professor é marcada pela distância e ausência de diálogo.

151. (CONSULPAM – 2019 – SECRETARIA MUNICIPAL DE EDUCAÇÃO/ES – PROFESSOR EDUCAÇÃO INFANTIL) De acordo com os conceitos mais aceitos pela comunidade escolar, atualmente o Plano de Aula é aquele em que:
a) Está relacionado ao Plano de ensino, mas possui liberdade para não seguir o mesmo.
b) Deve ser elaborado pela coordenação pedagógica, já que o Plano de Ensino sempre é elaborado pelo professor.
c) Compreende todo processo de ensino aprendizagem do ano letivo.
d) Está diretamente relacionado ao Plano de Ensino, mas é feito de acordo com cada aula.

152. (CONSULPAM – 2019 – SECRETARIA MUNICIPAL DE EDUCAÇÃO/ES – PROFESSOR EDUCAÇÃO INFANTIL) O ensino em sala de aula possui diversas características, dentre estas estão as atividades que o professor deve realizar. Sobre as atividades descritas, a opção CORRETA é:
a) Possibilitem desenvolver a independência de pensamento, criatividade e o gosto pelo estudo.
b) Assegurem com profundidade e solidez os conteúdos que estão sendo transmitidos.
c) Permitam aplicar conteúdos estudados como forma de conhecer o saber de cada aluno.
d) Sejam coletivizadas e com conteúdos que mostrem a capacidade do melhor aluno.

153. (CONSULPAM – 2019 – SECRETARIA MUNICIPAL DE EDUCAÇÃO/ES – PROFESSOR EDUCAÇÃO INFANTIL) O método desenvolvido por Montessori é devolver à criança o que lhe pertence, com ambientes de liberdade e independência, onde tudo seja organizado, oferecido e preparado para a ação infantil. A frase apresentada demonstra a preocupação de Montessori em:
a) Adulto preparado.
b) Independência social educativa.
c) Educação baseada na informalidade.
d) Ambiente preparado.

154. (CONSULPAM – 2019 – SECRETARIA MUNICIPAL DE EDUCAÇÃO/ES – PROFESSOR EDUCAÇÃO INFANTIL) As Diretrizes Curriculares Nacionais para a Educação Infantil descrevem que a proposta pedagógica deve ter como objetivo:
a) O ensino regular e o sistema integral adaptados para todas as crianças, tendo assim, um processo de educação voltado para a sociedade crítica.
b) Promover um ensino de interdisciplinaridade para que as crianças possam alcançar os objetivos propostos pela base curricular do MEC.
c) Garantir à criança o acesso a processos de apropriação, renovação e articulação de conhecimentos e aprendizagens de diferentes linguagens.
d) Alcançar pontos positivos para a escola por meio da proposta pedagógica e um ensino de qualidade.

155. (CONSULPAM – 2019 – SECRETARIA MUNICIPAL DE EDUCAÇÃO/ES – PROFESSOR EDUCAÇÃO INFANTIL) A rotina das creches de educação infantil tem o desafio de desenvolver um trabalho cotidiano e um desenvolvimento pleno da criança. Sobre essa rotina da creche está incorreto afirmar:
a) Precisa obedecer sempre ao mesmo planejamento, visto que, a sequência de ações é o fundamental nesta rotina.
b) Deve ser organizada de maneira que seja possível dar atenção aos cuidados pessoais e à aprendizagem.
c) Professores e colaboradores elaboram projetos e atividades para que o tempo seja usado a favor das crianças.
d) Organizar a rotina com as crianças proporciona noção e compreensão de tempo, além de desenvolver o papel ativo na construção deste contexto.

156. (CONSULPAM – 2019 – SECRETARIA MUNICIPAL DE EDUCAÇÃO/ES – PROFESSOR EDUCAÇÃO INFANTIL) Concepção de movimento organizado e integrado, em função das experiências vividas pelo sujeito cuja ação é resultante de sua individualidade, sua linguagem e sua socialização. Estamos nos referindo à:
a) Habilidades cognitivas.
b) Psicomotricidade.
c) Letramento.
d) Coordenação.

157. (CONSULPAM – 2019 – SECRETARIA MUNICIPAL DE EDUCAÇÃO/ES – PROFESSOR EDUCAÇÃO INFANTIL) O método Montessori visa a aprendizagem infantil por meio de práticas, recursos e teorias. Com isso ela cria os pilares da metodologia montessoriana que são:
I. Autoeducação.
II. Educação como ciência.
III. Ambiente preparado.
IV. Criança equilibrada.
V. Adulto preparado.
VI. Educação cósmica.
a) Somente I, III, IV e V estão corretas.
b) Somente I, III e V estão corretas.
c) Somente II, III, IV e VI estão corretas.
d) Todas as alternativas estão corretas.

158. (CONSULPAM – 2019 – SECRETARIA MUNICIPAL DE EDUCAÇÃO/ES – PROFESSOR EDUCAÇÃO INFANTIL) Os jogos e brincadeiras proporcionam as crianças, aprender de forma prazerosa. Analise as assertivas a seguir e marque a opção correta.
I. Por meio dos jogos e brincadeiras as crianças interagem umas com as outras desenvolvendo suas habilidades.
II. As brincadeiras são melhores aproveitadas quando realizados em um espaço mais controlador.
III. Por meio dos jogos as crianças estabelecem regras sobre si mesmo e sobre o grupo.
IV. O espaço físico é o mediador da brincadeira e aprendizagem entre as crianças.
V. A brincadeira ajuda a criança a compreender melhor o mundo em que vive.

a) Somente II e IV estão corretas.
b) Somente I, III e V estão corretas.
c) Somente I, II e III estão corretas.
d) Somente II, IV e V estão corretas.

159. **(CONSULPAM – 2019 – SECRETARIA MUNICIPAL DE EDUCAÇÃO/ES – PROFESSOR EDUCAÇÃO INFANTIL)** O Referencial Curricular Nacional para a educação infantil (BRASIL, 1998, v.2, p.55) define: "o ato de alimentar tem como objetivo, além de fornecer nutrientes para manutenção da vida e da saúde, proporcionar conforto ao saciar a fome, prazer ao estimular o paladar e contribui para a socialização ao revesti-lo de rituais. Além disso, é fonte de inúmeras oportunidades de aprendizagem". Com isso, sobre alimentação é correto afirmar:
a) Um planejamento sobre alimentação se constitui de um processo nutricional e não educacional.
b) A exploração da comida faz parte de uma atividade pedagógica, por isso, é classificado como parte do aprendizado.
c) A aquisição do alimento só vai fazer parte da rotina escolar quando estabelecida pela comunidade educacional.
d) Alimentação e educação são dois elementos que estão em combinação desde que tenha sido estabelecido um plano pedagógico.

160. **(CONSULPAM – 2019 – SECRETARIA MUNICIPAL DE EDUCAÇÃO/ES – PROFESSOR EDUCAÇÃO INFANTIL)** Trabalhar com a disciplina de Artes na Educação Infantil é promover um mundo de imaginação e criatividade. Sobre esse conteúdo está correto afirmar:
a) A criança é um campo fértil para a imaginação e os professores precisam dar comando para que elas venham desenvolver seus conhecimentos.
b) A mente humana é naturalmente investida de curiosidade, basta deixar a criação acontecer, com modelos estereotipados.
c) Para garantir oportunidades para a expressão viva da criança, precisamos considerar que expressar é responder a uma solicitação de alguém, e assim, mobilizar os sentidos em torno de algo significativo.
d) A criança tem o direito de se expressar do jeito dela, com a estética que lhe é peculiar e de todas as formas possíveis.

161. **(CONSULPAM – 2019 – SECRETARIA MUNICIPAL DE EDUCAÇÃO/ES – PROFESSOR EDUCAÇÃO INFANTIL)** Cada criança tem seu próprio ritmo de aprendizagem, no entanto, ela necessita de estímulos para se desenvolver cada vez mais. Um destes fatores de desenvolvimento é a linguagem e ela tende a seguir etapas, sobre isso, a produção de sentenças gramaticais e a formulação de questões se dão a partir dos:
a) 3 anos.
b) 2 anos.
c) 4 anos.
d) 5 anos.

162. **(CONSULPAM – 2019 – SECRETARIA MUNICIPAL DE EDUCAÇÃO/ES – PROFESSOR EDUCAÇÃO INFANTIL)** O ciclo da avaliação na educação infantil se dá por meio de:
a) Plano, Planejamento, Avaliação e Relatório.
b) Testes, Relatórios, Planos e Avaliações.
c) Concepção e planejamento, Formação, Instrumento e Socialização das informações.
d) Formação, Planejamento e Avaliação.

163. **(CONSULPAM – 2019 – SECRETARIA MUNICIPAL DE EDUCAÇÃO/ES – PROFESSOR EDUCAÇÃO INFANTIL)** A tendência que tem como objetivo a transmissão dos padrões, normas e modelos dominantes e, sua metodologia é baseada na memorização, o que contribui para uma aprendizagem mecânica, passiva e repetitiva, é a tendência:
a) Renovada.
b) Tradicional.
c) Não Renovada.
d) Tecnicista.

164. **(CONSULPAM – 2019 – SECRETARIA MUNICIPAL DE EDUCAÇÃO/ES – PROFESSOR EDUCAÇÃO INFANTIL)** O método globalizado que tem como um dos princípios o da intuição que implica na observação e exploração das coisas, empregando os sentidos, é do pensador:
a) Piaget.
b) Wallon.
c) Paulo Freire.
d) Decroly.

165. **(CONSULPAM – 2019 – SECRETARIA MUNICIPAL DE EDUCAÇÃO/ES – PROFESSOR EDUCAÇÃO INFANTIL)** Na educação infantil devem-se oferecer às crianças situações intencionadas e direcionadas, para que assim, elas consigam crescer em seu processo de desenvolvimento. Cuidado e educação são dois elementos complementares e não opostos. Ao cuidar e educar uma criança deve-se levá-la a manifestar:
a) Postura autônoma criando assim, hábitos e capacidade de realizar sozinha algumas ações.
b) Algumas aprendizagens significativas, porém, não tão elaboradas.
c) Alegria em estar realizando ações de adultos, e isso, não é um hábito tão saudável para a criança.
d) Oportunidades de virar um mini adulto, o que faz a infância perder seu significado.

166. **(CONSULPAM – 2019 – SECRETARIA MUNICIPAL DE EDUCAÇÃO/ES – PROFESSOR EDUCAÇÃO INFANTIL)** Sobre as competências gerais da Educação Básica, analise as assertivas e marque V para as verdadeiras e F para as falsas.
( ) Exercitar a curiosidade intelectual sem recorrer à abordagem própria da ciência, como a investigação, reflexão e análise crítica.
( ) Valorizar e fruir as diversas manifestações artísticas e culturais, das locais às mundiais, e também participar de práticas diversificadas da produção artístico-cultural.
( ) Compreender, utilizar e criar tecnologias digitais de informação e comunicação de forma crítica, significativa, reflexiva e ética nas diversas práticas sociais.
( ) Argumentar com base em fatos, dados e informações confiáveis, para formular, negociar e defender ideias, pontos de vista e decisões comuns que respeitem e promovam os direitos humanos, a consciência socioambiental e o consumo responsável em âmbito local, regional e global.
( ) Agir pessoal e individualmente, mas com autonomia, responsabilidade, flexibilidade, resiliência e determinação, tomando decisões com base em princípios éticos, democráticos, inclusivos, sustentáveis e solidário.

A sequência correta está na opção:
a) V, V, V, V, V.
b) F, V, V, F, F.

c) F, V, V, V, F.
d) V, F, V, V, V.

167. (CONSULPAM – 2019 – SECRETARIA MUNICIPAL DE EDUCAÇÃO/ES – PROFESSOR EDUCAÇÃO INFANTIL)
O projeto pedagógico da escola regular deve institucionalizar a oferta do AEE prevendo na sua organização:
a) Salas amplas e com rampas de acesso, materiais adaptados e com legendas para deficientes visuais, profissionais intérpretes de Libras.
b) Acessibilidade e locomoção, acesso digital e multimídia especializadas, profissionais capacitados nas diversas modalidades de ensino.
c) Matrícula no sistema regular de ensino, plano de AEE atualizado, capacitação regular para profissionais e amplo espaço físico.
d) Sala de recursos multifuncionais, plano do AEE, professores para o exercício da docência do AEE e redes de apoio no âmbito de atuação profissional.

168. (CONSULPAM – 2019 – SECRETARIA MUNICIPAL DE EDUCAÇÃO/ES – PROFESSOR EDUCAÇÃO INFANTIL)
Dentre as diversas concepções do desenvolvimento humano, uma teoria inspirada em Darwin enfatiza que já nascemos prontos e acabados. Afirma que a vida em sociedade não modifica nem altera o processo de desenvolvimento e que as características das pessoas são determinadas pelos gens que nascem com ela. Essa teoria é:
a) Inatismo.
b) Ambientalismo.
c) Interacionismo.
d) Desenvolvimentismo.

169. (CONSULPAM – 2019 – SECRETARIA MUNICIPAL DE EDUCAÇÃO/ES – PROFESSOR EDUCAÇÃO INFANTIL)
A partir da leitura da abordagem de cada pensador estudado, a abordagem histórico-social possui características corretas apenas na opção:
a) A aprendizagem obtida deve ser somente na infância sem possibilidade de interação com outras faixas etárias.
b) Privilegia a importância das interações sociais para o desenvolvimento do indivíduo.
c) Todas as abordagens consideram de forma crucial a vivência da criança no meio social e cultural como fator indispensável para o desenvolvimento do ser humano.
d) O indivíduo não possui um desenvolvimento interacionista capaz de manter privilégios.

170. (CONSULPAM – 2019 – SECRETARIA MUNICIPAL DE EDUCAÇÃO/ES – PROFESSOR EDUCAÇÃO INFANTIL)
Na atualidade as opções apresentadas a seguir são determinadas como objetivos da educação infantil, exceto em:
a) Desenvolver uma imagem positiva de si, atuando de forma cada vez mais independente.
b) Descobrir e conhecer progressivamente seu corpo.
c) Estabelecer vínculos afetivos e de troca com adultos e crianças.
d) Brincar expressando sentimentos, mas sem demonstrar emoções e desejos nessa idade.

171. (CONSULPAM – 2019 – SECRETARIA MUNICIPAL DE EDUCAÇÃO/ES – PROFESSOR EDUCAÇÃO INFANTIL)
Com relação aos objetivos gerais da educação infantil, a utilização das diferentes linguagens devem ser:
a) Compreendidas sem precisarem compreender.
b) Ausentes de ideias e de sentimentos.
c) Ajustadas às diferentes intenções e situações de comunicação.
d) Recuadas no processo de construção de significados.

172. (IBFC – 2023 – SECRETARIA DA EDUCAÇÃO/BA – PROFESSOR) Os fundamentos e princípios da interdisciplinaridade e a contextualização no ensino médio procuram melhorar a visão de mundo dos estudantes. Durante a formação do estudante o propósito é desconstruir a ideia da verdade absoluta em relação aos fatos e temas que compõem a vida em sociedade e motivar os jovens e os adultos a investigarem os dados consultando suas origens. A seguir, estão descritos alguns dos fundamentos e dos princípios interdisciplinares, e definições, que podem ser estratégias pedagógicas positivas na formação do estudante.
Analise as afirmativas a seguir e dê valores Verdadeiro (V) ou Falso (F).
( ) O diálogo entre os estudantes proporciona a aprendizagem de si mesmo, dos outros e do mundo.
( ) O diálogo promove a reflexão, a autonomia de pensamento, a criticidade, a defesa de seus posicionamentos, a valorização das diferenças e a resolução de problemas.
( ) Conhecer os desejos, e desafios, reais do estudante favorece e desenvolve o conhecimento, conhecer o seu projeto de vida abre caminhos para articular a proposta pedagógica e as necessidades reais do estudante.
( ) Utilizar e realizar o registro como uma ação secundária. O registro das vivências, experiências, deve ser feito quando o tempo for suficiente na programação pedagógica.
Assinale a alternativa que apresenta a sequência correta de cima para baixo.
a) V - V - V - V
b) V - V - F - F
c) V - V - V - F
d) F - F - V - V
e) F - V - V - F

173. (IBFC – 2023 – SECRETARIA DA EDUCAÇÃO/BA – PROFESSOR) Para construir um padrão de qualidade torna-se imprescindível assegurar o acesso, a inclusão e a permanência dos estudantes na escola. A construção do processo para a qualidade social necessita da ação coletiva, o envolvimento de todos que fazem parte do processo educativo, para tornar-se realidade. Nas Diretrizes Curriculares Nacionais Gerais para a Educação Básica, no Artigo 9º, lemos "a escola de qualidade adota como centralidade o estudante e a aprendizagem, o que pressupõe atendimento aos seguintes requisitos":
I. Ratear o projeto político-pedagógico e, também a avaliação das aprendizagens que são instrumento de contínua progressão dos estudantes.
II. Inter-relação entre organização do currículo, do trabalho pedagógico e da jornada de trabalho do professor, tendo como objetivo a aprendizagem do estudante.
III. Integração dos profissionais da educação, dos estudantes, das famílias e dos agentes da comunidade interessados na educação.
IV. Realização de parceria com órgãos, tais como os de assistência social e desenvolvimento humano, cidadania, ciência e tecnologia, esporte, turismo, cultura e arte, saúde e meio ambiente.
Assinale a alternativa correta referente aos requisitos dispostos no Artigo 9º.
a) Apenas as afirmativas II e IV estão corretas
b) Apenas as afirmativas I, II e IV estão corretas
c) As afirmativas I, II, III e IV estão corretas
d) Apenas as afirmativas II, III e IV estão corretas
e) Apenas as afirmativas III e IV estão corretas

174. **(IBFC – 2023 – SECRETARIA DA EDUCAÇÃO/BA – PROFESSOR)** A escola de qualidade social ressalta em sua prática pedagógica a importância de viver a Pluralidade Cultural ensinando e proporcionando a evolução da temática no processo para a aprendizagem. A construção do respeito a diversidade cultural depende do envolvimento de todos, sabendo que um depende do outro para a ativar comportamentos contra a exclusão. Assinale a alternativa que apresenta o significado da temática Pluralidade Cultural nos Parâmetros Curriculares Nacionais.
    a) Conhecimento e à valorização de características étnicas e culturais dos diferentes grupos sociais que convivem no território nacional, às desigualdades socioeconômicas e à crítica às relações sociais discriminatórias e excludentes que permeiam a sociedade brasileira
    b) Conhecimento e à valorização de características étnicas e culturais. Valorizando o território e aprofundando o conhecimento do ambiente cultural do entorno escolar
    c) Conhecimento das desigualdades socioeconômicas para trabalhar interdisciplinarmente no currículo da escola
    d) Conhecimento excludentes e o preconceito cotidiano que causam as injustiças e criam violência frequente nas mídias sociais
    e) Conhecimento e à valorização de características étnicas e culturais, mas releva a igualdades socioeconômicas e à crítica aos comportamentos sociais discriminatórias e excludentes que permeiam nossa sociedade

175. **(IBFC – 2023 – SECRETARIA DA EDUCAÇÃO/BA – PROFESSOR)** Compreendemos a linguagem como um fenômeno que nos capacita para a comunicação. A correta aprendizagem da linguagem verbal contribui para o entendimento de conteúdos indispensáveis na formação do alunado. Ademais, ainda existe a chamada linguagem não verbal que apresenta a mesma relevância em sala de aula, principalmente, ao longo dos desafios que cada geração apresenta ao chegar em idade escolar. Sobre linguagem verbal e não verbal, analise as afirmativas a seguir.
    I. Um texto narrado e um debate em sala de aula são considerados linguagem verbais.
    II. A Língua Brasileira de Sinais (Libras) é considerada uma linguagem verbal.
    III. A linguagem em Braile é uma forma de comunicação não verbal.
    IV. Uma placa de sinalização que contém uma figura é exemplo de linguagem não verbal.
    Assinale a alternativa correta.
    a) Apenas as afirmativas I, II e III estão corretas
    b) Apenas as afirmativas I, II e IV estão corretas
    c) Apenas as afirmativas II e IV estão corretas
    d) Apenas as afirmativas II, III e IV estão corretas
    e) Apenas as afirmativas I, III e IV estão corretas

176. **(FUNDAÇÃO AROEIRA – 2022 – SECRETARIA MUNICIPAL DE EDUCAÇÃO/GO – PROFESSOR I)** Um dos fenômenos significativos dos processos sociais contemporâneos é a ampliação do conceito de educação e a diversificação das atividades educativas, levando, por consequência, a uma diversificação da ação pedagógica na sociedade. Em várias esferas da prática social, mediante as modalidades de educação informais, não-formais e formais, amplia-se a produção e disseminação de saberes e modos de ação (conhecimentos, conceitos, habilidades, hábitos, procedimentos, crenças, atitudes), levando a práticas pedagógicas. Para Libâneo (2016), nos meios profissionais, políticos, universitários, sindicais, empresariais, nos meios de comunicação, nos movimentos da sociedade civil, verifica-se uma redescoberta da Pedagogia em que (marque a única alternativa correta)
    a) se observa uma movimentação na sociedade, mostrando uma ampliação do campo do educativo com a consequente repercussão no campo do pedagógico. Enquanto isso, essa mesma Pedagogia está em baixa entre intelectuais e profissionais do meio educacional, com uma forte tendência em identificá-la não apenas com a docência, mas como um campo de saber específico dentro das ciências humanas.
    b) o campo do educativo é vasto, uma vez que a educação ocorre em muitos lugares e sob variadas modalidades: na família, no trabalho, na rua, na fábrica, nos meios de comunicação, na política, na escola, de modo que não podemos reduzir a Educação ao ensino nem a Pedagogia aos métodos de ensino.
    c) a educação é uma prática social que busca realizar, nos sujeitos humanos, as características de humanização plena. Todavia, toda educação se dá em meio a relações sociais. Numa sociedade em que essas relações se dão entre grupos sociais antagônicos, com diferentes interesses, em relações de exploração de uns sobre outros, a educação só pode ser crítica, pois a humanização plena implica a manutenção dessas relações. A Pedagogia lida com o fenômeno educativo enquanto expressão de interesses sociais em consenso na sociedade em que vivemos.
    d) há, de fato, uma tradição na história da formação de professores no Brasil, segundo a qual pedagogo é alguém que ensina algo. Essa tradição teria se firmado no início da década de 1930, com a influência tácita dos chamados "pioneiros da educação nova", tomando o entendimento de que o curso de Pedagogia seria um curso de formação de professores para as séries iniciais da escolarização obrigatória. Entretanto, essa ideia não predomina mais no imaginário da sociedade brasileira.

177. **(FUNDAÇÃO AROEIRA – 2022 – SECRETARIA MUNICIPAL DE EDUCAÇÃO/GO – PROFESSOR I)** "Uma pedagogia articulada com os interesses populares valorizará, pois, a escola; não será indiferente ao que ocorre em seu interior; estará empenhada em que a escola funcione bem; portanto, estará interessada em métodos de ensino eficazes. Tais métodos situar-se-ão para além dos métodos tradicionais e novos, superando, por incorporações, as contribuições de uns e de outros. Serão métodos que estimularão a atividade e iniciativa dos alunos sem abrir mão, porém, da iniciativa do professor". A afirmação de Saviani (2009, p. 235) propõe uma nova dimensão de educação, pois (marque a única alternativa correta):
    a) considera a figura do professor como centro de toda ação pedagógica.
    b) considera que o aluno é a figura central e por isso todas as atividades pedagógicas deverão ser pensadas como projetos.
    c) considera que a educação é responsável pelo fim das injustiças sociais, uma vez que um sujeito alfabetizado sairá de sua condição de pobreza.
    d) supera a crença da autonomia e da dependência absoluta da educação, em face das condições sociais vigentes.

178. **(FUNDAÇÃO AROEIRA – 2022 – SECRETARIA MUNICIPAL DE EDUCAÇÃO/GO – PROFESSOR I)** Estudantes de 9 anos de uma Escola de Ensino Fundamental estudam a distribuição de água para a população.
O professor inicia a atividade com perguntas como:
Toda água que sai da torneira é boa para beber?
A água suja pode se tornar limpa?
Existem casas sem água boa para beber?
As respostas são discutidas.
O professor realiza, em sala, atividades práticas como: construção de uma maquete do sistema de distribuição de água da cidade; experiência de decantação e filtração da água; excursão à estação de tratamento de água da cidade.

O trabalho é ampliado para o estudo da preservação ambiental e da situação da água potável da população, que não tem acesso à rede de abastecimento de água.

Refletem sobre como o poder público cuida da qualidade da água e das questões ambientais e, ainda, sobre a responsabilidade social da população e dos governantes.

A partir dessa descrição, considere as afirmações.

I. As perguntas iniciais respondidas pelos alunos permitem ao professor fazer o levantamento do conhecimento prévio dos alunos.

II. A contextualização dos temas ocorre durante as atividades, na inserção de aspectos do cotidiano dos alunos e da população.

III. O conhecimento científico desautoriza o conhecimento que os alunos trazem de suas experiências de vida em relação ao meio ambiente.

IV. As crianças devem concluir que as questões relativas ao desmatamento próximo aos mananciais de água e a distribuição de água tratada a toda a população são de responsabilidade social exclusiva dos governos.

Marque a alternativa que apresenta todos os itens corretos.

a) I e II.
b) I e III.
c) I e IV.
d) II e III.

179. (FUNDAÇÃO AROEIRA – 2022 – SECRETARIA MUNICIPAL DE EDUCAÇÃO/GO – PROFESSOR I) Na aula de Ciências, em uma escola de Ensino Fundamental, ao trabalhar um determinado assunto a partir do livro didático adotado, o professor é interpelado por um aluno sobre a atualidade daquela matéria. O aluno explicou que, tendo acessado o site de uma universidade pela *Internet*, leu que havia novos conhecimentos sobre o conteúdo em pauta, que contrariavam o que estava no livro. Diante da situação, o professor, que sempre tivera posturas que valorizam a produção de conhecimentos pelos alunos, deve (marque a única alternativa correta):

a) incentivar a turma a pesquisar sobre o assunto, para avaliar as novas informações trazidas pelo aluno, deslocando a discussão para uma próxima aula.
b) desqualificar a *Internet* como meio de transmissão do conhecimento, informando sobre a existência de muitos sites não confiáveis.
c) acatar a informação do aluno como verdadeira, indicando à turma que esse conhecimento será objeto de avaliação.
d) recomendar à turma que estude pelo livro didático adotado, explicando que a prova terá o livro como base.

180. (FUNDAÇÃO AROEIRA – 2022 – SECRETARIA MUNICIPAL DE EDUCAÇÃO/GO – PROFESSOR I) Dois coordenadores pedagógicos, recém-admitidos em uma escola pública, fazem um diagnóstico da instituição e identificam a necessidade de melhoria da gestão escolar e da qualidade do ensino. A proposta dos coordenadores pedagógicos é trabalhar com leitura de textos sobre o tema; entrevistas com professores, alunos, pais e funcionários; relatos de experiência de outras escolas; seminários e debates. Estes recursos devem garantir que a discussão tenha como foco um suporte teórico para a realização de ações que promovam uma gestão comprometida com a qualidade de ensino, a inclusão social e o sucesso escolar de seus alunos. Para alcançar o que pretendem, os coordenadores pedagógicos precisam conseguir:

a) a aprovação do diretor da escola para implantar uma gestão democrática.
b) o aval dos pais para garantir a participação deste segmento nas decisões da escola.
c) a mobilização da comunidade escolar para garantir auxílio à escola e à região.
d) a decisão da comunidade escolar de implementar a gestão democrática, tendo clareza de seus desdobramentos.

181. (FUNDAÇÃO AROEIRA – 2022 – SECRETARIA MUNICIPAL DE EDUCAÇÃO/GO – PROFESSOR I) O professor X, de uma turma do quinto ano do Ensino Fundamental, leva, todos os dias, para a sala de aula, um texto sobre ética e o lê para os alunos. Ao terminar, pergunta qual foi a parte da leitura de que eles mais gostaram e a escreve no quadro. Em seguida, lê, em voz alta, o trecho que escreveu, acompanhando com o dedo a sua leitura. Como a biblioteca da escola, sobre tal assunto, é limitada, é pediu a contribuição dos alunos para que trouxessem livros, revistas ou jornais de suas casas. No dia seguinte ao pedido, recebeu a visita de um pai de aluno, indagando-o sobre o motivo do pedido, já que isto não é obrigação dos alunos e sim da Escola.

Marque a alternativa que define em que a explicação do professor ao pai, sobre suas atividades de leitura e orientação em sala de aula, deverá estar baseada.

a) O professor não deve dar nenhuma explicação ao pai, já que sua metodologia é correta.
b) O professor deve falar ao pai que esse tipo de metodologia familiariza os alunos com o ato e o gosto pela leitura.
c) O professor deve informar ao pai que todas as reclamações, inclusive sobre sua metodologia, devem ser feitas à Direção da Escola.
d) O pai deve ouvir do professor que a responsabilidade de educar seu filho é da Escola, por isso ele vai continuar exigindo do aluno aquilo que seja necessário para as aulas.

182. (FUNDAÇÃO AROEIRA – 2022 – SECRETARIA MUNICIPAL DE EDUCAÇÃO/GO – PROFESSOR I) Entende-se por educação especial, para os efeitos da legislação brasileira, a modalidade de educação escolar, oferecida, preferencialmente, na rede regular de ensino, para educandos portadores de necessidades especiais. Haverá, quando necessário, serviços de apoio especializado, na escola regular, para atender às peculiaridades da clientela de educação especial. O atendimento educacional será feito em classes, escolas ou serviços especializados, sempre que, em função das condições específicas dos alunos, não for possível a sua integração nas classes comuns de ensino regular. A partir desse entendimento, os Sistemas de Ensino assegurarão aos educandos com necessidades especiais

I. currículos, métodos, técnicas, recursos educativos e organização específicos para atender às suas necessidades;

II. terminalidade específica para aqueles que não puderem atingir o nível exigido para a conclusão do Ensino Fundamental, em virtude de suas deficiências, e aceleração para concluir, em menor tempo, o programa escolar para os superdotados;

III. professores com especialização adequada em nível médio ou superior, para atendimento especializado, bem como professores do ensino regular capacitados para a integração desses educandos nas classes comuns;

IV. acesso diferenciado aos benefícios dos programas sociais suplementares, disponíveis para o respectivo nível do ensino regular.

Marque a alternativa que apresenta todos os itens corretos.

a) I e IV.
b) I, II e III.
c) I e III.
d) I, II, III e IV.

183. (FUNDAÇÃO AROEIRA – 2022 – SECRETARIA MUNICIPAL DE EDUCAÇÃO/GO – PROFESSOR I) O atendimento à infância no Brasil deu-se em duas categorias principais: uma destinada às crianças dos setores populares e outra, às das classes médias e altas da população. O atendimento aos setores populares, desde o início da colonização até a atualidade, foi baseado nas concepções assistencialista, higienista, clientelista, de promoção social e de direitos sociais.

Tomando como base o enunciado, leia as afirmações, identificando aquelas que contêm a concepção assistencialista da Educação Infantil.

I. Garante os direitos sociais e de cidadania da criança e da família e amplia a visão da criança como sujeito de direitos e produtora de cultura.

II. As ações implementadas giram em torno de questões ligadas à higiene.

III. Oferece atendimento à criança em tempo integral, baseado no cuidar e no educar, exercitando as múltiplas linguagens e as brincadeiras.

IV. Fornece atendimento à criança, com o objetivo de diminuir a mortalidade infantil, provendo a alimentação, a higiene com o corpo e o cuidado, enquanto a mãe trabalha.

Marque a alternativa que apresenta todos os itens corretos.
a) I, II e III.
b) I e IV.
c) II e IV.
d) III e IV.

184. (FUNDAÇÃO AROEIRA – 2022 – SECRETARIA MUNICIPAL DE EDUCAÇÃO/GO – PROFESSOR I) As instituições de Educação Infantil devem criar procedimentos para acompanhamento do trabalho pedagógico e para avaliação do desenvolvimento das crianças, sem objetivo de seleção, promoção ou classificação, garantindo (marque a única alternativa correta):
a) a observação crítica e criativa das atividades, das brincadeiras e das interações das crianças no cotidiano.
b) o registro da presença da criança na sala de aula como condição obrigatória para a aprovação.
c) a continuidade dos processos de aprendizagem da criança como base para o Ensino Fundamental.
d) a base da educação infantil é necessária para que a criança seja bem-sucedida no Ensino Fundamental.

185. (FUNDAÇÃO AROEIRA – 2022 – SECRETARIA MUNICIPAL DE EDUCAÇÃO/GO – PROFESSOR I) A Escola Nova Fronteira apresentava altos índices de reprovação e de violência. Na avaliação dos professores, as práticas pedagógicas eram individualizadas e não havia articulação interna ou com a comunidade. A professora Clara foi eleita diretora e entendeu que os aspectos administrativos deveriam dar sustentação aos pedagógicos. Liderou um movimento de organização da escola em direção a uma instituição autônoma e democrática. Para isso, Clara considerou alguns princípios da gestão democrática, no contexto do Projeto Pedagógico. Analise as assertivas.

I. A implementação do projeto político-pedagógico constrói a identidade da instituição por meio de permanente reflexão e discussão.

II. A participação dos pais e da comunidade nas assembleias escolares é uma forma de aproximar a escola da sociedade.

III. A centralização das ações desburocratiza os processos de gestão e de organização.

IV. A gestão colegiada organiza o trabalho pedagógico, viabilizando a ampla participação.

Marque a alternativa que apresenta todos os itens corretos, de acordo com os princípios da gestão democrática.
a) I, II e IV.
b) II e III.
c) II e IV.
d) I e II.

186. (FUNDAÇÃO AROEIRA – 2022 – SECRETARIA MUNICIPAL DE EDUCAÇÃO/GO – PROFESSOR I) Considerando a organização e a gestão escolares, quais características organizacionais propiciam melhores resultados de aprendizagem dos alunos? Marque a alternativa que responde a questão.
a) Existência de normas legais; plano previamente elaborado; mais ênfase nas tarefas do que nas pessoas; ausência de discussão entre os profissionais da escola.
b) Existência de gestão descentralizada; mais ênfase nas tarefas do que nas pessoas; relações hierárquicas embasadas em normas e regras.
c) Existência de gestão descentralizada, que contemple a elaboração de projeto pedagógico curricular; bom clima de trabalho e disponibilidade de condições físicas e materiais.
d) Direção centralizada em uma única pessoa, evitando-se desencontro de informações; qualificação dos professores; existência de projeto político- -pedagógico curricular.

187. (FUNDAÇÃO AROEIRA – 2022 – SECRETARIA MUNICIPAL DE EDUCAÇÃO/GO – PROFESSOR I) Na escola Os Pioneiros da Educação, desejava-se implantar um currículo que partisse da concepção de conhecimentos em rede e que se aproximasse da vida cotidiana. Em uma reunião com o corpo docente, a gestão trouxe, para reflexão, alguns argumentos.

I. O conhecimento é, na dimensão das redes, uma propriedade ou uma característica do indivíduo.

II. Aprendemos que relevante no nosso fazer é "o quê", possível de ser medido, quantificado, regulamentado e controlado.

III. Todas as atividades que desempenhamos em nossas vidas são aprendidas, mesmo que, em alguns casos, instintiva ou mecanicamente.

IV. Os currículos que criamos misturam elementos das propostas formais e organizadas com as possibilidades que temos de implantá-las.

Marque a alternativa que apresenta corretamente todos os argumentos coerentes com a implantação pretendida.
a) I e II.
b) I e IV.
c) II e III.
d) III e IV.

188. (FUNDAÇÃO AROEIRA – 2022 – SECRETARIA MUNICIPAL DE EDUCAÇÃO/GO – PROFESSOR I) Entre o mestre e o aluno se estabelece uma relação de vontade a vontade: relação de dominação do mestre, que tivera por consequência uma relação inteiramente livre da inteligência do aluno com aquela do livro – inteligência do livro que era, também, a coisa comum, o laço intelectual igualitário entre o mestre e o aluno. Esse dispositivo permitia destrinchar as categorias misturadas do ato pedagógico e definir exatamente o embrutecimento explicador. Há embrutecimento quando uma inteligência é subordinada a outra inteligência. [...] Chamar-se-á emancipação à diferença conhecida e mantida entre as duas relações, o ato de uma inteligência que não obedece senão a ela mesma, ainda que a vontade obedeça a uma outra vontade.
(RANCIÈRE, J. *O mestre ignorante*. Belo Horizonte: Autêntica, 2002, p. 31-32)

A partir desse texto, pode-se concluir que (marque a única alternativa correta)

CONHECIMENTOS PEDAGÓGICOS

a) uma inteligência emancipada só obedece a si própria.
b) a explicação está a serviço da emancipação.
c) o mestre emancipa os alunos.
d) os alunos emancipam-se coletivamente.

189. (FUNDAÇÃO AROEIRA – 2022 – SECRETARIA MUNICIPAL DE EDUCAÇÃO/GO – PROFESSOR I) Refletindo sobre educação e seu processo, analise as assertivas.

I. Denomina-se conteúdo da educação a tudo o que se ensina e se aprende no processo educativo. Esse conteúdo pode ser desmembrado em saber, saber-fazer e valores, para efeito de estudo.

II. Toda educação comporta um tipo definido de homem e, portanto, é uma "interpretação" sociocultural do homem, entre outras possíveis. Por isso se fala da função doutrinadora da educação, porque é um dos modos de influenciar o outro.

III. A educação deve ser entendida como um processo que possibilita ao homem "construir-se" de acordo com o imaginário humano em cada tempo e lugar. Neste processo educativo, distinguem-se os seguintes elementos básicos: a finalidade, o conteúdo, a ação ou intervenção educativa e a aprendizagem.

IV. Podemos dizer que os objetivos propostos pela educação visam à autonomia pessoal, à integração ativa à comunidade, ao espírito de competitividade, à qualificação profissional, à capacidade de reproduzir modelos, à criatividade etc. Assim, o homem educado, no processo progressivo e cumulativo da educação, será aquele que, de modo consistente, por meio de ideologias propostas pelo sistema educacional, se comporte e se conduza como tal.

Marque a alternativa que apresenta todos os itens corretos.
a) I, II e III.
b) I e IV.
c) II e III.
d) I e III.

190. (NC-UFPR – 2022 – SMAP/PR – PROFESSOR EDUCAÇÃO INFANTIL) Considera-se pessoa com deficiência aquela que tem impedimento de longo prazo de natureza física, mental, intelectual ou sensorial, o qual, em interação com uma ou mais barreiras, pode obstruir sua participação plena e efetiva na sociedade em igualdade de condições com as demais pessoas. Sobre o tema, assinale a alternativa correta.

a) A avaliação da deficiência, quando necessária, será focalizada no desenvolvimento cognitivo e realizada pelo professor.
b) Incumbe às famílias assegurar a participação dos estudantes com deficiência nas diversas instâncias de atuação da comunidade escolar.
c) O atendimento especializado às pessoas com deficiência será facultado aos contextos em que esse atendimento seja essencial, e será ofertado por ordem de prioridade.
d) A pessoa com deficiência tem direito a receber atendimento prioritário em todas as instituições e serviços de atendimento ao público.
e) É responsabilidade das organizações sociais assegurar, criar, desenvolver, implementar, acompanhar e avaliar a educação inclusiva.

191. (NC-UFPR – 2022 – SMAP/PR – PROFESSOR EDUCAÇÃO INFANTIL) O currículo na Educação Infantil tem sido um campo de controvérsias e de diferentes visões de criança, de família e de funções da creche e da pré-escola. No sentido de orientar as políticas públicas na área e a elaboração, o planejamento, a execução e a avaliação de propostas pedagógicas e curriculares, as Diretrizes Curriculares Nacionais para a Educação Infantil (DCNEI) apresentam uma definição de currículo. Nesse contexto, o currículo nas DCNEI:

a) é um conjunto de práticas que buscam articular as experiências e os saberes das crianças com os conhecimentos dos patrimônios cultural, artístico, científico e tecnológico.
b) é concebido como uma lista de conteúdos a partir das diferentes áreas de conhecimento, de formação humana e de desenvolvimento.
c) refere-se ao conjunto de conteúdos de ensino e aprendizagem, de acordo com a faixa etária e o nível de desenvolvimento das crianças.
d) se expressa como uma matriz com objetivos de ensino, conteúdos didático-pedagógicos e critérios para a avaliação da aprendizagem.
e) é um ponto de chegada para se atingir os objetivos de desenvolvimento para cada etapa da Educação Infantil.

192. (NC-UFPR – 2022 – SMAP/PR – PROFESSOR EDUCAÇÃO INFANTIL) Na perspectiva de definir o que é estruturante dos currículos da Educação Infantil, as DCNEI apresentam os eixos norteadores da prática pedagógica. Considerando as informações apresentadas, são eixos da Educação Infantil segundo as DCNEI:

a) A autonomia e o cuidado de si.
b) O educar e o cuidar.
c) O afeto e o cuidado.
d) A oralidade e a escrita.
e) As interações e a brincadeira.

193. (NC-UFPR – 2022 – SMAP/PR – PROFESSOR EDUCAÇÃO INFANTIL) Considere o seguinte texto:

O combate ao racismo e às discriminações de gênero, socioeconômicas, étnico-raciais e religiosas deve ser objeto de constante reflexão e intervenção.

Disponível em: http://portal.mec.gov.br/dmdocuments/pceb020_09.pdf.

O combate ao qual o texto se refere é um(a):

a) conteúdo específico dos direitos de desenvolvimento e aprendizagem na Educação Infantil.
b) sugestão para a organização do currículo na pré-escola.
c) orientação às práticas familiares, já que não faz parte da educação institucional formal.
d) condição para a organização curricular na Educação Infantil.
e) atribuição específica de instâncias que tratam destes temas.

194. (PREFEITURA MUNICIPAL DO RIO DE JANEIRO – 2019 – PREFEITURA MUNICIPAL/RJ – PROFESSOR DE ENSINO FUNDAMENTAL) Historicamente, o erro apresentado pelos alunos durante o processo ensino/aprendizagem vem sendo objeto de estudo e pesquisa, no campo da educação. De acordo com Esteban (2013), atualmente, as principais concepções acerca do erro dos alunos, sob a óptica docente, podem ser assim sintetizadas:

a) alguns docentes consideram as provas como único instrumento de avaliação, enquanto outros compreendem uma diversidade de instrumentos como integrantes do processo de avaliação
b) todos os docentes avaliam o erro como confirmação das dificuldades dos alunos que precisam ser sanadas

c) alguns docentes avaliam que o erro pode demonstrar uma outra forma melhor de raciocínio discente e outros compreendem que o erro constitui, obrigatoriamente, parte do processo ensino/aprendizagem

d) alguns docentes consideram o erro como parte do processo ensino/aprendizagem, enquanto outros compreendem o erro como a confirmação da impossibilidade discente

195. (PREFEITURA MUNICIPAL DO RIO DE JANEIRO – 2019 – PREFEITURA MUNICIPAL/RJ – PROFESSOR DE ENSINO FUNDAMENTAL) Ao optar por iniciar o processo de alfabetização apresentando as letras do alfabeto e posteriormente todas as famílias silábicas, antes de utilizar textos completos com os alunos, a/o docente desconsidera, na perspectiva do letramento, o que Magda Soares descreve como:

a) técnicas da leitura e da escrita
b) codificação da leitura e da escrita
c) práticas sociais da leitura e da escrita
d) práticas pedagógicas da leitura e da escrita

196. (PREFEITURA MUNICIPAL DO RIO DE JANEIRO – 2019 – PREFEITURA MUNICIPAL/RJ – PROFESSOR DE ENSINO FUNDAMENTAL) A dinâmica pedagógica em cada sala de aula costuma ter bases na tendência de educação, historicamente construída. José Carlos Libâneo organiza as tendências que norteiam a prática pedagógica entre Pedagogia Liberal e Pedagogia Progressista. As características principais dessas duas perspectivas são:

a) pedagogia liberal: a escola tem por função preparar os indivíduos para o mundo do trabalho na perspectiva da liberdade de pensamento e das demandas coletivas de empregabilidade; pedagogia progressista: parte de uma análise acrítica das realidades sociais e sustenta as finalidades psicológicas dos sujeitos

b) pedagogia liberal: parte de uma análise psicológica do desenvolvimento humano e desenvolve as finalidades sociopolíticas dos sujeitos; pedagogia progressista: parte de uma análise sociopolítica das realidades sociais e sustenta as finalidades psicológicas da educação

c) pedagogia liberal: a escola tem por função preparar os grupos sociais que transitam no espaço escolar para a transformação da sociedade que os cerca; pedagogia progressista: parte de uma análise meritocrática das realidades sociais e sustenta as finalidades segregadoras da educação

d) pedagogia liberal: a escola tem por função preparar os indivíduos para o desempenho de papéis sociais, de acordo com aptidões individuais; pedagogia progressista: parte de uma análise crítica das realidades sociais e sustenta as finalidades sociopolíticas da educação

Texto para as próximas 5 questões:

Considerando o Plano Nacional de Educação (PNE 2014-2024), julgue os itens.

197. (QUADRIX – 2022 – SECRETARIA DE ESTADO DA EDUCAÇÃO/DF – PROFESSOR) É diretriz do PNE a redução do analfabetismo.
Certo ( )   Errado ( )

198. (QUADRIX – 2022 – SECRETARIA DE ESTADO DA EDUCAÇÃO/DF – PROFESSOR) As metas previstas no PNE extrapolam seu prazo de vigência, na medida em que constituem objetivos de longo prazo.
Certo ( )   Errado ( )

199. (QUADRIX – 2022 – SECRETARIA DE ESTADO DA EDUCAÇÃO/DF – PROFESSOR) Os estados, o Distrito Federal e os municípios elaborarão seus próprios planos de educação, observando as diretrizes do PNE.
Certo ( )   Errado ( )

200. (QUADRIX – 2022 – SECRETARIA DE ESTADO DA EDUCAÇÃO/DF – PROFESSOR) O Sistema Nacional de Avaliação da Educação Básica, embora opere em regime de colaboração entre entes, é coordenado pela União.
Certo ( )   Errado ( )

201. (QUADRIX – 2022 – SECRETARIA DE ESTADO DA EDUCAÇÃO/DF – PROFESSOR) O plano plurianual, a lei de diretrizes orçamentárias e a lei orçamentária anual serão norteados pelo PNE e visarão à consecução de seus objetivos e metas.
Certo ( )   Errado ( )

Texto para as próximas 5 questões:

Vejo o educador, antes de mais nada, como um ser humano e, como tal, podendo ser sujeito ou objeto da história. Como objeto, sofre a ação do tempo e dos movimentos sociais, sem assumir a consciência e o papel de interferidor nesse processo. Não toma para si, em sua prática, a forma de ser autor o ator da história. Aqui, certamente, não desempenha o papel de educador, na sua autenticidade, como a entendo. Como sujeito da história, compreendo o educador, o autêntico educador, como o ser humano que constrói, pedra sobre pedra, o projeto histórico de desenvolvimento do povo. Um ser, junto com outros, conscientemente engajado no fazer a história.

Cipriano Carlos Luckesi. **O papel da didática na formação do educador**. *In*: Vera Maria Candau(org.). **A didática em questão**. Rio de Janeiro: Vozes, 1983 (com adaptações).

Considerando a temática do texto apresentado e os aspectos a ela relacionados, julgue os itens.

202. (QUADRIX – 2022 – SECRETARIA DE ESTADO DA EDUCAÇÃO/DF – PROFESSOR) Na perspectiva da multidimensionalidade do processo de ensino e aprendizagem, a ação didática alcança diferentes dimensões (humana, cultural, técnica e política), as quais não se articulam entre si, mas mantêm suas respectivas características quando presentes na prática pedagógica do professor.
Certo ( )   Errado ( )

203. (QUADRIX – 2022 – SECRETARIA DE ESTADO DA EDUCAÇÃO/DF – PROFESSOR) O projeto histórico de desenvolvimento do povo do qual o professor deve se perceber como ator e autor se traduz em sua ação pedagógica, e esta não pode ser entendida e praticada de forma neutra.
Certo ( )   Errado ( )

204. (QUADRIX – 2022 – SECRETARIA DE ESTADO DA EDUCAÇÃO/DF – PROFESSOR) O engajamento do professor em um projeto de construção histórica exige uma formação didático-pedagógica focada em métodos, técnicas e ferramentas de ensino, pois esses mecanismos garantem a aprendizagem dos estudantes.
Certo ( )   Errado ( )

205. (QUADRIX – 2022 – SECRETARIA DE ESTADO DA EDUCAÇÃO/DF – PROFESSOR) Assim como o projeto pedagógico da escola deve ser construído coletivamente para configurar-se como uma proposta educativa que visa ao desenvolvimento humano, também a formação permanente dos professores deve ocorrer em um coletivo.
Certo ( )   Errado ( )

CONHECIMENTOS PEDAGÓGICOS

206. (QUADRIX – 2022 – SECRETARIA DE ESTADO DA EDUCAÇÃO/DF – PROFESSOR) Para manter-se conscientemente engajado, como um autêntico educador, o professor deve criar modos críticos de desenvolvimento de sua prática, avaliando sua própria ação didática em relação ao projeto político-pedagógico que a escola construiu; para tanto, sua formação inicial é suficiente, sendo dispensável seu envolvimento em processos de formação permanente.

Certo ( )   Errado ( )

Texto para as próximas 3 questões:

Quanto à relação professor/aluno e ao compromisso social e ético do professor, julgue os itens.

207. (QUADRIX – 2022 – SECRETARIA DE ESTADO DA EDUCAÇÃO/DF – PROFESSOR) O processo de interação humana tem uma função educativa, uma vez que, na relação com o outro, os indivíduos ensinam e aprendem. Em uma abordagem afetiva, o valor pedagógico da relação professor/aluno se constitui pelo diálogo, pela escuta atenta, pela apresentação de *feedback* e pela relação de confiança mútua, que não anula a autoridade do professor.

Certo ( )   Errado ( )

208. (QUADRIX – 2022 – SECRETARIA DE ESTADO DA EDUCAÇÃO/DF – PROFESSOR) Na ação educativa, a afetividade é um fenômeno humano que exclui a dimensão cognitiva do processo de ensino-aprendizagem.

Certo ( )   Errado ( )

209. (QUADRIX – 2022 – SECRETARIA DE ESTADO DA EDUCAÇÃO/DF – PROFESSOR) A dimensão ética da prática pedagógica docente relaciona-se com a finalidade do trabalho educativo, tendo como referência a promoção da dignidade humana e o alcance dos objetivos estabelecidos no projeto político-pedagógico que orienta sua prática. Desse modo, a dimensão ética não pode ser confundida com o código de ética, que tem caráter normativo.

Certo ( )   Errado ( )

Texto para as próximas 2 questões:

Acerca dos componentes do processo de ensino e dos aspectos pedagógicos e sociais da prática educativa, segundo as tendências pedagógicas, julgue os itens.

210. (QUADRIX – 2022 – SECRETARIA DE ESTADO DA EDUCAÇÃO/DF – PROFESSOR) No contexto pedagógico, a formulação de um objetivo — propósito que se busca alcançar quando se realiza uma ação — permite que o professor oriente a prática pedagógica; contudo, a definição do objetivo não impacta o processo de aprendizagem dos estudantes.

Certo ( )   Errado ( )

211. (QUADRIX – 2022 – SECRETARIA DE ESTADO DA EDUCAÇÃO/DF – PROFESSOR) Em uma concepção de educação tecnicista, a definição dos objetivos, seja da educação, seja do processo de ensino-aprendizagem, é relevante, porque o foco está no próprio planejamento, que deve garantir produtividade e eficiência como resultados do processo educativo.

Certo ( )   Errado ( )

Texto para as próximas 4 questões:

Se a gente pensasse no professor como uma torneira que, aberta, jorrasse conhecimentos e pensasse no aluno como um copo que, colocado sob a torneira, ficasse cheio de conhecimentos, a coisa seria fácil. Bastaria o professor falar, o aluno ouvir, tomar notas, ler as anotações em casa... e pronto, o ensino teria sido realizado e a aprendizagem teria sido feita. Mas não é assim. A aprendizagem somente se realiza caso o aluno seja um sujeito investigador, participando de um processo que engloba o sujeito professor.

Sérgio Castanho. **Ensino com pesquisa na graduação**. *In*: I. P. A. Veiga e M. L. P. Naves (org.). **Currículo e avaliação na educação superior**. Araraquara: Junqueira e Marin, 2005, p. 81-82 (com adaptações).

Tendo o texto apresentado como referência inicial, julgue os itens.

212. (QUADRIX – 2022 – SECRETARIA DE ESTADO DA EDUCAÇÃO/DF – PROFESSOR) O texto aborda uma concepção pedagógica em que a pergunta e a dúvida devem ser valorizadas, sendo a avaliação somativa coerente com um processo orientado por tal concepção.

Certo ( )   Errado ( )

213. (QUADRIX – 2022 – SECRETARIA DE ESTADO DA EDUCAÇÃO/DF – PROFESSOR) Sob uma concepção de educação em que a investigação orienta a aprendizagem, a prática pedagógica deve fomentar a dúvida como elemento mediador do ensino e da aprendizagem, assim como da relação dos sujeitos com os conteúdos.

Certo ( )   Errado ( )

214. (QUADRIX – 2022 – SECRETARIA DE ESTADO DA EDUCAÇÃO/DF – PROFESSOR) Segundo a concepção tradicional de educação, o papel pedagógico de mediação da aprendizagem é condizente com a adoção de uma metodologia de ensino com pesquisa, em que aprender não acontece por meio da transmissão de um conhecimento pronto, mas por processos cognitivos que conduzem à experimentação, à produção e à apropriação do conhecimento, de modo que o aprender aconteça enquanto se pesquisa.

Certo ( )   Errado ( )

215. (QUADRIX – 2022 – SECRETARIA DE ESTADO DA EDUCAÇÃO/DF – PROFESSOR) A educação é um fenômeno social que se relaciona com a formação dos indivíduos de uma sociedade; sendo assim, a educação escolar deve estar a serviço da emancipação dos sujeitos.

Certo ( )   Errado ( )

Texto para as próximas 4 questões:

A respeito da relação entre educação e sociedade, quanto às dimensões filosófica, histórico-cultural e pedagógica, julgue os itens.

216. (QUADRIX – 2022 – SECRETARIA DE ESTADO DA EDUCAÇÃO/DF – PROFESSOR) Segundo Paulo Freire, o educador democrático não pode negar-se o dever de, em sua prática docente, reforçar a capacidade crítica do educando, a sua curiosidade e a sua insubmissão.

Certo ( )   Errado ( )

217. (QUADRIX – 2022 – SECRETARIA DE ESTADO DA EDUCAÇÃO/DF – PROFESSOR) Para Libâneo, o magistério é um ato político porque se realiza no contexto das relações sociais em que se manifestam os interesses das classes sociais.

Certo ( )   Errado ( )

218. (QUADRIX – 2022 – SECRETARIA DE ESTADO DA EDUCAÇÃO/DF – PROFESSOR) A dimensão filosófica da educação é entendida como uma construção histórica e natural, sendo, portanto, uma construção social historicizada.

Certo ( )   Errado ( )

219. (QUADRIX – 2022 – SECRETARIA DE ESTADO DA EDUCAÇÃO/DF – PROFESSOR) A práxis educativa, objeto da dimensão histórico-cultural, caracteriza-se pela ação intencional e reflexiva de sua prática.

Certo ( )   Errado ( )

Texto para as próximas 3 questões:

Considerando a concepção de Libâneo acerca do processo educativo, julgue os itens.

220. **(QUADRIX – 2022 – SECRETARIA DE ESTADO DA EDUCAÇÃO/DF – PROFESSOR)** Não se deve reduzir a educação ao ensino nem a pedagogia aos métodos de ensino.
Certo ( )   Errado ( )

221. **(QUADRIX – 2022 – SECRETARIA DE ESTADO DA EDUCAÇÃO/DF – PROFESSOR)** A didática, mediante conhecimentos científicos e filosóficos, investiga a realidade educacional em transformação, para explicitar objetivos e processos de intervenção metodológica e organizativa referentes à transmissão/assimilação de saberes e modos de ação.
Certo ( )   Errado ( )

222. **(QUADRIX – 2022 – SECRETARIA DE ESTADO DA EDUCAÇÃO/DF – PROFESSOR)** A pedagogia não é a única área científica que tem a educação como objeto de estudo: a sociologia, a psicologia, a economia e a linguística também podem ocupar-se de problemas educativos.
Certo ( )   Errado ( )

Texto para as próximas 3 questões:

Os termos pedagogo e docente, apesar de inter-relacionados, são conceitualmente distintos. Com relação a esse assunto, julgue os itens.

223. **(QUADRIX – 2022 – SECRETARIA DE ESTADO DA EDUCAÇÃO/DF – PROFESSOR)** Reduzir a ação pedagógica à docência implica produzir um reducionismo conceitual — um estreitamento do conceito de pedagogia.
Certo ( )   Errado ( )

224. **(QUADRIX – 2022 – SECRETARIA DE ESTADO DA EDUCAÇÃO/DF – PROFESSOR)** A pedagogia significa o mesmo que metodologia, uma vez que se refere aos procedimentos de ensino e à prática do ensino.
Certo ( )   Errado ( )

225. **(QUADRIX – 2022 – SECRETARIA DE ESTADO DA EDUCAÇÃO/DF – PROFESSOR)** A distinção entre o pedagogo e o docente reside no local de atuação: enquanto a docência acontece em sala, a pedagogia ocorre na escola, como um todo.
Certo ( )   Errado ( )

Texto para as próximas 2 questões:

Quanto à andragogia, ciência que estuda as melhores práticas para orientar adultos a aprender, julgue os itens.

226. **(QUADRIX – 2022 – SECRETARIA DE ESTADO DA EDUCAÇÃO/DF – PROFESSOR)** Assim como as crianças e os adolescentes possuem necessidades distintas durante as fases de desenvolvimento e aprendizado, o público adulto também demanda ações e abordagens específicas.
Certo ( )   Errado ( )

227. **(QUADRIX – 2022 – SECRETARIA DE ESTADO DA EDUCAÇÃO/DF – PROFESSOR)** A experiência é uma das fontes para a aprendizagem de um adulto, que pode ser motivado a aprender conforme vivencia necessidades e interesses.
Certo ( )   Errado ( )

Texto para as próximas 4 questões:

O cotidiano do ser humano é constituído de problemas com os quais ele se depara. Os conteúdos matemáticos devem ser abordados a partir desses problemas e explorados pela escola. Considerando esse assunto, julgue os itens.

228. **(QUADRIX – 2022 – SECRETARIA DE ESTADO DA EDUCAÇÃO/DF – PROFESSOR)** A participação dos alunos em uma variedade de situações que lhes permitam descobrir, construir, teorizar e perceber a natureza dinâmica do conteúdo matemático é condição para que eles se tornem sujeitos das transformações desejadas.
Certo ( )   Errado ( )

229. **(QUADRIX – 2022 – SECRETARIA DE ESTADO DA EDUCAÇÃO/DF – PROFESSOR)** Uma das maneiras de se desenvolver o ensino contextualizado é realizá-lo de forma interdisciplinar, ou, pelo menos, articulando-o com outros conteúdos.
Certo ( )   Errado ( )

230. **(QUADRIX – 2022 – SECRETARIA DE ESTADO DA EDUCAÇÃO/DF – PROFESSOR)** Uma das alternativas metodológicas possíveis para que a aprendizagem matemática se realize de modo lúdico, reflexivo e crítico é a utilização de situações-problema.
Certo ( )   Errado ( )

231. **(QUADRIX – 2022 – SECRETARIA DE ESTADO DA EDUCAÇÃO/DF – PROFESSOR)** Para o ensino da matemática no âmbito da Educação de Jovens e Adultos (EJA), deve-se considerar que o público que procura a escola, em sua maioria, já pertence ao mundo do trabalho; por essa razão, nesse contexto, dispensa-se o ensino de conteúdos matemáticos propriamente ditos, devendo-se priorizar atividades de reflexão e discussão relacionadas com a vivência dos estudantes.
Certo ( )   Errado ( )

Texto para as próximas 3 questões:

Acerca da interdisciplinaridade, julgue os itens.

232. **(QUADRIX – 2022 – SECRETARIA DE ESTADO DA EDUCAÇÃO/DF – PROFESSOR)** Define-se interdisciplinaridade como uma junção de disciplinas.
Certo ( )   Errado ( )

233. **(QUADRIX – 2022 – SECRETARIA DE ESTADO DA EDUCAÇÃO/DF – PROFESSOR)** É possível a interação entre disciplinas aparentemente distintas; essa interação é uma maneira complementar ou suplementar e deve possibilitar a formulação de um saber crítico-reflexivo, no processo de ensino-aprendizagem.
Certo ( )   Errado ( )

234. **(QUADRIX – 2022 – SECRETARIA DE ESTADO DA EDUCAÇÃO/DF – PROFESSOR)** A interdisciplinaridade, na educação, favorece novas formas de aproximação da realidade social e novas leituras das dimensões socioculturais das comunidades humanas.
Certo ( )   Errado ( )

Texto para as próximas 2 questões:

Um professor de matemática separou os alunos em grupos e solicitou que eles medissem a sombra e o grau de inclinação dos edifícios em frente à escola.

Com base nesse caso hipotético, julgue os itens.

235. **(QUADRIX – 2022 – SECRETARIA DE ESTADO DA EDUCAÇÃO/DF – PROFESSOR)** Com a atividade proposta, não é possível calcular as alturas dos edifícios; conclui-se, então, que o objetivo dessa atividade é apenas motivar os alunos para as aulas de matemática.
Certo ( )   Errado ( )

CONHECIMENTOS PEDAGÓGICOS

236. (QUADRIX – 2022 – SECRETARIA DE ESTADO DA EDUCAÇÃO/DF – PROFESSOR) Em casos como esse, o estudante assume papel de construtor do próprio conhecimento, a partir de uma vivência experienciada em determinado contexto social, e o professor atua como mediador.
Certo ( )   Errado ( )

Texto para as próximas 3 questões:
Julgue os itens, referentes a currículo e produção do conhecimento.

237. (QUADRIX – 2022 – SECRETARIA DE ESTADO DA EDUCAÇÃO/DF – PROFESSOR) No caso de crianças de zero a cinco anos de idade, o currículo não pode ser vivido como uma listagem de conteúdos e de objetivos a serem atingidos na promoção do desenvolvimento integral desses indivíduos.
Certo ( )   Errado ( )

238. (QUADRIX – 2022 – SECRETARIA DE ESTADO DA EDUCAÇÃO/DF – PROFESSOR) O currículo deve prever espaços de interação entre as crianças sem a mediação direta do professor e espaços de aprendizagem na interação com os adultos, nos quais as crianças sejam as protagonistas.
Certo ( )   Errado ( )

239. (QUADRIX – 2022 – SECRETARIA DE ESTADO DA EDUCAÇÃO/DF – PROFESSOR) A organização do espaço físico deve ser pensada de forma individualizada, para que todas as turmas da instituição possam usufruir desses espaços de forma organizada.
Certo ( )   Errado ( )

Texto para as próximas 4 questões:
Considerando as contribuições de Jean Piaget e Lev Vygotsky e o que se refere ao papel da linguagem no desenvolvimento e à relação entre linguagem e pensamento, julgue os itens.

240. (QUADRIX – 2022 – SECRETARIA DE ESTADO DA EDUCAÇÃO/DF – PROFESSOR) Para Piaget, as crianças, a princípio, desenvolvem uma linguagem egocêntrica, não sendo capazes de perceber as coisas de um ponto de vista diferente do seu, o que dificulta, assim, a interação social; com o passar do tempo, as crianças desenvolvem a linguagem social.
Certo ( )   Errado ( )

241. (QUADRIX – 2022 – SECRETARIA DE ESTADO DA EDUCAÇÃO/DF – PROFESSOR) Para Piaget, é por meio do brinquedo que a criança atinge uma definição funcional de conceitos ou de objetos, e as palavras passam a se tornar parte de algo concreto.
Certo ( )   Errado ( )

242. (QUADRIX – 2022 – SECRETARIA DE ESTADO DA EDUCAÇÃO/DF – PROFESSOR) Piaget e Vygotsky consideram que as crianças podem aprender de forma autônoma, sem a necessidade de interagir com adultos, embora a interação seja considerada desejável na primeira fase infantil.
Certo ( )   Errado ( )

243. (QUADRIX – 2022 – SECRETARIA DE ESTADO DA EDUCAÇÃO/DF – PROFESSOR) Piaget divide os períodos do desenvolvimento humano de acordo com o aparecimento de novas qualidades do pensamento, o que, por sua vez, interfere no desenvolvimento global.
Certo ( )   Errado ( )

Texto para as próximas 3 questões:
O planejamento de ensino deve ser concebido como uma atividade reflexiva, que demanda dos professores o ato de pensar e organizar sistematicamente suas ações, para que estas estejam voltadas aos objetivos mais amplos de formação do cidadão. A respeito desse assunto, julgue os itens.

244. (QUADRIX – 2022 – SECRETARIA DE ESTADO DA EDUCAÇÃO/DF – PROFESSOR) Para Libâneo, a ação de planejar reduz-se ao preenchimento de formulários para controle administrativo.
Certo ( )   Errado ( )

245. (QUADRIX – 2022 – SECRETARIA DE ESTADO DA EDUCAÇÃO/DF – PROFESSOR) O planejamento é um processo de racionalização, organização e coordenação de ações docentes e discentes.
Certo ( )   Errado ( )

246. (QUADRIX – 2022 – SECRETARIA DE ESTADO DA EDUCAÇÃO/DF – PROFESSOR) Para que os planejamentos se tornem instrumentos para a ação, eles devem ser sequenciais, objetivos, coerentes e flexíveis; além disso, devem ser como um guia de orientação.
Certo ( )   Errado ( )

Texto para as próximas 4 questões:
Por ter vivenciado diversas experiências ao longo de sua vida, o público da EJA requer acompanhamento e direcionamento dos saberes já adquiridos, além dos saberes curriculares. Quanto a esse assunto, julgue os itens.

247. (QUADRIX – 2022 – SECRETARIA DE ESTADO DA EDUCAÇÃO/DF – PROFESSOR) A aprendizagem torna-se significativa no âmbito da EJA à medida que os conhecimentos prévios se relacionam com os novos conhecimentos.
Certo ( )   Errado ( )

248. (QUADRIX – 2022 – SECRETARIA DE ESTADO DA EDUCAÇÃO/DF – PROFESSOR) O estudante da EJA não pode ser um receptor passivo: para que a aprendizagem seja significativa, ele deve construir os alicerces de seu próprio conhecimento; nesse contexto, o professor assume o papel de mediador, conciliando os conhecimentos prévios dos alunos com os novos conhecimentos curriculares.
Certo ( )   Errado ( )

249. (QUADRIX – 2022 – SECRETARIA DE ESTADO DA EDUCAÇÃO/DF – PROFESSOR) O educador da EJA pode propor aos alunos, em sala de aula, atividades como preenchimento de ficha cadastral de crediário, elaboração de contrato de locação, subscrição de envelope e leitura e compreensão de extrato bancário, para que, no cotidiano, o aluno consiga fazer essas atividades com a ajuda de terceiros.
Certo ( )   Errado ( )

250. (QUADRIX – 2022 – SECRETARIA DE ESTADO DA EDUCAÇÃO/DF – PROFESSOR) As atividades desenvolvidas na EJA só fazem sentido quando o processo de ensino considera as práticas sociais, e não quando se visa ao mero desenvolvimento de tarefas escolares de alfabetização desarticuladas do cotidiano do estudante, sem que as práticas escolares sejam alavancas para as práticas sociais.
Certo ( )   Errado ( )

Texto para as próximas 3 questões:
Quanto à formação continuada dos profissionais da escola, julgue os itens.

251. (QUADRIX – 2022 – SECRETARIA DE ESTADO DA EDUCAÇÃO/DF – PROFESSOR) A formação docente como processo de aprendizagem demanda a compreensão de diversos conhecimentos nas dimensões sociais, ideológicas, políticas, epistemológicas e filosóficas e na área específica do conhecimento que se quer aprender.
Certo ( )   Errado ( )

252. (QUADRIX – 2022 – SECRETARIA DE ESTADO DA EDUCAÇÃO/DF – PROFESSOR) Formar-se é um processo de toda a vida; nesse contexto, a formação continuada dos profissionais de educação deve pautar-se no pressuposto de que aprender é mais do que receber, conhecer e compreender as informações: trata-se de tornar o aprendizado parte do ser, o que implica desenvolver-se com ele.
Certo ( )   Errado ( )

253. (QUADRIX – 2022 – SECRETARIA DE ESTADO DA EDUCAÇÃO/DF – PROFESSOR) A formação continuada dos profissionais de educação é, essencialmente, um processo técnico e permanente de capacitação com as seguintes finalidades: suprir as lacunas da formação inicial dos profissionais de educação; implantar políticas, programas e projetos governamentais; ou satisfazer as necessidades de conhecimentos específicos em determinada área.
Certo ( )   Errado ( )

254. (AVANÇASP – 2023 – PREFEITURA MUNICIPAL/SP – PROFESSOR EDUCAÇÃO INFANTIL) Nos "Parâmetros Nacionais de Qualidade para a Educação Infantil", (BRASÍLIA, 2006) em seu volume 1, os autores apresentam algumas formas de intervenção que contribuem para o desenvolvimento e a aprendizagem das crianças. Assinale a alternativa que não corresponde a essas sugestões, segundo o título citado:
a) apoiar a organização em pequenos grupos, estimulando as trocas entre os parceiros.
b) incentivar a brincadeira.
c) dar-lhes tempo para desenvolver temas de trabalho a partir de propostas prévias.
d) oferecer diferentes tipos de materiais em função dos objetivos que se tem em mente.
e) organizar o tempo e o espaço de modo rigoroso para a competência.

255. (AVANÇASP – 2023 – PREFEITURA MUNICIPAL/SP – PROFESSOR EDUCAÇÃO INFANTIL) O documento "Parâmetros Nacionais de Qualidade para a Educação Infantil" (volumes 1 e 2) busca responder com uma ação efetiva aos anseios da área, da mesma forma que cumpre com a determinação legal do Plano Nacional de Educação, que exige a colaboração da União para atingir o objetivo de "Estabelecer parâmetros de qualidade dos serviços de Educação Infantil, como referência para a supervisão, o controle e a avaliação, e como instrumento para a adoção das medidas de melhoria da qualidade" (Brasil, 2001, cap. II, item 19 do tópico Objetivos e Metas da Educação Infantil).
Em síntese, para propor parâmetros de qualidade para a Educação Infantil, é imprescindível levar em conta que as crianças desde que nascem são, exceto:
a) cidadãos de direitos.
b) indivíduos únicos, singulares.
c) indivíduos humanos, parte da natureza animal, vegetal e mineral.
d) seres competentes, produtores de cultura.
e) indivíduo que atingiu o máximo do seu crescimento e a plenitude das suas funções biológicas.

256. (AVANÇASP – 2023 – PREFEITURA MUNICIPAL/SP – PROFESSOR EDUCAÇÃO INFANTIL) Para que sua sobrevivência esteja garantida e seu crescimento e desenvolvimento sejam favorecidos, para que o cuidar/educar sejam efetivados, é necessário que sejam oferecidas às crianças na faixa etária da Educação Infantil faixa etária condições de usufruírem plenamente suas possibilidades de apropriação e de produção de significados no mundo da natureza e da cultura. Segundo os "Parâmetros Nacionais de Qualidade para a Educação Infantil" (BRASÍLIA, 2006), as crianças precisam ser apoiadas em suas iniciativas espontâneas e incentivadas a, exceto:
a) ampliar permanentemente conhecimentos a respeito do mundo da natureza e da cultura apoiadas por estratégias pedagógicas apropriadas.
b) diversificar atividades, escolhas e companheiros de interação em creches, pré-escolas e centros de Educação Infantil.
c) movimentar-se em espaços amplos e ao ar livre.
d) desenvolver a imaginação, a curiosidade e a capacidade de expressão.
e) internalizar sentimentos e pensamentos.

257. (AVANÇASP – 2023 – PREFEITURA MUNICIPAL/SP – PROFESSOR EDUCAÇÃO INFANTIL) Segundo os Parâmetros Nacionais de Qualidade para a Educação Infantil" (BRASÍLIA, 2006), a partir do debate mais geral sobre a qualidade na educação e mais especificamente em relação ao atendimento na Educação Infantil, é possível extrair algumas conclusões. Marque (V) para Verdadeiro e (F) para Falso e, em seguida, assinale a alternativa correta.
( ) A qualidade é um conceito socialmente construído, sujeito a constantes negociações.
( ) É absoluta.
( ) Baseia-se em direitos, necessidades, demandas, conhecimentos e possibilidades.
( ) Depende do contexto.
( ) A definição de critérios de qualidade está constantemente tensionada por essas diferentes perspectivas acima.
a) V – F – V – V – F.
b) F – F – V – V – V.
c) V – F – F – V – F.
d) V – F – F – V – V.
e) V – F – V – V – V.

258. (AVANÇASP – 2023 – PREFEITURA MUNICIPAL/SP – PROFESSOR EDUCAÇÃO INFANTIL) O Ministério Da Educação, juntamente a Secretaria de Educação Básica, publicaram em 2009, os "Critérios Para Um Atendimento Em Creches Que Respeite Os Direitos Fundamentais Das Crianças".
Assinale a alternativa que não corresponde a um desses direitos
a) nossas crianças têm direito ao movimento em espaços amplos.
b) nossas crianças têm direito à atenção unicamente compartilhada.
c) Nossas crianças têm direito a uma especial atenção durante seu período de adaptação à creche.
d) Nossas crianças têm direito a desenvolver sua identidade cultural, racial e religiosa
e) Nossas crianças têm direito à brincadeira.

259. (AVANÇASP – 2023 – PREFEITURA MUNICIPAL/SP – PROFESSOR EDUCAÇÃO INFANTIL) Analisando a obra de Fochi, analise os itens a seguir e, ao final, assinale a alternativa correta:
I. A inserção da mulher no mercado de trabalho em nada refletiu no processo de educação como um todo.

II. Com a Constituição Federal de 1988, a educação de crianças em espaços coletivos tornou-se um direito da criança e um dever do Estado.

III. A educação de crianças em espaços coletivos é resultante dos esforços de autores como Ozenwal de Zueller.

a) Apenas o item I é verdadeiro.
b) Apenas o item II é verdadeiro.
c) Apenas o item III é verdadeiro.
d) Apenas os itens I e III são verdadeiros.
e) Todos os itens são verdadeiros.

260. (AVANÇASP – 2023 – PREFEITURA MUNICIPAL/SP – PROFESSOR EDUCAÇÃO INFANTIL) De acordo com o documento "Brinquedos e Brincadeiras nas Creches", analise as afirmativas a seguir e, ao final, assinale a alternativa correta:

I. As crianças gostam de ouvir outros tipos de histórias, sempre relacionadas a pessoas de seu âmbito de convivência.

II. Brinquedos na forma de monstros devem ser sempre evitados.

III. É importante que a criança tenha um tempo individual para "pensar" sozinha, para falar com o amigo imaginário, ou explorar um brinquedo.

a) Apenas o item I é verdadeiro.
b) Apenas o item II é verdadeiro.
c) Apenas o item III é verdadeiro.
d) Apenas os itens I e II são verdadeiros.
e) Todos os itens são verdadeiros.

261. (AVANÇASP – 2023 – PREFEITURA MUNICIPAL/SP – PROFESSOR EDUCAÇÃO INFANTIL) As Diretrizes Curriculares Nacionais para a Educação Infantil (Brasil, 2010) conceituam Proposta Pedagógica como:

a) o documento que estrutura, define, regula e normatiza as ações da Instituição de Ensino. A construção deve ser coletiva, ou seja, com a participação de toda a comunidade escolar e em consonância com a Projeto Político Pedagógico e tudo o que ocorre na prática deve ser regulamentado nele.

b) plano orientador das ações da instituição e define as metas que se pretende para a aprendizagem e o desenvolvimento das crianças que nela são educados e cuidados. É elaborado num processo coletivo, com a participação da direção, dos professores e da comunidade escolar.

c) a construção que tem como objetivo estabelecer orientações institucionais aos profissionais do ensino sobre as competências mínimas que os alunos devem desenvolver a cada ano de escolaridade e em cada componente curricular, imprimindo-se, assim, uma consistente linha de trabalho, focada em qualidade, relevância e efetividade.

d) elementos de disciplina, matérias, informações diversas, os resumos da cultura acadêmica, reflete a visão dos que decidem o que ensinar e dos que ensinam, o que se pretende transmitir e o que deve ser assimilado.

e) documento feito pelo professor contendo o tema da aula, o objetivo dela, a metodologia, formas de avaliação, referências bibliográficas e outras informações.

262. (AVANÇASP – 2023 – PREFEITURA MUNICIPAL/SP – PROFESSOR EDUCAÇÃO INFANTIL) O Manual de Orientação Pedagógica intitulado "Brinquedos e Brincadeiras" (2012) do Ministério da Educação é um documento técnico com a finalidade de orientar a equipe escolar quanto a organização e uso de brinquedos, materiais e brincadeiras para as creches. O presente documento defende que, a introdução de brinquedos e brincadeiras na creche depende de condições prévias. Assinale a seguir a alternativa que não compreende uma dessas condições:

a) Aceitação do brincar como um direito da criança.
b) Criação de ambientes educativos especialmente planejados, que ofereçam oportunidades de qualidade para brincadeiras e interações.
c) Compreensão da importância do brincar para a criança, vista como um ser que precisa de atenção, carinho, que tem iniciativas, saberes, interesses e necessidades.
d) Desenvolvimento da dimensão brincalhona da professora.
e) Concepção de um horário pré-estabelecido no planejamento diário para que as brincadeiras aconteçam em momento propício à rotina da creche.

263. (AVANÇASP – 2023 – PREFEITURA MUNICIPAL/SP – PROFESSOR EDUCAÇÃO INFANTIL) No Manual "Brinquedos e Brincadeiras" (Brasil, 2012), lê-se que "Bebê é a denominação para a primeira fase da vida da criança e abrange o período de 0 a 18 meses (um ano e meio) de idade. O bebê é um ser vulnerável que precisa de muito carinho, atenção e acolhimento, mas sabe tomar decisões, escolhe o que quer, gosta de explorar novas situações, é criativo e muito curioso". Refletindo sobre isso, aliste a segunda coluna de acordo, com a primeira, relacionando o tipo de brinquedos ou brincadeiras ideais para cada tipo de bebê, segundo o que propõe a publicação citada:

(1) Bebês que ficam deitados
(2) Bebês que sentam.
(3) Bebês que engatinham.
(4) Bebês que andam.

( ) Mobiles coloridos, sonoros, que se movimentam e criam cintilações.
( ) Brinquedos para empilhar, empurrar, puxar, bolas, pinturas em azulejos com tinta.
( ) Caixas de papelão com tampa, brinquedos estruturados com espuma, túnel com cadeiras ou mesas.
( ) Mordedores, canecas durante o banho, tapetes sensoriais, brinquedos de encaixar.

a) 1 – 4 – 3 – 2.
b) 1 – 2 – 3 – 4.
c) 4 – 1 – 3 – 2.
d) 2 – 4 – 3 – 1.
e) 3 – 4 – 2 – 1.

264. (AVANÇASP – 2023 – PREFEITURA MUNICIPAL/SP – PROFESSOR EDUCAÇÃO INFANTIL) Os PCNs - Parâmetros Curriculares Nacionais (Brasil, 1997) são diretrizes elaboradas para orientar os educadores por meio da normatização de alguns aspectos fundamentais concernentes a cada disciplina. Os PCNs servem como norteadores para professores, coordenadores e diretores, que podem adaptá-los às peculiaridades locais. Para compreender a natureza dos Parâmetros Curriculares Nacionais, é necessário situá-los em relação a quatro níveis de concretização curricular considerando a estrutura do sistema educacional brasileiro, que são:

a) Introdução; delimitação dos objetivos e justificativa; desenvolvimento e conclusão.

b) reflexão quanto ao público-alvo; conhecimento das legislações vigentes quanto a Educação Nacional; implantação da Gestão Democrática nas Unidades locais e avaliação do processo formativo.

c) concretização curricular: propostas curriculares dos Estados e Municípios: elaboração da proposta curricular; realização da programação de atividades de ensino e aprendizagem na sala de aula.

d) concretização escolar; concretização da comunidade local; concretização do corpo docente e concretização do alunado.

e) Compreender; Reter; Praticar e Disseminar.

265. **(AVANÇASP – 2023 – PREFEITURA MUNICIPAL/SP – PROFESSOR EDUCAÇÃO INFANTIL)** Com relação ao documento "Critérios para um Atendimento em Creche" (...), julgue os itens a seguir e, ao final, assinale a alternativa correta:

I. Não é relevante descobrir o motivo de tristeza das crianças, já que tal tarefa compete exclusivamente aos pais.

II. A transição da mamadeira para colher e copo é estimulada.

III. Crianças podem assistir televisão por longos períodos, já que contribui para sua imaginação.

a) Apenas o item I é verdadeiro.
b) Apenas o item II é verdadeiro.
c) Apenas o item III é verdadeiro.
d) Apenas os itens I e II são verdadeiros.
e) Todos os itens são verdadeiros.

266. **(AVANÇASP – 2023 – PREFEITURA MUNICIPAL/SP – PROFESSOR EDUCAÇÃO INFANTIL)** No livro "A importância do ato de Ler" o filósofo brasileiro Paulo Freire retoma à sua própria história, relembrando sua vivência: "Fui alfabetizado no chão do quintal de minha casa, à sombra das mangueiras, com palavras do meu mundo e não do mundo maior dos meus pais. O chão foi o meu quadro-negro; gravetos, o meu giz" (FREIRE, 1989). Para Paulo Freire:

a) o aluno aprende a ler independente dos recursos oferecidos pelo professor.
b) é de suma importância que o professor domine as metodologias de ensino da palavra escrita.
c) o aprendizado da escrita ocorre em junção ao aprendizado da leitura das palavras escritas, simultaneamente.
d) ler é decodificar palavras, frases e textos com autonomia.
e) a leitura do mundo precede a leitura da palavra.

CONHECIMENTOS PEDAGÓGICOS

GABARITO

#		#		#		#		#	
1	B	2	E	3	B	4	E	5	D
6	B	7	C	8	B	9	C	10	A
11	D	12	A	13	C	14	B	15	D
16	E	17	D	18	A	19	C	20	B
21	B	22	A	23	D	24	D	25	E
26	C	27	A	28	B	29	D	30	C
31	D	32	E	33	D	34	E	35	B
36	A	37	B	38	A	39	E	40	C
41	C	42	D	43	D	44	B	45	B
46	A	47	A	48	D	49	E	50	C
51	B	52	C	53	E	54	B	55	C
56	B	57	A	58	A	59	C	60	D
61	C	62	B	63	A	64	B	65	C
66	A	67	A	68	C	69	Errado	70	Certo
71	Errado	72	Certo	73	Certo	74	Errado	75	Certo
76	Certo	77	Errado	78	Certo	79	Errado	80	Errado
81	Errado	82	Errado	83	Certo	84	Certo	85	Errado
86	Certo	87	Certo	88	Errado	89	Certo	90	Errado
91	Errado	92	Certo	93	Certo	94	Errado	95	Errado
96	Certo	97	Certo	98	Certo	99	Errado	100	Certo
101	Certo	102	Errado	103	Errado	104	Certo	105	Certo
106	Errado	107	Certo	108	Certo	109	Certo	110	Certo
111	Errado	112	Certo	113	Errado	114	Errado	115	Certo
116	Certo	117	Certo	118	Errado	119	Certo	120	Certo
121	Errado	122	Errado	123	Errado	124	Certo	125	Certo
126	Errado	127	Errado	128	Errado	129	Certo	130	Certo
131	Certo	132	Errado	133	Certo	134	Errado	135	Certo
136	Certo	137	Errado	138	Certo	139	Errado	140	Certo
141	Errado	142	Certo	143	Errado	144	Certo	145	Errado
146	Errado	147	A	148	B	149	D	150	A
151	D	152	A	153	D	154	C	155	A
156	B	157	D	158	B	159	B	160	D
161	A	162	C	163	B	164	D	165	A
166	C	167	D	168	A	169	B	170	D
171	C	172	C	173	D	174	A	175	E
176	B	177	D	178	A	179	A	180	D
181	B	182	B	183	C	184	A	185	A
186	C	187	D	188	A	189	A	190	D
191	A	192	E	193	D	194	D	195	C
196	D	197	Errado	198	Errado	199	Certo	200	Certo

201	Certo	**202**	Errado	**203**	Certo	**204**	Errado	**205**	Certo
206	Errado	**207**	Certo	**208**	Errado	**209**	Certo	**210**	Errado
211	Certo	**212**	Errado	**213**	Certo	**214**	Errado	**215**	Certo
216	Certo	**217**	Certo	**218**	Errado	**219**	Certo	**220**	Certo
221	Certo	**222**	Certo	**223**	Certo	**224**	Errado	**225**	Errado
226	Certo	**227**	Certo	**228**	Certo	**229**	Certo	**230**	Certo
231	Errado	**232**	Errado	**233**	Certo	**234**	Certo	**235**	Errado
236	Certo	**237**	Certo	**238**	Certo	**239**	Errado	**240**	Certo
241	Errado	**242**	Errado	**243**	Certo	**244**	Errado	**245**	Errado
246	Certo	**247**	Certo	**248**	Certo	**249**	Errado	**250**	Certo
251	Certo	**252**	Certo	**253**	Errado	**254**	E	**255**	E
256	E	**257**	A	**258**	B	**259**	B	**260**	C
261	B	**262**	E	**263**	A	**264**	C	**265**	B
266	E								

BASE NACIONAL COMUM CURRICULAR

01. **(FCC – 2022 – SECRETARIA DE ESTADO DA EDUCAÇÃO/ES – PROFESSOR EDUCAÇÃO BÁSICA)** *Estamos lutando contra o tempo, aprendendo juntos a combater a disseminação do vírus e, mais do que nunca, nossas competências socioemocionais estão sendo colocadas à prova nesse contexto de crise. Para lidar com insegurança, ansiedade, medo, isolamento, mudança de rotinas e indefinições é preciso ter empatia, resiliência, foco, responsabilidade, cuidado consigo e com o outro, entre outras competências.*

    (Instituto Ayrton Senna)

    Desenvolver as competências socioemocionais tal como previsto na Base Nacional Comum Curricular (BNCC) ocupa um lugar ainda mais central nos planejamentos escolares. Dado esse contexto, uma atitude capaz de ensinar empatia e respeito diante de uma situação de apatia total de alguns alunos é

    a) rever o planejamento do curso, pensar em atividades que proponham uma participação mais ativa dos alunos, iniciar as aulas com algum quebra-gelo para motivá-los e aliviar um pouco nas cobranças acadêmicas para amenizar o estresse.
    b) perguntar como estão se sentindo, aprofundar no tema para que percebam seu interesse, retomar os principais pontos da conversa para checar a compreensão e ajudá-los a entender os próprios sentimentos.
    c) chamá-los para uma conversa e explicar a importância de serem resilientes para seu futuro, contextualizar o conteúdo do curso em questão e contar que acredita muito no potencial de cada um.
    d) convocar alunos engajados no curso e que tenham um papel de liderança junto ao grupo, e propor um trabalho de monitoria, fazendo com que os próprios pares ensinem e estimulem os colegas.
    e) ficar atento a esses alunos esperando uma chance de elogiá-los na sala de aula ou de pedir para que realizem alguma atividade em público com sucesso e reforçar positivamente uma postura mais ativa em sala.

02. **(FCC – 2022 – SECRETARIA DE ESTADO DA EDUCAÇÃO/ES – PROFESSOR EDUCAÇÃO BÁSICA)** A discriminação racial no Brasil é um fenômeno histórico, social e político com capilaridade em todas as instituições, dentre elas, a escola. A luta dos movimentos sociais antirracistas promoveu a inserção, no âmbito da legislação brasileira, de leis que punem atos racistas, bem como aquelas que visam a implementação de ações educacionais que abarquem o debate, a problematização e o enfrentamento dessa questão, em todas as etapas da educação básica e no ensino superior. A Base Nacional Comum Curricular (BNCC) e o currículo do Espírito Santo visam atender a esta legislação, na medida em que:

    I. Abarcam a educação das relações étnico-raciais, valorizando e aprofundando o ensino de história e cultura afro-brasileira, africana e indígena.
    II. Promovem o desenvolvimento de ações e projetos específicos sobre essa temática, de modo a contemplá-la.
    III. Recomendam processos de formação continuada para que os profissionais da rede possam se apropriar melhor destes temas.
    IV. Demarcam as singularidades das comunidades e povos tradicionais, tais como quilombolas e indígenas.
    V. Indicam a integração de todas as áreas do conhecimento na implementação das ações curriculares voltadas para essa temática.

    Está correto o que se afirma apenas em
    a) I, II e V.
    b) II, III e IV.
    c) II e IV.
    d) I, IV e V.
    e) I, III e V.

03. **(FCC – 2022 – SECRETARIA DE ESTADO DA EDUCAÇÃO/ES – PROFESSOR EDUCAÇÃO BÁSICA)** *O documento curricular para o ensino médio capixaba foi elaborado em duas partes: 1. Formação Geral Básica (FGB), construída à luz da BNCC e composta por componentes curriculares obrigatórios para todos os estudantes, e 2. Itinerários Formativos (IF), composto por unidades curriculares que aprofundam os conhecimentos aprendidos na FGB e permitem aos estudantes fazer escolhas de acordo com seus interesses, em uma ou mais áreas de conhecimento e/ou na Formação Técnica e Profissional.*

    (Novo Ensino Médio Capixaba: plano de implementação)

    Considerando a nova estrutura do Ensino Médio Capixaba, que visa implementar o estabelecido pelo arcabouço legal brasileiro, nesta etapa de escolarização

    a) o estudante terá a oportunidade de escolher quais disciplinas irá cursar, podendo eliminar aquelas que lhe trazem mais dificuldades.
    b) o estudante cursará as disciplinas da base geral e fará um curso técnico que lhe garantirá qualificação para o mercado de trabalho.
    c) a Formação Geral Básica e a Formação Técnica e Profissional serão ofertadas para os estudantes trabalhadores.
    d) a Formação Geral Básica e os Itinerários Formativos consideram a formação integral dos estudantes.
    e) o currículo do Novo Ensino Médio é voltado para a especialização dos estudantes em áreas de interesse profissional.

04. **(FGV – 2023 – SECRETARIA MUNICIPAL DE EDUCAÇÃO/SP – PROFESSOR - EDUCAÇÃO INFANTIL)** O código EI 02 EO 03 é um exemplo de combinação alfanumérica que a Base Nacional Comum Curricular (BNCC) estabelece para organizar as aprendizagens em cada etapa de ensino da Educação Básica.

    Assinale a opção que indica corretamente o que significam, respectivamente, os pares do código apresentado.

    a) EI - Etapa de Ensino, 02 - Campo de Experiência, EO - Posição da Habilidade e 03 - Grupo por Faixa Etária.
    b) EI - Campo de experiência, 02 - Grupo por Faixa Etária, EO - Etapa de Ensino e 03 - Posição da Habilidade.
    c) EI - Etapa de Ensino, 02 - Posição da Habilidade, EO - Campo de Experiência e 03 - Grupo por Faixa Etária.
    d) EI - Campo de Experiência, 02 - Posição da Habilidade, EO - Etapa de Ensino e 03 - Grupo por Faixa Etária.
    e) EI - Etapa de Ensino, 02 - Grupo por Faixa Etária, EO - Campo de Experiência e 03 - Posição da Habilidade.

05. **(FGV – 2023 – SECRETARIA MUNICIPAL DE EDUCAÇÃO/SP – PROFESSOR - EDUCAÇÃO INFANTIL)** Assinale a opção que descreve corretamente a função da Base Nacional Comum Curricular.

    a) Implanta políticas públicas de caráter educacional, em âmbito nacional, de acordo com os princípios do governo vigente.
    b) Garante o acesso escolar dos estudantes nos três níveis de ensino: Educação Infantil, ensino fundamental e médio.
    c) Estabelece e executa as leis e normas curriculares para cada segmento da educação.
    d) Assegura a permanência dos estudantes no ensino público, seja ele federal, estadual ou municipal.
    e) Colabora para a superação da fragmentação das políticas educacionais.

BASE NACIONAL COMUM CURRICULAR

06. (AOCP – 2019 – SECRETARIA DE ESTADO DA EDUCAÇÃO/PB – PROFESSOR) A Educação Física é, no Ensino Fundamental, uma das áreas na Base Nacional Comum Curricular relacionada a
   a) Ciências da Natureza.
   b) Ciências Humanas.
   c) Ciências Exatas.
   d) Linguagens.

07. (CESPE/CEBRASPE – 2021 – SECRETARIA DE ESTADO DA EDUCAÇÃO/AL – PROFESSOR DE ENSINO FUNDAMENTAL) As tecnologias sempre estiveram presentes na educação escolar e, nos últimos tempos, as tecnologias digitais têm assumido um importante papel no processo educativo. Com relação a esse assunto, julgue o item que se segue.
A Base Nacional Comum Curricular (BNCC) inclui o domínio das tecnologias digitais entre as competências da educação básica.
   Certo ( )   Errado ( )

Texto para as próximas 8 questões:
Com relação ao currículo, à gestão da aprendizagem e à Base Nacional Comum Curricular (BNCC), julgue os itens a seguir.

08. (CESPE/CEBRASPE – 2021 – SECRETARIA DE ESTADO DA EDUCAÇÃO/AL – PROFESSOR DE ENSINO FUNDAMENTAL) O currículo expressa a prática educativa na função socializadora e cultural da instituição de ensino.
   Certo ( )   Errado ( )

09. (CESPE/CEBRASPE – 2021 – SECRETARIA DE ESTADO DA EDUCAÇÃO/AL – PROFESSOR DE ENSINO FUNDAMENTAL) A BNCC classifica as áreas do conhecimento em artes, matemática, ciências da natureza e ciências sociais, cada uma das quais tem competências específicas de área que devem ser promovidas ao longo de todo o ensino fundamental.
   Certo ( )   Errado ( )

10. (CESPE/CEBRASPE – 2021 – SECRETARIA DE ESTADO DA EDUCAÇÃO/AL – PROFESSOR DE ENSINO FUNDAMENTAL) Avaliar competências é uma etapa fundamental do processo educativo, na medida em que permite identificar obstáculos, determinar objetivos e planejar ações que, tomadas ao longo da trajetória escolar, beneficiem as habilidades desenvolvidas pelos estudantes, sempre em um processo formativo.
   Certo ( )   Errado ( )

11. (CESPE/CEBRASPE – 2021 – SECRETARIA DE ESTADO DA EDUCAÇÃO/AL – PROFESSOR DE ENSINO FUNDAMENTAL) A partir da implantação da BNCC, a elaboração do projeto pedagógico passou a ser um ato suplementar, dado que a BNCC já propõe os elementos curriculares de organização da aprendizagem e sua sequência didática.
   Certo ( )   Errado ( )

12. (CESPE/CEBRASPE – 2021 – SECRETARIA DE ESTADO DA EDUCAÇÃO/AL – PROFESSOR DE ENSINO FUNDAMENTAL) Os elementos constitutivos e operacionais das diferentes dimensões do planejamento e do currículo estão relacionados à concretude dialética da operacionalização das intenções pedagógicas no espaço escolar.
   Certo ( )   Errado ( )

13. (CESPE/CEBRASPE – 2021 – SECRETARIA DE ESTADO DA EDUCAÇÃO/AL – PROFESSOR DE ENSINO FUNDAMENTAL) No Brasil, os currículos da educação infantil e do ensino fundamental devem ser orientados pela BNCC, a ser complementada, em cada sistema de ensino e em cada estabelecimento escolar, por uma parte diversificada, exigida pelas características regionais e locais da sociedade, da cultura, da economia e dos educandos.
   Certo ( )   Errado ( )

14. (CESPE/CEBRASPE – 2021 – SECRETARIA DE ESTADO DA EDUCAÇÃO/AL – PROFESSOR DE ENSINO FUNDAMENTAL) A BNCC estabelece, para a educação infantil, uma estrutura curricular baseada em eixos de aprendizagem, sendo os principais eixos estruturantes o cuidar e o brincar.
   Certo ( )   Errado ( )

15. (CESPE/CEBRASPE – 2021 – SECRETARIA DE ESTADO DA EDUCAÇÃO/AL – PROFESSOR DE ENSINO FUNDAMENTAL) Entre as teorias curriculares, que versam sobre a função e as perspectivas do currículo no contexto educacional, destacam-se as tradicionais, as críticas e as pós-críticas.
   Certo ( )   Errado ( )

Texto para as próximas 5 questões:
Com fundamento na BNCC, julgue os itens seguintes.

16. (CESPE/CEBRASPE – 2021 – SECRETARIA DE ESTADO DA EDUCAÇÃO/AL – PROFESSOR DE ENSINO FUNDAMENTAL) Na mediação de conteúdos à luz da BNCC, o professor deve buscar desenvolver as dez competências gerais da educação básica, que pretendem assegurar, como resultado do processo de aprendizagem e desenvolvimento, uma formação humana integral que vise à construção de uma sociedade justa, democrática e inclusiva.
   Certo ( )   Errado ( )

17. (CESPE/CEBRASPE – 2021 – SECRETARIA DE ESTADO DA EDUCAÇÃO/AL – PROFESSOR DE ENSINO FUNDAMENTAL) Explorar sons produzidos com o próprio corpo e com objetos do ambiente é um objetivo de aprendizagem e desenvolvimento previsto pela BNCC para crianças pequenas, com idade de 4 anos a 5 anos e 11 meses.
   Certo ( )   Errado ( )

18. (CESPE/CEBRASPE – 2021 – SECRETARIA DE ESTADO DA EDUCAÇÃO/AL – PROFESSOR DE ENSINO FUNDAMENTAL) As atividades na educação infantil devem ser estruturadas em cinco campos de experiências, chamados de conviver, brincar, explorar, expressar e conhecer-se.
   Certo ( )   Errado ( )

19. (CESPE/CEBRASPE – 2021 – SECRETARIA DE ESTADO DA EDUCAÇÃO/AL – PROFESSOR DE ENSINO FUNDAMENTAL) As competências gerais da BNCC incluem a previsão de uma formação em que o agir pessoal e coletivo seja respaldado na autonomia, responsabilidade, flexibilidade, resiliência e determinação, de forma a permitir que o estudante tome decisões com base em princípios éticos, democráticos, inclusivos, sustentáveis e solidários.
   Certo ( )   Errado ( )

20. (CESPE/CEBRASPE – 2021 – SECRETARIA DE ESTADO DA EDUCAÇÃO/AL – PROFESSOR DE ENSINO FUNDAMENTAL) Na BNCC, competência é definida como a mobilização de conhecimentos (conceitos e procedimentos), habilidades (práticas, cognitivas e socioemocionais), atitudes e valores para resolver demandas complexas da vida cotidiana, do pleno exercício da cidadania e do mundo do trabalho.
   Certo ( )   Errado ( )

21. **(NC-UFPR – 2022 – SMAP/PR – PROFESSOR EDUCAÇÃO INFANTIL)** A Base Nacional Comum Curricular (BNCC) está organizada por meio de um arranjo curricular que dialoga com as definições das DCNEI. Em vista do exposto, o arranjo curricular da BNCC se dá por:
    a) áreas de conhecimento.
    b) atividades significativas.
    c) campos de experiência.
    d) áreas de desenvolvimento.
    e) temas geradores.

Texto para as próximas 5 questões:

No que se refere às competências e habilidades propostas pela Base Nacional Comum Curricular (BNCC) para o Ensino Fundamental, julgue os itens.

22. **(QUADRIX – 2022 – SECRETARIA DE ESTADO DA EDUCAÇÃO/DF – PROFESSOR)** As competências específicas de educação física para o Ensino Fundamental abrangem experimentar jogos, danças, ginásticas, esportes, lutas e práticas corporais de aventura, mas não incluem a criação de brincadeiras.
    Certo ( )   Errado ( )

23. **(QUADRIX – 2022 – SECRETARIA DE ESTADO DA EDUCAÇÃO/DF – PROFESSOR)** As competências específicas de ciências da natureza para o Ensino Fundamental abrangem fazer observações sistemáticas de aspectos quantitativos e qualitativos presentes nas práticas sociais e culturais, de modo a investigar, organizar, representar e comunicar informações relevantes, para interpretá-las e avaliá-las crítica e eticamente.
    Certo ( )   Errado ( )

24. **(QUADRIX – 2022 – SECRETARIA DE ESTADO DA EDUCAÇÃO/DF – PROFESSOR)** Constitui competência específica de língua portuguesa para o Ensino Fundamental compreender a língua como fenômeno cultural, histórico, social, variável, heterogêneo e sensível aos contextos de uso, reconhecendo-a como meio de construção das identidades de seus usuários e da comunidade a que pertencem.
    Certo ( )   Errado ( )

25. **(QUADRIX – 2022 – SECRETARIA DE ESTADO DA EDUCAÇÃO/DF – PROFESSOR)** Entre as competências específicas de história para o Ensino Fundamental, inclui-se a de criar procedimentos norteadores da produção historiográfica, elaborando teorias em relação a contextos históricos específicos.
    Certo ( )   Errado ( )

26. **(QUADRIX – 2022 – SECRETARIA DE ESTADO DA EDUCAÇÃO/DF – PROFESSOR)** Uma das competências específicas de matemática para o Ensino Fundamental é desenvolver o raciocínio lógico, o espírito de investigação e a capacidade de produzir argumentos convincentes, recorrendo aos conhecimentos matemáticos para compreender e atuar no mundo.
    Certo ( )   Errado ( )

Texto para as próximas 3 questões:

Em relação à organização didático-pedagógica, especificamente no que se refere às suas implicações na produção do conhecimento em sala de aula e à intencionalidade na prática pedagógica, julgue os itens, considerando o que preconiza a BNCC.

27. **(QUADRIX – 2022 – SECRETARIA DE ESTADO DA EDUCAÇÃO/DF – PROFESSOR)** Os conteúdos de ensino são temas ou assuntos decorrentes dos resultados das experiências acumuladas pela humanidade, têm um caráter histórico e social e devem ser transformados em objetos de conhecimento representativos, atualizados e sujeitos a modificações.
    Certo ( )   Errado ( )

28. **(QUADRIX – 2022 – SECRETARIA DE ESTADO DA EDUCAÇÃO/DF – PROFESSOR)** No planejamento de ensino relativo aos dois primeiros anos do Ensino Fundamental, o professor deve dar ênfase à brincadeira, sem se ater ao processo de alfabetização, a fim de garantir amplas oportunidades aos alunos para que, posteriormente, eles se apropriem do sistema de escrita alfabética.
    Certo ( )   Errado ( )

29. **(QUADRIX – 2022 – SECRETARIA DE ESTADO DA EDUCAÇÃO/DF – PROFESSOR)** No planejamento de ensino, os objetivos gerais referem-se aos propósitos educativos relacionados com o contexto social e o desenvolvimento do estudante, ao passo que os objetivos específicos estabelecem uma relação próxima entre a escola, a sociedade e os conteúdos de ensino.
    Certo ( )   Errado ( )

GABARITO

1	B	2	D	3	D	4	E	5	E
6	D	7	Certo	8	Certo	9	Errado	10	Certo
11	Errado	12	Certo	13	Certo	14	Errado	15	Certo
16	Certo	17	Errado	18	Errado	19	Certo	20	Certo
21	C	22	Errado	23	Errado	24	Certo	25	Errado
26	Certo	27	Certo	28	Errado	29	Certo		

LEI DE DIRETRIZES E BASES DA EDUCAÇÃO E OUTRAS LEIS

LEI DE DIRETRIZES E BASES DA EDUCAÇÃO E OUTRAS LEIS

01. **(VUNESP – 2019 – SECRETARIA MUNICIPAL DA EDUCAÇÃO/SP – PROFESSOR EDUCAÇÃO BÁSICA)** É comum haver algumas dúvidas quanto às denominações e aos tipos que caracterizam as instituições de Educação Infantil. A esse respeito, assinale a alternativa correta.
   a) A Lei de Diretrizes e Bases da Educação Nacional (Lei nº 9.394/96) determina a distinção entre creche e pré-escola, sendo a primeira direcionada a crianças de até 3 anos de idade, e a segunda direcionada a crianças de 4 e 5 anos.
   b) A Lei de Diretrizes e Bases da Educação Nacional (Lei nº 9.394/96) determina a distinção entre creche e pré-escola, sendo a primeira referente às instituições públicas, e a segunda referente às instituições particulares.
   c) As diferenças entre creche e pré-escola são definidas no credenciamento da instituição junto à entidade governamental competente, a depender do contexto regional em que se situa e do tipo de contrato a ser estabelecido com as famílias.
   d) A Constituição Federal (1988), antecipando direitos garantidos pelo Estatuto da Criança e do Adolescente (1990), determinou o dever do Estado perante as funções de cuidar e educar, atribuindo-as, respectivamente, à creche e à pré-escola.
   e) Creche e pré-escola são sinônimos tanto no âmbito teórico quanto no âmbito jurídico; porém, no jargão popular, há a prática usual de denominar creches as instituições situadas em bairros mais pobres, onde estão as famílias com menor renda.

02. **(VUNESP – 2019 – SECRETARIA MUNICIPAL DA EDUCAÇÃO/SP – PROFESSOR EDUCAÇÃO BÁSICA)** Leia o excerto a seguir:
"A presente Resolução institui Diretrizes Curriculares Nacionais para a Educação das Relações Étnico-Raciais e para o Ensino de História e Cultura Afro-Brasileira e Africana, a serem observadas pelas Instituições de ensino _____ e, em especial, por Instituições que desenvolvem programas de formação inicial e continuada de professores."
(BRASIL. Resolução CNE/CP nº 01/04)
Assinale a alternativa que completa adequadamente a lacuna, conforme o texto original.
   a) públicas e privadas que atuam nos níveis fundamental, médio e superior
   b) públicas que atuam nos níveis fundamental, médio e superior
   c) públicas e privadas que atuam na perspectiva da diversidade
   d) técnico, profissionalizante e superior
   e) que atuam nos níveis e modalidades da Educação Brasileira

03. **(VUNESP – 2019 – SECRETARIA MUNICIPAL DA EDUCAÇÃO/SP – PROFESSOR EDUCAÇÃO BÁSICA)** A Lei de Diretrizes e Bases da Educação Nacional (Lei nº 9.394/96) determina que o ensino da arte, especialmente em suas expressões regionais, constitui componente curricular obrigatório da Educação Básica. Incluem-se em tal componente curricular as seguintes linguagens: artes visuais, dança, música e teatro. Antonio Flavio B. Moreira e Vera Maria Candau (autores de *Currículo, conhecimento e cultura*. In: BRASIL. *Indagações sobre o currículo*. Caderno 3) apresentam um olhar crítico com relação ao modo como tais artefatos culturais devem ser abordados na escola, defendendo que
   a) o ensino da arte deve promover refinamento para que todos se tornem cultos, tal como as classes privilegiadas.
   b) os grandes autores, os grandes artistas e as grandes obras devem constituir o núcleo central do currículo das escolas.
   c) o trabalho pedagógico com artefatos artísticos deve ter como propósitos centrais a identificação e o incentivo de talentos potenciais, sobretudo aqueles afinados à cultura elevada.
   d) o ensino da arte seja efetivado sem inviabilizar a posição hierárquica das disciplinas científicas.
   e) o currículo seja transformado em um espaço de crítica cultural, abrindo espaço para a pluralidade cultural.

04. **(FGV – 2022 – SECRETARIA DE ESTADO DE ADMINISTRAÇÃO/AM – PROFESSOR)** Avalie, com base na Lei nº 9.394/96, de Diretrizes e Bases da Educação Nacional, se o ensino será ministrado, entre outros, nos seguintes princípios:
   I. Gratuidade do ensino público em estabelecimentos oficiais.
   II. Valorização do profissional da educação escolar.
   III. Valorização da experiência extraescolar.
   IV. Consideração com a diversidade étnico-racial.
   Estão corretos:
   a) I e II, apenas.
   b) III e IV, apenas.
   c) I, II e III, apenas.
   d) II, III e IV, apenas.
   e) I, II, III e IV.

05. **(FGV – 2022 – SECRETARIA DE ESTADO DE ADMINISTRAÇÃO/AM – PROFESSOR)** Com base na Lei nº 9.394/96, de Diretrizes e Bases da Educação Nacional, o ensino médio, etapa final da educação básica, com duração mínima de três anos, terá as seguintes finalidades, à exceção de uma. Assinale-a.
   a) A consolidação e o aprofundamento dos conhecimentos adquiridos no ensino fundamental, possibilitando o prosseguimento de estudos.
   b) A preparação básica para o trabalho e a cidadania do educando, para continuar aprendendo, de modo a ser capaz de se adaptar com flexibilidade a novas condições de ocupação ou aperfeiçoamento posteriores.
   c) O aprimoramento do educando como pessoa humana, incluindo a formação ética e o desenvolvimento da autonomia intelectual e do pensamento crítico.
   d) A compreensão dos vínculos de família e dos laços de convivência humana.
   e) A compreensão dos fundamentos científico-tecnológicos dos processos produtivos, relacionando a teoria com a prática, no ensino de cada disciplina.

06. **(FGV – 2023 – SECRETARIA MUNICIPAL DE EDUCAÇÃO/SP – PROFESSOR - EDUCAÇÃO INFANTIL)** A Lei de Diretrizes e Bases da Educação Nacional de 1996 estabeleceu as diretrizes e as bases da educação nacional e, em seu Art. 3º, apresentou os princípios básicos sobre os quais o ensino deve ser ministrado.
A LDB foi atualizada pela Lei Federal nº 12.796/2013, que incluiu o seguinte princípio de ensino:
   a) pluralismo de ideias e de concepções pedagógicas.
   b) respeito à liberdade e apreço à tolerância.
   c) consideração com a diversidade étnico-racial.
   d) aprimoramento do profissional da educação escolar.
   e) valorização da experiência extraescolar.

07. **(FGV – 2023 – SECRETARIA MUNICIPAL DE EDUCAÇÃO/SP – PROFESSOR)** Em relação ao ensino de Filosofia e de Sociologia, segundo a Lei de Diretrizes e Bases da Educação Nacional, o resultado fundamental esperado para o final do Ensino Médio é que o educando demonstre domínio dos conhecimentos
   a) necessários ao exercício da cidadania.
   b) suficientes para a aprovação no vestibular.

c) exigidos para ministrar estas disciplinas.
d) básicos para o exercício de profissões técnicas.
e) proporcionais ao seu interesse individual.

08. **(AOCP – 2019 – SECRETARIA DE ESTADO DA EDUCAÇÃO/PB – PROFESSOR)** No que se refere à Organização da Educação Nacional, considerando o que dispõe a Lei de Diretrizes e Bases da Educação Nacional, analise as assertivas e assinale a alternativa que aponta as corretas.
   I. Aos Estados, incumbe assegurar o ensino fundamental e oferecer, com prioridade, o ensino médio a todos que demandarem, respeitadas as disposições legais a respeito da matéria.
   II. À União, incumbe autorizar, credenciar e supervisionar os estabelecimentos do sistema de ensino municipal.
   III. Aos Estados, incumbe baixar normas complementares ao sistema de ensino municipal.
   IV. À União, incumbe coletar, analisar e disseminar informações sobre a educação.
   V. Aos Municípios, incumbe assumir o transporte da rede estadual de ensino.
   a) Apenas II, III e IV.
   b) Apenas I e IV.
   c) Apenas IV e V.
   d) Apenas I, II e V.

09. **(AOCP – 2019 – SECRETARIA DE ESTADO DA EDUCAÇÃO/PB – PROFESSOR)** Com base no que dispõe a Lei de Diretrizes e Bases da Educação Nacional, assinale a alternativa correta a respeito do Ensino Médio.
   a) O ensino médio, etapa final da educação básica, com duração mínima de três anos, terá como objetivo a formação básica do cidadão mediante o desenvolvimento da capacidade de aprendizagem, tendo em vista a aquisição de conhecimentos e habilidades e a formação de atitudes e valores.
   b) Os currículos do ensino médio incluirão, obrigatoriamente, o estudo da língua inglesa, devendo ofertar outras línguas estrangeiras, em caráter obrigatório, preferencialmente o espanhol.
   c) A Base Nacional Comum Curricular definirá direitos e objetivos de aprendizagem do ensino médio, conforme diretrizes do Conselho Nacional de Educação, nas seguintes áreas do conhecimento: linguagens, matemática, ciências da natureza e suas tecnologias; e ciências humanas e sociais aplicadas.
   d) A carga horária destinada ao cumprimento da Base Nacional Comum Curricular não poderá ser superior a oitocentas horas do total da carga horária do ensino médio, de acordo com a definição dos sistemas de ensino.

10. **(AOCP – 2019 – SECRETARIA DE ESTADO DA EDUCAÇÃO/PB – PROFESSOR)** A respeito da Educação de Jovens e Adultos, segundo o que dispõe a Lei de Diretrizes e Bases da Educação Nacional, assinale a alternativa incorreta.
   a) A educação de jovens e adultos será destinada àqueles que tiveram acesso ou continuidade de estudos nos ensinos fundamental e médio na idade própria e constituirá instrumento para a educação e a aprendizagem ao longo da vida.
   b) O Poder Público viabilizará e estimulará o acesso e a permanência do trabalhador na escola, mediante ações integradas e complementares entre si.
   c) Os sistemas de ensino manterão cursos e exames supletivos, que compreenderão a base nacional comum do currículo, habilitando ao prosseguimento de estudos em caráter regular.
   d) A educação de jovens e adultos deverá articular-se, preferencialmente, com a educação profissional, na forma do regulamento.

11. **(AOCP – 2019 – SECRETARIA DE ESTADO DA EDUCAÇÃO/PB – PROFESSOR)** No que se refere às Diretrizes Curriculares Nacionais para o Ensino Médio, assinale a alternativa correta.
   a) A formação geral básica, assim como os estudos de língua portuguesa e de matemática, deve ser contemplada em todos os anos do curso do ensino médio.
   b) As instituições ou redes de ensino não devem orientar os estudantes no processo de escolha do seu itinerário formativo.
   c) É vedado ao estudante mudar sua escolha de itinerário formativo ao longo do seu curso.
   d) A critério dos sistemas de ensino, os currículos do ensino médio podem considerar competências eletivas complementares do estudante como forma de ampliação da carga horária do itinerário formativo escolhido, atendendo ao projeto de vida do estudante.

12. **(AOCP – 2019 – SECRETARIA DE ESTADO DA EDUCAÇÃO/PB – PROFESSOR)** A respeito dos Parâmetros Curriculares Nacionais – Ensino Médio, assinale a alternativa correta.
   a) Segundo os Parâmetros Curriculares Nacionais, a atual estrutura curricular do ensino médio não resguarda o atendimento às características regionais e locais da sociedade, da cultura, da economia e da clientela.
   b) O currículo do ensino médio contempla a realização de atividades em três domínios da ação humana: a vida em sociedade, a atividade produtiva e a experiência subjetiva.
   c) A educação na sociedade contemporânea, com a reforma do ensino médio, passou a contemplar apenas dois eixos estruturais, quais sejam: aprender a conhecer e aprender a fazer.
   d) A educação física, integrada à proposta pedagógica da escola, é componente curricular obrigatório da educação básica para todo e qualquer aluno.

13. **(CONSULPAM – 2019 – SECRETARIA MUNICIPAL DE EDUCAÇÃO/ES – PROFESSOR EDUCAÇÃO INFANTIL)** De acordo com o artigo 67 da Lei de Diretrizes e Bases – LDB, os sistemas de ensino devem promover a valorização dos profissionais da educação, assegurando-lhes, inclusive:
   a) Um ingresso que deve ser por concurso público ou por contrato permanente daqueles que já possuem grande titulação.
   b) Um aperfeiçoamento profissional continuado, desde que não atrapalhe sua carga horária de ensino.
   c) Um período para planejar além de sua carga horária de trabalho estabelecida.
   d) Uma progressão funcional que verifica sua habilitação ou titulação, além de uma avaliação de desempenho.

14. **(CONSULPAM – 2019 – SECRETARIA MUNICIPAL DE EDUCAÇÃO/ES – PROFESSOR EDUCAÇÃO INFANTIL)** Para a LDB, a avaliação de aprendizagem é um processo necessário para o bom andamento do ensino público em nosso país, essa avaliação deve ter como característica:
   a) Ser centrada no diagnóstico e não na classificação.
   b) Estabelecer a classificação para poder melhor analisar o desempenho de cada aluno.
   c) Fornecer informações sobre o processo pedagógico para que o mesmo não seja alterado durante o período de ensino.
   d) Ser individualizada para que o aluno não se sinta menos inteligente que seu colega de turma.

LEI DE DIRETRIZES E BASES DA EDUCAÇÃO E OUTRAS LEIS

15. **(FUNDAÇÃO AROEIRA – 2022 – SECRETARIA MUNICIPAL DE EDUCAÇÃO/GO – PROFESSOR I)** A Constituição Federal (1988) e a Lei de Diretrizes e Bases para a Educação Nacional (Lei 9394/1996) estabelecem a gestão democrática como princípio para organização e gestão do trabalho pedagógico nas instituições públicas de Educação Básica. Analise os pressupostos, considerando a gestão democrática.

   I. Autonomia pedagógica e administrativa dos sujeitos da escola (direção, professores, funcionários administrativos, alunos e responsáveis) em construir, implementar e avaliar o seu Projeto Político-Pedagógico.

   II. Hierarquização das funções que compõem a estrutura organizacional da escola, tendo em vista que, em uma gestão democrática, o papel do diretor é fundamental para o sucesso dos processos pedagógicos.

   III. Construção de uma cultura organizacional que assuma a participação como elemento fundante da organização e gestão do trabalho pedagógico, com a finalidade da autonomia dos sujeitos que compõem a comunidade escolar.

   IV. Construção coletiva do projeto político-pedagógico, fortalecimento do conselho escolar, implantação de canais efetivos de participação dos alunos (Grêmios Estudantis) e de pais (Associação de Pais e Mestres)

   V. Negação das diretrizes e normas emitidas pelos sistemas de ensino e pelo Ministério da Educação, uma vez que a escola tem total autonomia para elaborar as suas próprias normas e diretrizes, conforme as exigências do seu projeto político pedagógico.

   Marque a alternativa que apresenta todos os itens corretos.
   a) I, II e IV.
   b) III, IV e V.
   c) I, III e IV.
   d) I e V.

16. **(FUNDAÇÃO AROEIRA – 2022 – SECRETARIA MUNICIPAL DE EDUCAÇÃO/GO – PROFESSOR I)** Marque a instituição, ligada diretamente à estrutura do Estado, que possui a função de ser, ao mesmo tempo, normativa e deliberativa, entre as apresentadas nas alternativas.
   a) Ministério da Educação e Cultura – MEC.
   b) Conselho Nacional de Educação – CNE.
   c) Instituto Nacional de Estudos e Pesquisas Anísio Teixeira – Inep.
   d) Conselho Nacional de Pesquisa – CNPq.

17. **(NC-UFPR – 2022 – SMAP/PR – PROFESSOR EDUCAÇÃO INFANTIL)** A finalidade da Educação Infantil, segundo a Lei nº 9.394/1996, Lei de Diretrizes e Bases da Educação Nacional, é o desenvolvimento integral da criança de até 5 anos. Nesse contexto, o desenvolvimento integral:
   a) se refere à jornada de atendimento, a partir de 7 horas diárias.
   b) implica a frequência à Educação Infantil dos 0 aos 5 anos de idade.
   c) compreende os estágios a serem atingidos para a promoção ao Ensino Fundamental.
   d) é o cumprimento da carga horária de 800 horas em 200 dias letivos.
   e) diz respeito aos aspectos físico, psicológico, intelectual e social.

18. **(NC-UFPR – 2022 – SMAP/PR – PROFESSOR EDUCAÇÃO INFANTIL)** De acordo com a Lei nº 9.394/1996, Lei de Diretrizes e Bases da Educação Nacional, o Estado tem o dever de garantir a educação básica obrigatória. Considerando as informações apresentadas, a educação básica obrigatória refere-se à faixa etária dos:
   a) 0 aos 14 anos de idade.
   b) 4 aos 17 anos de idade.
   c) 6 aos 17 anos de idade.
   d) 6 aos 10 anos de idade.
   e) 0 aos 10 anos de idade.

19. **(PREFEITURA MUNICIPAL DO RIO DE JANEIRO – 2019 – PREFEITURA MUNICIPAL/RJ – PROFESSOR DE ENSINO FUNDAMENTAL)** Em determinada escola municipal, as professoras do 3º ano do ensino fundamental se reuniram para realizar a primeira avaliação bimestral dos alunos. Observando o portfólio de certo aluno, verificaram que na área de Ciências seu rendimento nas provas não alcançou plenamente os objetivos relacionados às características dos seres vivos. Contudo, a professora da turma lembrou que o aluno auxiliava o pai da produção de hortaliças na região e, por ocasião do início da unidade sobre vegetais, ele explicou minuciosamente aos colegas todos os cuidados necessários para manter a horta saudável. Diante dessa lembrança, as professoras resolveram considerar essa experiência como um aspecto avaliativo relevante no currículo do aluno. De acordo com a Lei nº 9.394/96, em seu artigo 3º, as professoras utilizaram o seguinte princípio, na avaliação desse aluno:
   a) preservação do padrão de qualidade
   b) valorização da experiência extraescolar
   c) consideração com a diversidade étnico-racial
   d) garantia do direito à educação e à aprendizagem ao longo da vida

20. **(PREFEITURA MUNICIPAL DO RIO DE JANEIRO – 2019 – PREFEITURA MUNICIPAL/RJ – PROFESSOR DE ENSINO FUNDAMENTAL)** A frequência dos alunos constitui fator importante para o sucesso do processo ensino/aprendizagem. Sendo assim, a legislação busca instrumentos para assegurar esse direito a todas as crianças. Em 2019, a Lei nº 13.803, alterou a atual LDB em seu artigo 12, determinando que os estabelecimentos de ensino terão como incumbência:
   a) notificar ao Conselho Tutelar do Município a relação dos alunos que apresentem quantidade de faltas acima de 30% (trinta por cento) do percentual permitido em lei
   b) notificar ao Conselho Tutelar do Município a relação dos alunos que apresentem quantidade de faltas acima de 50% (cinquenta por cento) do percentual permitido em lei
   c) notificar, por escrito, às famílias a relação dos alunos que apresentem quantidade de faltas acima de 30% (trinta por cento) do percentual permitido em lei
   d) notificar, por escrito, às famílias a relação dos alunos que apresentem quantidade de faltas acima de 50% (cinquenta por cento) do percentual permitido em lei

Texto para as próximas 5 questões:

À luz da Lei Federal nº 9.394/1996 (Lei de Diretrizes e Bases da Educação Nacional), julgue os itens, referentes à organização da educação nacional.

21. **(QUADRIX – 2022 – SECRETARIA DE ESTADO DA EDUCAÇÃO/DF – PROFESSOR)** À União incumbe, privativamente, estabelecer diretrizes e procedimentos para identificação e cadastramento de alunos com altas habilidades.

    Certo ( )   Errado ( )

22. **(QUADRIX – 2022 – SECRETARIA DE ESTADO DA EDUCAÇÃO/DF – PROFESSOR)** À União incumbe baixar normas gerais sobre graduação.
    Certo ( )   Errado ( )

23. **(QUADRIX – 2022 – SECRETARIA DE ESTADO DA EDUCAÇÃO/DF – PROFESSOR)** À União incumbe autorizar e reconhecer cursos das instituições de educação superior, podendo essa atribuição ser delegada aos estados que mantiverem instituições de ensino superior.
    Certo ( )   Errado ( )

24. **(QUADRIX – 2022 – SECRETARIA DE ESTADO DA EDUCAÇÃO/DF – PROFESSOR)** Aos estados incumbe, com exclusividade, definir as formas de oferta do ensino fundamental.
    Certo ( )   Errado ( )

25. **(QUADRIX – 2022 – SECRETARIA DE ESTADO DA EDUCAÇÃO/DF – PROFESSOR)** Aos estados incumbe assegurar o Ensino Fundamental e oferecer, com prioridade, o Ensino Médio aos que o buscarem.
    Certo ( )   Errado ( )

26. **(SELECON – 2021 – SECRETARIA DE ESTADO DA EDUCAÇÃO ESPORTE E LAZER/MT – PROFESSOR)** De acordo com a Lei de Diretrizes e Bases da Educação Nacional (Lei nº 9.394, de 20 de dezembro de 1996), a educação:
    a) é a ação sistemática que se desenvolve apenas no ambiente escolar
    b) inspira-se nos princípios de liberdade e nos ideais de solidariedade humana
    c) é um dever do Estado e um direito da família e se inspira nos ideais religiosos
    d) tem como finalidade prioritária a preparação do educando para o mercado de trabalho

27. **(SELECON – 2021 – SECRETARIA DE ESTADO DA EDUCAÇÃO ESPORTE E LAZER/MT – PROFESSOR)** São princípios da gestão democrática expressos na Lei de Diretrizes e Bases da Educação Nacional (Lei nº 9.394, de 20 de dezembro de 1996):
    a) a participação dos profissionais da educação na elaboração do projeto pedagógico da escola e das comunidades escolar e local em conselhos escolares ou equivalentes
    b) a eleição de diretores e equipe gestora pela comunidade escolar e a participação das comunidades escolar e local em conselhos escolares ou equivalentes
    c) a reelaboração sistemática e contínua do processo de avaliação da aprendizagem envolvendo os professores e a criação de grêmios estudantis ou órgãos equivalentes
    d) a consulta à comunidade escolar sobre o cargo de diretor e a participação dos profissionais da educação na elaboração do projeto pedagógico da escola

28. **(SELECON – 2021 – SECRETARIA DE ESTADO DA EDUCAÇÃO ESPORTE E LAZER/MT – PROFESSOR)** Com relação à verificação do rendimento escolar dos alunos da Educação Básica, a Lei de Diretrizes e Bases da Educação Nacional (Lei nº 9.394, de 20 dezembro de 1996) assegura que a avaliação deverá ser:
    a) aplicada em ao menos dois momentos em cada período letivo, contemplando aspectos qualitativos e quantitativos, somativos e formativos, formais e não formais
    b) baseada nas competências e habilidades adequadas para cada faixa etária, sem a possibilidade de aceleração dos estudos para aqueles com atraso escolar
    c) contínua e cumulativa do desempenho do aluno, com prevalência dos aspectos qualitativos sobre os quantitativos e dos resultados ao longo do período sobre os de eventuais provas finais
    d) integrada às demandas do mundo do trabalho, articulando a teoria e a prática, por meio de instrumentos diversificados e que contemplem as múltiplas inteligências

29. **(SELECON – 2021 – SECRETARIA DE ESTADO DA EDUCAÇÃO ESPORTE E LAZER/MT – PROFESSOR)** A Lei nº 13.415, de 16 de fevereiro de 2017, também conhecida como "Reforma do Ensino Médio", alterou a Lei de Diretrizes e Bases da Educação Nacional definindo que:
    a) Filosofia e Sociologia passam a ser componentes obrigatórios nos três anos do Ensino Médio
    b) Língua Espanhola passa a ser componente obrigatório de pelo menos um ano do Ensino Médio
    c) Geografia e História permanecem como componentes obrigatórios nos três anos do Ensino Médio
    d) Matemática e Língua Portuguesa passam a ser os únicos componentes obrigatórios nos três anos do Ensino Médio

30. **(SELECON – 2021 – SECRETARIA DE ESTADO DA EDUCAÇÃO ESPORTE E LAZER/MT – PROFESSOR)** Segundo a organização dos níveis, etapas e modalidades de ensino expressa na Lei de Diretrizes de Bases da Educação Nacional (Lei nº 9.394, de 20 de dezembro de 1996), integram os sistemas estaduais de ensino:
    a) as instituições públicas estaduais e municipais de ensino fundamental e ensino médio
    b) as instituições privadas de educação infantil, ensino fundamental e ensino médio
    c) as instituições privadas de ensino fundamental e ensino médio e as instituições de ensino superior municipais
    d) as instituições de educação infantil federais e as instituições de ensino fundamental e médio estaduais

31. **(AVANÇASP – 2023 – PREFEITURA MUNICIPAL/SP – PROFESSOR EDUCAÇÃO INFANTIL)** A Lei de Diretrizes e Bases da Educação (Lei 9.394/96) é a principal Norma da Educação Brasileira, pois organiza a sua estrutura e regulamenta seus princípios, mecanismos e bases. Segundo a LDB, "Art. 1º A educação abrange _____ que se desenvolvem na vida familiar, na convivência humana, no trabalho, nas instituições de ensino e pesquisa, nos movimentos sociais e organizações da sociedade civil e nas manifestações culturais."
    a) as manifestações culturais.
    b) os processos formativos.
    c) os saberes acadêmicos.
    d) todas as pessoas.
    e) os conhecimentos e princípios.

32. **(AVANÇASP – 2023 – PREFEITURA MUNICIPAL/SP – PROFESSOR EDUCAÇÃO INFANTIL)** Ainda sobre o Art. 1º da Lei de Diretrizes e Bases da Educação (BRASIL, 1996), a educação escolar se desenvolve, predominantemente, por meio do ensino, em instituições próprias e deverá vincular-se:
    a) a família e a sociedade.
    b) ao educando e ao educador.
    c) ao cuidar e educar.
    d) às habilidades e competências.
    e) ao mundo do trabalho e à prática social.

LEI DE DIRETRIZES E BASES DA EDUCAÇÃO E OUTRAS LEIS

33. **(AVANÇASP – 2023 – PREFEITURA MUNICIPAL/SP – PROFESSOR EDUCAÇÃO INFANTIL)** São princípios da Educação Nacional, segundo a LDB, exceto:
    a) gestão democrática do ensino público, na forma desta Lei e da legislação dos sistemas de ensino.
    b) cisão entre a educação escolar, o trabalho e as práticas sociais.
    c) garantia do direito à educação e à aprendizagem ao longo da vida.
    d) respeito à liberdade e apreço à tolerância.
    e) igualdade de condições para o acesso e permanência na escola.

34. **(AVANÇASP – 2023 – PREFEITURA MUNICIPAL/SP – PROFESSOR EDUCAÇÃO INFANTIL)** A Educação Básica é um dever do Estado e um Direito de todos. Segundo a LDB, é gratuita e obrigatória:
    a) dos 4 (quatro) aos 17 (dezessete) anos de idade.
    b) dos 5 (cinco) aos 17 (dezessete) anos de idade.
    c) dos 4 (quatro) aos 18 (dezoito) anos de idade
    d) dos 5 (cinco) aos 18 (dezoito) anos de idade
    e) dos 6 (seis) aos 18 (dezoito) anos de idade, visto que a Educação Infantil é facultativa.

35. **(AVANÇASP – 2023 – PREFEITURA MUNICIPAL/SP – PROFESSOR EDUCAÇÃO INFANTIL)** Quanto a Organização da Educação Nacional, a LDB normatiza que "Art. 8º A União, os Estados, o Distrito Federal e os Municípios organizarão, em regime de colaboração" (BRASIL, 1996) os sistemas de ensino, sendo uma das incumbências da União:
    a) definir, com os Municípios, formas de colaboração na oferta do ensino fundamental, as quais devem assegurar a distribuição proporcional das responsabilidades, de acordo com a população a ser atendida e os recursos financeiros disponíveis em cada uma dessas esferas do Poder Público.
    b) assegurar o ensino fundamental e oferecer, com prioridade, o ensino médio a todos que o demandarem, respeitado o disposto no art. 38 desta Lei.
    c) assegurar processo nacional de avaliação do rendimento escolar no ensino fundamental, médio e superior, em colaboração com os sistemas de ensino, objetivando a definição de prioridades e a melhoria da qualidade do ensino.
    d) exercer ação redistributiva em relação às suas escolas.
    e) velar pelo cumprimento do plano de trabalho de cada docente.

36. **(VUNESP – 2019 – SECRETARIA MUNICIPAL DA EDUCAÇÃO/SP – PROFESSOR EDUCAÇÃO BÁSICA)** A Resolução CNE/CP nº 2, de 22 de dezembro de 2017, institui e orienta a implantação da Base Nacional Comum Curricular no âmbito da Educação Básica. Considerando que a BNCC respeita os princípios de autonomia pedagógica e gestão democrática determinados pela legislação educacional, é correto dizer que as propostas pedagógicas das instituições ou redes de ensino devem
    a) ser elaboradas e executadas com efetiva participação de seus docentes.
    b) ser elaboradas por gestores, mas executadas com a participação de seus docentes.
    c) ser executadas por seus docentes, tendo em vista que sua elaboração já está integralmente concluída na própria BNCC.
    d) ser elaboradas com participação de seus docentes, tomando os parâmetros da BNCC como altamente recomendados, mas não obrigatórios.
    e) ser democraticamente elaboradas em consonância com os valores das famílias e da comunidade escolar local, os quais são prioritários perante os parâmetros da BNCC.

37. **(FCC – 2022 – SECRETARIA DE ESTADO DA EDUCAÇÃO/ES – PROFESSOR EDUCAÇÃO BÁSICA)** De acordo com o Artigo 32 da Resolução CNE nº 7, de 14 de dezembro de 2010, *que fixa Diretrizes Curriculares Nacionais para o Ensino Fundamental de 9 (nove) anos, a avaliação dos alunos, a ser realizada pelos professores e pela escola como parte integrante da proposta curricular e da implementação do currículo, é redimensionadora da ação pedagógica.* Para atender a este quesito, os professores devem
    a) utilizar instrumentos de avaliação diversificados, de modo a evidenciar os problemas de aprendizagem e de ensino a serem enfrentados.
    b) realizar avaliações diagnósticas e formativas para identificar avanços e dificuldades de aprendizagem, que permitam regular a atividade de ensino.
    c) considerar o contexto social em que os alunos estão inseridos, na construção da proposta pedagógica da escola e no planejamento das avaliações.
    d) decidir com os pares sobre quais critérios de avaliação devem ser adotados para aprovar ou reprovar os estudantes.
    e) verificar os conteúdos que os alunos não assimilaram e desenvolver projetos interdisciplinares para que os estudantes aprendam.

38. **(FCC – 2022 – SECRETARIA DE ESTADO DA EDUCAÇÃO/ES – PROFESSOR EDUCAÇÃO BÁSICA)** A Lei Federal nº 13.146/2015, em seu Artigo 27, estabelece que *A educação constitui direito da pessoa com deficiência, assegurados sistema educacional inclusivo em todos os níveis e aprendizado ao longo de toda a vida, de forma a alcançar o máximo desenvolvimento possível de seus talentos e habilidades físicas, sensoriais, intelectuais e sociais, segundo suas características, interesses e necessidades de aprendizagem.* Considerando o estabelecido nesse artigo, a escola e seus profissionais devem
    a) promover a inclusão dos alunos com deficiência que possuam condições de desenvolver as atividades propostas pelos professores das classes comuns.
    b) garantir que os alunos com deficiência sejam atendidos por professores especializados, pois estes compreendem melhor os problemas destes estudantes.
    c) assegurar a inclusão dos alunos com deficiência, de forma planejada e condizente com as necessidades de cada estudante.
    d) desenvolver atividades das quais os alunos com deficiência consigam participar, para não os desestimular e integrá-los à turma.
    e) solicitar a presença de um profissional que auxilie no cuidado com os alunos com deficiência, para atender aos demais estudantes.

39. **(FCC – 2022 – SECRETARIA DE ESTADO DA EDUCAÇÃO/ES – PROFESSOR EDUCAÇÃO BÁSICA)** A Resolução CNE nº 01/2021, que institui as Diretrizes Operacionais para a Educação de Jovens e Adultos, estabelece como uma de suas diretrizes a Educação e Aprendizagem ao Longo da Vida, que
    a) privilegia o aprendizado trazido pelos estudantes, em detrimento das aprendizagens propostas pela escola.
    b) busca destituir as aprendizagens já engendradas pelos estudantes, por meio do conhecimento produzido na escola.
    c) propõe o enxugamento do currículo do ensino regular, para incorporar os conhecimentos trazidos pelos estudantes.
    d) visa oportunizar acesso a aprendizagens não formais e informais, além das formais.
    e) releva o desenvolvimento de atividades manuais, de modo a contemplar as aprendizagens trazidas pelos estudantes.

40. (FCC – 2022 – SECRETARIA DE ESTADO DA EDUCAÇÃO/ES – PROFESSOR EDUCAÇÃO BÁSICA) Segundo o Plano Estadual de Educação (Lei nº 10.382/2015), o Programa de Avaliação da Educação Básica do Espírito Santo (Paebes) e o Sistema de Avaliação da Educação Básica (Saeb) devem ser utilizados como fonte de informação para a avaliação e o monitoramento da qualidade da educação básica. Esses sistemas de avaliação têm potencial para contribuir com o aprimoramento do trabalho desenvolvido nas escolas, na medida em que

a) fornecem informações mais consistentes sobre o desempenho dos estudantes do que as avaliações formuladas pelos professores.
b) auxiliam na análise da qualidade do ensino ofertado, em conjunto com os processos internos de avaliação da aprendizagem.
c) utilizam-se de provas objetivas, aplicadas e corrigidas por agentes externos às escolas, evitando a subjetividade avaliativa.
d) permitem a constituição de séries históricas que auxiliam na análise comparativa dos resultados obtidos pelos estudantes.
e) garantem a transparência dos resultados, incentivando as famílias a discutirem sobre a qualidade do ensino ofertado.

41. (FCC – 2022 – SECRETARIA DE ESTADO DA EDUCAÇÃO/ES – PROFESSOR EDUCAÇÃO BÁSICA) Em relação ao Ensino Médio, a Resolução CNE nº 03/2018, ao tratar da elaboração da proposta pedagógica das unidades escolares que ofertam essa etapa, estabelece que as escolas devem abarcar, dentre outros:

1. A aprendizagem como processo de apropriação significativa dos conhecimentos, superando a aprendizagem limitada à memorização.
2. A valorização da leitura e da produção escrita em todos os campos do saber.
3. Estudo e desenvolvimento de atividades socioambientais, conduzindo a educação ambiental como uma prática educativa integrada, contínua e permanente.

Nesse contexto, considere, ainda, algumas possibilidades de atividades:

I. Desenvolver atividades voltadas ao meio ambiente, envolvendo todas as disciplinas do currículo.
II. Elaborar atividades que promovam a problematização dos objetos estudados e o consequente debate em sala de aula.
III. Envolver os professores de Ciências Humanas na elaboração e aplicação de atividades de leitura e escrita.
IV. Organizar projetos anuais que tenham como tema principal as questões relacionadas ao meio ambiente.
V. Promover a leitura e a escrita em todas as disciplinas, por meio de gêneros textuais próprios de cada área.
VI. Elaborar atividades que ajudem os alunos a lembrar conceitos fundamentais de cada disciplina/área.

A correta associação entre os três itens da Resolução (1, 2 e 3) e as possibilidades de atividades é

a) 1-II, 2-V e 3-I.
b) 1-II, 2-III e 3-I.
c) 1-VI, 2-III e 3-IV.
d) 1-VI, 2-V e 3-IV.
e) 1-II, 2-III e 3-IV.

42. (FGV – 2022 – SECRETARIA DE ESTADO DE ADMINISTRAÇÃO/AM – PROFESSOR) Com base no Art. 3º da Lei 0949/2005, avalie se a carreira dos profissionais da educação básica da Rede Pública Estadual de Ensino objetiva:

I. A profissionalização e valorização do servidor.
II. A melhoria do desempenho e da qualidade dos serviços de educação prestados ao conjunto da população do Estado do Amapá.
III. A fixação de padrões e critérios de desenvolvimento funcional para as carreiras que compõem o Quadro de Pessoal dos Profissionais da Educação Básica Pública, de modo a reconhecer a qualificação profissional.
IV. A implementação de política de pessoal, com vistas a promover o desempenho profissional, a motivação, a qualidade da educação, a eficiência, e a valorização do servidor pelo tempo de serviço.
V. O comprometimento do profissional da Educação Básica Pública.

Estão corretos os itens:

a) I, III e V, apenas.
b) II, IV e V, apenas.
c) I, II e III, apenas.
d) II, III e IV, apenas.
e) I, II, III, IV e V.

43. (FGV – 2022 – SECRETARIA DE ESTADO DE ADMINISTRAÇÃO/AM – PROFESSOR) Avalie se a Lei 0949/2005 prevê, entre outros, os seguintes direitos especiais dos profissionais da educação:

I. Efetiva qualificação permanente, garantida pelo Estado, mediante cursos, estágios, aperfeiçoamento, especialização e atualização técnico-pedagógica sem prejuízo da sua remuneração.
II. Dispor no ambiente de trabalho de instalações adequadas e ter a seu alcance informações educacionais, bibliotecas atualizadas, material didático, técnico-pedagógico e outros instrumentos em quantidade suficiente e apropriada, bem como contar com assessoria pedagógica que auxilie e estimule a melhoria do seu desempenho profissional e ampliação dos seus conhecimentos.
III. Liberdade na escolha dos conteúdos e processos didáticos de acordo com a proposta pedagógica das escolas e orientação curricular do sistema estadual de ensino.
IV. Ser defendido pela direção do estabelecimento de ensino, se ela assim entender pertinente, quando, no regular exercício de suas atividades, for agredido moralmente no ambiente de trabalho.

Estão corretos os itens

a) I e II, apenas.
b) III e IV, apenas.
c) I, II e III, apenas.
d) II, III e IV, apenas.
e) I, II, III e IV.

44. (FGV – 2022 – SECRETARIA DE ESTADO DE ADMINISTRAÇÃO/AM – PROFESSOR) De acordo com o Art. 53 da Lei estadual nº 0949/2005, que trata dos deveres especiais dos profissionais da educação, no desempenho das atividades que lhe são próprias, o profissional da educação deverá agir de modo a concorrer para os objetivos a seguir, à exceção de um. Assinale-o.

a) A diluição do sentimento de nacionalidade.
b) O resgate e a preservação do patrimônio cultural, artístico, popular e ambiental.
c) A vivência e convivência em função das ideias da comunidade.
d) Promover o desenvolvimento do senso crítico e da consciência política do aluno.
e) Respeitar o aluno como sujeito do processo educacional e comprometer-se com a eficiência de seu aprendizado.

LEI DE DIRETRIZES E BASES DA EDUCAÇÃO E OUTRAS LEIS

45. (FGV – 2023 – SECRETARIA MUNICIPAL DE EDUCAÇÃO/SP – PROFESSOR) *"Dar às crianças e adolescentes a oportunidade de aprender sobre os povos indígenas é dar-lhes a oportunidade de conhecer a grande riqueza que reside na diversidade cultural existente no Brasil, riqueza que deve ser valorizada e respeitada. Como fontes de aprendizado que são e pelo lugar que ocupam no sistema educacional brasileiro, os livros didáticos deveriam abordar a temática indígena e a diversidade cultural de modo que os alunos percebessem tal valor."*
GOBBI, Izabel. "O que os livros didáticos dizem sobre os povos indígenas". In: Educação indígena: reflexões sobre noções nativas de infância, aprendizagem e escolarização. Florianópolis: Editora da UFSC, 2012.

O diagnóstico apresentado coincide com aquele que fundamenta a Lei nº 11.645/2008, a qual trata do ensino da história e cultura indígena no ensino fundamental e médio.

Assinale a opção que apresenta uma assertiva coerente com a lei.

a) Um diferencial da cultura brasileira é contar com espontânea valorização da diversidade cultural indígena.
b) O reconhecimento da diversidade cultural exige que os alunos aprendam e adotem modos de vida tradicionais indígenas.
c) As abordagens dos livros didáticos a respeito das culturas indígenas ainda reproduzem visões estereotipadas.
d) O ensino sobre história e culturas indígenas deve ser oferecido como disciplina opcional para os alunos interessados.
e) O sistema educacional formal deve promover o respeito pelas culturas primitivas que existiam no Brasil.

46. (AOCP – 2019 – SECRETARIA DE ESTADO DA EDUCAÇÃO/PB – PROFESSOR) Segundo o artigo 60 do Ato das Disposições Constitucionais Transitórias da Constituição Federal, até o 14º (décimo quarto) ano a partir da promulgação da Emenda Constitucional nº 53 de 2006, os Estados, o Distrito Federal e os Municípios destinarão parte dos recursos a que se refere o caput do art. 212 da Constituição Federal à manutenção e ao desenvolvimento da educação básica e à remuneração condigna dos trabalhadores da educação. Referida distribuição se dá a partir do FUNDEB – Fundo de Manutenção e Desenvolvimento da Educação Básica e de Valorização dos Profissionais da Educação, regulamentado pela Lei nº 11.494/2007.

A respeito do FUNDEB, informe se é verdadeiro (V) ou falso (F) o que se afirma a seguir e assinale a alternativa com a sequência correta.

( ) O FUNDEB, de natureza contábil, é instituído no âmbito dos Estados, Distrito Federal e Municípios.
( ) Dentre outras fontes de receita, os Fundos, no âmbito de cada Estado e do Distrito Federal, são compostos por 40% (quarenta por cento) do imposto sobre a propriedade de veículos automotores previsto no inciso III do caput do art. 155 combinado com o inciso III do caput do art. 158 da Constituição Federal.
( ) É vedada a utilização dos recursos oriundos da arrecadação da contribuição social do salário-educação a que se refere o § 5º do art. 212 da Constituição Federal na complementação da União aos Fundos.
( ) Pelo menos 20% (vinte por cento) dos recursos anuais totais dos Fundos serão destinados ao pagamento da remuneração dos profissionais do magistério da educação básica em efetivo exercício na rede pública.

a) V – F – V – F.
b) V – F – V – V.
c) F – V – F – F.
d) F – F – V – F.

47. (CESPE/CEBRASPE – 2022 – SECRETARIA DA EDUCAÇÃO E ESPORTES DO ESTADO/PE – PROFESSOR EDUCAÇÃO BÁSICA) De acordo com o Plano Estadual de Educação (PEE) do Estado de Pernambuco (Lei estadual nº 15.533/2015), julgue o seguinte item.

O monitoramento e acompanhamento sistemático às escolas para assessorar professores e educadores de apoio em suas necessidades educativas é uma das estratégias descritas no referido PEE para fomentar a qualidade da educação básica em todas as etapas e modalidades, com melhoria do fluxo escolar e da aprendizagem.

Certo ( )   Errado ( )

48. (CONSULPAM – 2019 – SECRETARIA MUNICIPAL DE EDUCAÇÃO/ES – PROFESSOR EDUCAÇÃO INFANTIL) O Conselho Municipal de Educação será constituído por 14 (quatorze) Conselheiros titulares, acompanhados de seus respectivos suplentes, nomeados pelo Poder Executivo Municipal. Em relação aos conselheiros titulares marque a opção INCORRETA.

a) 1 (um) representante de docente efetivo no ensino fundamental da rede.
b) 1 (um) representante de pais de alunos do ensino fundamental da rede.
c) 4 (quatro) representantes da secretaria municipal de educação.
d) 4 (quatro) representantes da secretaria municipal de saúde.

49. (CONSULPAM – 2019 – SECRETARIA MUNICIPAL DE EDUCAÇÃO/ES – PROFESSOR EDUCAÇÃO INFANTIL) Com base no Decreto 7.611 de 2011 que Estabelece o Atendimento Educacional, em seu artigo 3º que trata como objetivo ao atendimento especializado, visa:

a) Garantir condições de acesso, mesmo que a instituição não tenha suporte para esse acesso.
b) Fomentar o desenvolvimento de recursos didáticos e pedagógicos que eliminem as barreiras no processo de ensino e aprendizado.
c) Promover parcerias com centro de especialidades educacionais.
d) Oferecer serviços de apoio especializado e de continuidade de estudos para todas as modalidades.

50. (CONSULPAM – 2019 – SECRETARIA MUNICIPAL DE EDUCAÇÃO/ES – PROFESSOR EDUCAÇÃO INFANTIL) As Diretrizes Curriculares Nacionais da Educação Infantil (DCNEI, Resolução CNE/CEB nº 5/2009) 27, em seu Artigo 4º, definem a criança como:

a) Sujeito único e com peculiaridades que está em fase de transição e tende a obter maior conhecimento.
b) Sujeito individual que é preenchido de valores morais e sociais.
c) Sujeito histórico e de direitos, que, nas interações, relações e práticas cotidianas que vivencia, constrói sua identidade pessoal e coletiva.
d) Sujeito passivo e interativo com o meio social em que está inserido.

51. (IBFC – 2023 – SECRETARIA DA EDUCAÇÃO/BA – PROFESSOR) A respeito do Estatuto da Igualdade Racial, Lei nº 12.288, de 20 de julho de 2010, assinale a alternativa correta.

a) Considera-se discriminação racial ou étnico-racial toda situação injustificada de diferenciação de acesso e fruição de bens, serviços e oportunidades, nas esferas pública e privada, em virtude de raça, cor, descendência ou origem nacional ou étnica
b) Considera-se desigualdade racial toda distinção, exclusão, restrição ou preferência baseada em raça, cor, descendência ou origem nacional ou étnica que tenha por objeto anular ou restringir o reconhecimento, gozo ou exercício, em igualdade de condições, de direitos humanos e liberdades fundamentais nos campos político, econômico, social, cultural ou em qualquer outro campo da vida pública ou privada

c) Considera-se desigualdade de gênero e raça toda assimetria existente no âmbito da sociedade que acentua a distância social entre mulheres brancas e os demais segmentos sociais

d) Considera-se ações afirmativas os programas e medidas especiais adotados pelo Estado e pela iniciativa privada para a correção das desigualdades raciais e para a promoção da igualdade de oportunidades

e) Considera-se políticas públicas as ações, iniciativas e programas adotados pelo Estado no cumprimento de suas atribuições institucionais voltadas ao conjunto de pessoas que se autodeclaram pretas e pardas, conforme o quesito cor ou raça usado pela Fundação Instituto Brasileiro de Geografia e Estatística (IBGE), ou que adotam autodefinição análoga

Texto para as próximas 4 questões:

Com base na Lei Federal nº 13.146/2015 (Lei Brasileira de Inclusão da Pessoa com Deficiência), julgue os itens.

52. (QUADRIX – 2022 – SECRETARIA DE ESTADO DA EDUCAÇÃO/DF – PROFESSOR) É dever do poder público assegurar oferta de educação bilíngue em Libras e na modalidade escrita em língua portuguesa em todas as escolas, em todos os níveis.
Certo ( )   Errado ( )

53. (QUADRIX – 2022 – SECRETARIA DE ESTADO DA EDUCAÇÃO/DF – PROFESSOR) Cabe ao poder público garantir o acesso à educação profissional e tecnológica às pessoas com deficiência, em detrimento dos demais indivíduos, assegurando a menor distinção possível de oportunidades e condições.
Certo ( )   Errado ( )

54. (QUADRIX – 2022 – SECRETARIA DE ESTADO DA EDUCAÇÃO/DF – PROFESSOR) Garantir à pessoa com deficiência a proteção contra toda forma de violência é dever não apenas do Estado, mas também da família, da comunidade escolar e de toda a sociedade.
Certo ( )   Errado ( )

55. (QUADRIX – 2022 – SECRETARIA DE ESTADO DA EDUCAÇÃO/DF – PROFESSOR) Nos processos seletivos para ingresso e permanência em instituições de Ensino Superior, deverá ser garantida à pessoa com deficiência a dilação de tempo para realização de exame, independentemente de prévia solicitação ou de comprovação de necessidade.
Certo ( )   Errado ( )

56. (SELECON – 2021 – SECRETARIA DE ESTADO DA EDUCAÇÃO ESPORTE E LAZER/MT – PROFESSOR) Com relação à carga horária anual do Ensino Médio, a Lei nº 13.415, de 16 de fevereiro de 2017, assegurou:
a) ampliação progressiva, devendo atingir, ao final, oitocentas horas
b) ampliação progressiva, devendo atingir, ao final, novecentas horas
c) ampliação progressiva, devendo atingir, ao final, mil e quatrocentas horas
d) redução progressiva, não podendo passar de oitocentas horas nos três anos

57. (SELECON – 2021 – SECRETARIA DE ESTADO DA EDUCAÇÃO ESPORTE E LAZER/MT – PROFESSOR) De acordo com o Art. 2º da Resolução nº 7 (2010), que fixa as Diretrizes Curriculares Nacionais para o Ensino Fundamental de 9 (nove) anos, tais diretrizes reúnem princípios, fundamentos e procedimentos definidos pelo Conselho Nacional de Educação para, dentre outros aspectos:
a) orientar as políticas públicas educacionais
b) determinar os projetos pedagógicos das escolas
c) programar os conteúdos curriculares das escolas
d) mediar convênios com universidades federais

58. (SELECON – 2021 – SECRETARIA DE ESTADO DA EDUCAÇÃO ESPORTE E LAZER/MT – PROFESSOR) De acordo com a Resolução nº 7, de 14 de dezembro de 2010, que fixa Diretrizes Curriculares Nacionais para o Ensino Fundamental de 9 (nove) anos, o atendimento educacional especializado poderá ser oferecido:
a) no contraturno, em salas de recursos multifuncionais na própria escola, em outra escola ou em centros especializados
b) somente na própria escola, no contraturno, em salas de aulas regulares
c) somente em centros especializados com cadastramento realizado na escola
d) no contraturno, na própria escola, de modo a perfazer um total de 8 horas em sala de aula regular

59. (SELECON – 2021 – SECRETARIA DE ESTADO DA EDUCAÇÃO ESPORTE E LAZER/MT – PROFESSOR) Nos termos da Resolução nº 257/2006 CEE-MT, as instituições escolares deverão contemplar, na organização de suas propostas pedagógicas, as Diretrizes Curriculares Nacionais para o Ensino Fundamental observando, dentre outros, o princípio ético calcado na:
a) cidadania
b) criticidade
c) solidariedade
d) ludicidade

60. (AVANÇASP – 2023 – PREFEITURA MUNICIPAL/SP – PROFESSOR EDUCAÇÃO INFANTIL) A Resolução nº 5, de 17 de dezembro de 2009 Fixa as Diretrizes Curriculares Nacionais para a Educação Infantil, estabelecendo suas Diretrizes Curriculares e definindo-a como "Primeira etapa da _____, oferecida em creches e pré-escolas, às quais se caracterizam como _____ que constituem estabelecimentos educacionais públicos ou privados que educam e cuidam de crianças _____ de idade no período diurno, em jornada integral ou parcial, regulados e supervisionados por órgão competente do sistema de ensino e submetidos a controle social" (BRASIL, 2010).
a) educação básica – instituições de ensino – de 0 a 5 anos.
b) educação formal - espaços institucionais não domésticos - de 0 a 5 anos.
c) educação fundamental – ambientes pedagógicos institucionais - de 0 a 6 anos.
d) educação básica - espaços institucionais não domésticos - de 0 a 5 anos
e) educação formal - instituições de ensino- de 0 a 6 anos.

61. (AVANÇASP – 2023 – PREFEITURA MUNICIPAL/SP – PROFESSOR EDUCAÇÃO INFANTIL) Segundo a Resolução nº 5, de 17 de dezembro de 2009 (BRASIL, 2010), "É dever do Estado garantir a oferta de Educação Infantil:"
a) pública, gratuita e de qualidade, sem requisito de seleção.
b) para todas as crianças em território nacional, preferencialmente em condições de vulnerabilidade social.
c) como etapa preparatória ao ingresso no Ensino Fundamental.
d) gratuita, de qualidade e destinada aos filhos de trabalhadores em sua jornada de trabalho.
e) em tempo integral, pública e de qualidade.

LEI DE DIRETRIZES E BASES DA EDUCAÇÃO E OUTRAS LEIS

62. **(AVANÇASP – 2023 – PREFEITURA MUNICIPAL/SP – PROFESSOR EDUCAÇÃO INFANTIL)** Segundo o Parecer CNE/CEB nº 20/2009, de 11/11/2009 do Conselho Nacional de Educação, "O atendimento em creches e pré-escolas como um direito social das crianças se concretiza" no Brasil a partir:
   a) do dia 29 de março de 1549, ao desembarcar da numerosa expedição do 1º. Governador Geral, Tomé de Sousa, no Arraial do Pereira, na Bahia de Todos os Santos, os seis jesuítas, liderados pelo Pe. Manuel da Nóbrega. Eles colocavam em funcionamento a primeira instituição educativa em solo brasileiro, que construíram por suas mãos, indo ao mato buscar a madeira e fazendo as taipas. Era uma escola elementar de ler, escrever, contar e cantar, dirigida pelo estudante jesuíta Vicente Rodrigues, de 21 anos de idade, o primeiro mestre-escola do Brasil.
   b) da década de 50 do século 19, na época de D. Pedro II, quando foram criadas as primeiras escolas voltadas para alunos com necessidades especiais.
   c) do governo Sarney, quando a Emenda Calmon é regulamentada pelo Legislativo, aumentando a vinculação dos recursos da União, estados e municípios destinados à educação. O período também foi marcado pelo retorno legal das organizações e mobilizações da sociedade civil ligadas à educação.
   d) da Constituição de 1988, com o reconhecimento da Educação Infantil como dever do Estado.
   e) da IV Conferência Brasileira de Educação, realizada em Goiânia, com o objetivo de aprovar propostas sobre educação a serem levadas à Assembleia Nacional Constituinte. É a quarta de uma série de conferências iniciadas em 1980 com organização da Associação Nacional de Educação (ANDE), Associação Nacional de Pós-graduação e Pesquisa em Educação (ANPEd) e do Centro de Estudos Educação e Sociedade (CEDES).

63. **(AVANÇASP – 2023 – PREFEITURA MUNICIPAL/SP – PROFESSOR EDUCAÇÃO INFANTIL)** Segundo o Parecer CNE/CEB n.º 20/2009, de 11/11/2009 do Conselho Nacional de Educação, são compromissos a serem perseguidos pelos sistemas de ensino e pelos professores também na Educação Infantil:
   a) Educação de qualidade e proteção aos direitos da criança.
   b) A proteção da família e a segurança dos infantes.
   c) Cuidar e Educar.
   d) A redução das desigualdades sociais e regionais e a promoção do bem de todos.
   e) O pleno desenvolvimento das habilidades e das competências dos alunos e a brincadeira em espaços educacionais.

64. **(FGV – 2023 – SECRETARIA MUNICIPAL DE EDUCAÇÃO/SP – PROFESSOR - EDUCAÇÃO INFANTIL)** Assinale a opção que apresenta a forma de ensino exigida para toda a Educação Básica (à exceção do Ensino Médio), que pode – em situações emergenciais – ser suspensa, conforme prevê o Art. 32, § 4º, da LDB (Lei nº 9.394/1996).
   a) Ensino Fundamental.
   b) Ensino Presencial.
   c) Ensino Remoto.
   d) Ensino Híbrido.
   e) Ensino Básico.

65. **(FGV – 2023 – SECRETARIA MUNICIPAL DE EDUCAÇÃO/SP – PROFESSOR)** Em conformidade com a Portaria nº 5.930/13 da SME, em seu Artigo 5º, o Ciclo Interdisciplinar compreende o 4º, o 5º e 6º ano do Ensino Fundamental, com a finalidade de
   a) promover práticas pedagógicas diferenciadas, reflexivas e colaborativas.
   b) garantir apenas que todos os estudantes do 4º, o 5º e o 6º sejam alfabetizados.
   c) aproximar os docentes e estudantes do 4º, do 5º e do 6º às tecnologias educacionais.
   d) aproximar os diferentes ciclos por meio da interdisciplinaridade, ampliar o processo de letramento e de resolução de problemas matemáticos com autonomia para a leitura e a escrita.
   e) permitir aos estudantes acesso a computadores, jogos didáticos e livros de literatura de qualidade, para aprenderem ao mesmo tempo em que usufruem de certos instrumentos da sociedade letrada.

66. **(FUNDAÇÃO AROEIRA – 2022 – SECRETARIA MUNICIPAL DE EDUCAÇÃO/GO – PROFESSOR I)** Considere a tabela com a divisão de responsabilidade quanto à oferta da educação pública entre a União, Estados e Municípios, conforme a LDB nº 9.394/1996, que explicita que os municípios são obrigados a oferecer a Educação Infantil, seguido do Ensino Fundamental, para não acarretar distorção idade/série.

Estados	Municípios
Assegurar o Ensino Fundamental.	Oferecer a Educação Infantil.
Oferecer, com prioridade, o Ensino Médio, a todos que o demandarem, respeitando o disposto no art. 38 da LDB.	Oferecer, com prioridade, o Ensino Fundamental.

Marque a alternativa correta.
   a) Segundo a LDB, constitui incumbência dos Estados oferecer com prioridade o Ensino Fundamental e assegurar o Ensino Médio.
   b) De acordo com a legislação vigente, a Educação Infantil é de responsabilidade dos Estados brasileiros.
   c) Os municípios deverão oferecer a Educação Infantil e, com prioridade, o Ensino Fundamental.
   d) Os municípios atuarão exclusivamente no atendimento ao Ensino Fundamental e à Educação Infantil.

GABARITO

1	A	2	E	3	E	4	E	5	D
6	C	7	A	8	B	9	C	10	A
11	D	12	B	13	D	14	A	15	C
16	B	17	E	18	B	19	B	20	A
21	Errado	22	Certo	23	Certo	24	Errado	25	Certo
26	B	27	A	28	C	29	D	30	C
31	B	32	E	33	B	34	A	35	C
36	A	37	B	38	C	39	D	40	B
41	A	42	E	43	C	44	A	45	C
46	D	47	Certo	48	D	49	B	50	C
51	D	52	Errado	53	Errado	54	Certo	55	Errado
56	C	57	A	58	A	59	C	60	D
61	A	62	D	63	D	64	B	65	D
66	C								